国家统一法律职业资格考试
历年真题解析与试题解答方法

刑　法

刘　刚　主编

中国石化出版社
HTTP://WWW.SINOPEC-PRESS.COM

图书在版编目(CIP)数据

国家统一法律职业资格考试历年真题解析与试题解答方法．刑法/刘刚主编．—北京：中国石化出版社，2019.1

ISBN 978-7-5114-5170-5

Ⅰ.①国… Ⅱ.①刘… Ⅲ.①刑法—中国—资格考试—题解 Ⅳ.①D92-44

中国版本图书馆 CIP 数据核字(2019)第 004808 号

中国石化出版社出版发行

地址：北京市朝阳区吉市口路 9 号

邮编：100020　电话：(010)59964500

发行部电话：(010)59964526

http：//www. sinopec-press. com

E-mail：press@ sinopec. com

北京富泰印刷有限责任公司印刷

全国各地新华书店经销

*

787×1092 毫米 16 开本 11. 25 印张 256 千字

2019 年 1 月第 1 版　2019 年 1 月第 1 次印刷

定价：35. 00 元

PREFACE 前　言

国家统一法律职业资格考试(简称为“法考”)是司法部主办的法律职业资格考试，是在原来的司法考试基础上改革而成的职业资格考试。这一变革意味着法律职业资格证书将成为更广泛的一块敲门砖，需要这一资格证书的人员从原来的法官、检察官、律师、公证员扩大到包括从事行政处罚决定审核、行政复议、行政裁决的公务员、法律顾问以及法律类的仲裁员。

2018 年中国首次举行国家统一法律职业资格考试，考试报名总人数 60.4 万余人，47 万余人参加考试。对于法律人而言，法考是最重要的一场考试。法考实际上是法科学生打开法律职业大门的钥匙，是我们进入法律职业的通道，其地位不言而喻。法考是名副其实的法律第一考，因其难度之大、通过率之低，又被称为中国第一考。

为了帮助广大考生顺利通过考试，希律法考研究中心组织相关专家编写了“国家统一法律职业资格考试历年真题解析与试题解答方法”丛书，作为法考培训的参考用书。本丛书根据最新的考试大纲，对历年考试试题进行分析和总结，针对每类试题，给出试题的解答方法。考生可通过阅读本书掌握考试大纲规定的知识点、考试重点和难点，熟悉考试方法、试题形式、试题的深度和广度、考试内容的分布，以及解答问题的方法和技巧。

法考涉及的法律和学科十分广泛，归类起来，大致可以分为理论法、行政法、民法、民诉、三国法、刑法、刑诉、商经知产等八大类。刑法作为实体法，注定会在司法实务中举足轻重，也注定了其在法考中不容小觑。

备考刑法最忌把握不住重点，胡子眉毛一把抓。试想，这么多刑法条文和司法解释，几百个罪名，如果一一看去，那得花多少时间和精力？所以，学会“减法”，善于抓住重点是非常关键的。刑法分总则与分则两块，总则分“犯罪论”与“刑罚论”，分则包含十章罪名。在总则中，“犯罪论”是绝对的主角，在历年真题中出演得精彩纷呈。而在“犯罪论”中，重要知识点有以下几个：不作为犯的认定、因果关系的认定、犯罪故意与犯罪过失的区分、事实认识错误、犯罪中止与犯罪未遂的区分、共同犯罪的认定及其归责、正当防卫的成立条件。这些知识点几乎每年都考。相比“犯罪论”来说，“刑罚论”是配角，其分值也就三五分，而考核点也主要集中在自首与立功的认定、一般累犯的成立条件及其法律效果、假释的条件、缓刑或假释考验期内犯新罪或发现漏罪的并罚问题，以及隔几年出现一次的追诉时效。当然，总论除了“犯罪论”与“刑罚论”外，还有几个点也时有涉及，如刑法的解释、罪刑法定原则的内容，以及刑法的空间效力与时间效力。在刑法分则中，尽管有十章罪名，但其中有三章(危害国家安全罪、危害国防利益罪、军人违反职责罪)是不考的，可以果断放弃。剩下的七章罪名，也有轻重之别。侵犯财产罪、侵犯人身权利罪、贪污贿赂罪这三章是最受出题人青睐的，不仅客观题肯定考，而且主观题也多从这三章出。尤其是侵犯财产罪中的盗窃罪、侵占罪、抢劫罪、抢夺罪、职务侵占罪这几个罪名，出题人简直是爱不释手。其余的四章(危害公共安全罪、破坏社会主义市场经济秩序罪、妨害社会管理秩序罪、渎职罪)，算是分则中的次重点章节，会考核其中一些高发常见的罪名。所以，对刑法的复习，应首先抓住这些重点并突破。

考生要注重真题练习，并掌握一些必要的理论。有一种说法，即如果能将历年真题做一遍，就能通过法考。这种说法是有一定道理的。仔细看历年的刑法真题，就会发现它们简直就是一胞多胎，因为考来考去的就是那些知识点。例如，分论中的贪污贿赂罪，考来考去就贪污罪、受贿罪、挪用公款罪、行贿罪这四个罪名。所以，通过做真题，考生能很快发现哪些是经常考到的重要知识点，哪些知识点自己还没有真正掌握。而且，通过做真题，考生还能发现近年来出题的一些重要变化。例如，在以前的刑法主观题即案例分析中，答案是唯一的。但现在的主观题，就允许有不同的观点。例如，死者身边的钱包、现金、信用卡能否视为仍在死者的占有、控制之下？对这问题的不同看法会影响到取包刷卡行为的定性。又例如，盗窃罪与抢夺罪是以"秘密窃取"与"公然夺取"划分，还是以"是否可能危及他人人身安全"加以区分？这些问题，无论在刑法理论界与司法实务界，都是有不同观点的。而这不同的观点，孰是孰非，难以定夺。正如德国刑法学家李斯特所说的，"刑法不是真理的判断，而是价值的选择。"因此，近几年的主观题通常允许甚至要求考生写出不同的观点，这是一个重大的变化，需要注意。此外，一些在法考中几已"御用"的理论要把握住，例如"法定符合说""部分犯罪共同说""因果关系的中断"等。

本书按章节对 2011—2017 年刑法客观题真题进行了详细解析。我们相信，万变不离其宗，重者恒重，法考总有路径可循，规律往往就在历年的考试真题中。希望考生反复研习，力求掌握其中所考查的知识点，总结出符合自己的破题方法。我们在希律网(www. xilvlaw. com)的视频课程和直播课程中，也会通过精讲、分析和总结等方式，帮助考生重点掌握那些历年经常考查到的知识点，顺利攻克刑法的热点和难点问题，如愿拿到刑法中的高分，圆梦法考。

从 2018 年起，法考分为客观题考试和主观题考试，只有通过客观题考试之后才能有资格参加主观题考试，客观题考试成绩两年内有效。客观题考试在全国实行计算机化考试，为了帮助考生熟悉计算机化考试系统，希律网的题库中心为考生准备了全真模拟测试系统，其中有历年法考的真题和希律法考专家命题的模拟试题，考生可选择任何一套进行测试。测试完毕系统自动判卷，立即给出分数。考生还可以进行章节练习、知识点练习，对于考生做错的地方，系统会自动记忆，第二次参加测试时可选择"错题库"。这样，系统就会自动把考生原来做错的试题显示出来，供考生重新测试，以加强记忆。如此，读者可利用希律网题库中心检查自己的实际水平，加强考前训练，做到心中有数，考试不慌。

在本书出版之际，要特别感谢司法部法考办公室的命题专家们，感谢希律法考的学员们，正是他们的想法汇成了本书的源动力，他们的意见使本书更加贴近读者。

有关本书的反馈意见，读者可在希律网的微信公众号中与我们交流，我们会及时在线解答读者的疑问。

扫码关注希律网微信公众号

CONTENTS 目录

第一编

刑法总则

第一章 刑法概说

1. 关于刑事司法解释的时间效力，下列哪一选项是正确的？（2017-2-1，单选）①

A. 司法解释也是刑法的渊源，故其时间效力与《刑法》完全一样，适用从旧兼从轻原则

B. 行为时无相关司法解释，新司法解释实施时正在审理的案件，应当依新司法解释办理

C. 行为时有相关司法解释，新司法解释实施时正在审理的案件，仍须按旧司法解释办理

D. 依行为时司法解释已审结的案件，若适用新司法解释有利于被告人的，应依新司法解释改判

【考点】刑事司法解释的时间效力

【解析】司法解释的时间效力具体包括三点：(1)“司法解释自发布或者规定之日起施行，效力适用于法律的施行期间。”即，司法解释可能施行于其生效施行前发生的行为。(2)“对于司法解释施行前发生的行为，行为时没有相关司法解释，司法解释施行后尚未处理或者正在处理的案件，依照司法解释的规定办理。”即，司法解释只适用于未决案。(3)“对于新的司法解释实施前发生的行为，行为时已有相关司法解释，依照行为时的司法解释办理，但适用新的司法解释对犯罪嫌疑人、被告人有利的，适用新的司法解释。”即，竞合时采取从旧兼从轻原则处理。

A 项错误。因为司法解释不是刑法的渊源。此外，司法解释的时间效力也不与《刑法》的时间效力完全一样。例如，刑法的生效时间有两种：一是公布之日起施行；二是公布一段时间后施行。而“司法解释自发布或者规定之日起施行，效力适用于法律的施行期间。”这个“法律”指被解释的法律。可见，司法解释的时间效力从属于被解释法律的时间效力。例如，《最高人民法院关于审理交通肇事刑事案件具体应用法律若干问题的解释》自 2000 年 11 月 21 日施行，该解释是对 1997 年《刑法》第 133 条交通肇事罪的解释，所以该解释的时间效力与《刑法》第 133 条相同，适用于 1997 年 10 月 1 日之后发生的交通肇事行为。

B 项正确。

C 项错误，太绝对。对于新的司法解释实施前发生的行为，行为时已有相关司法解释，依照行为时的司法解释办理，但适用新的司法解释对犯罪嫌疑人、被告人有利的，适用新的司法解释。

D 项错误。新的司法解释只能适用于未决案，不能适用于已决案。

【答案】B

---

① “2017-2-1，单选”即为 2017 年真题第 2 卷第 1 题，单项选择题。后文“多选”即为多项选择题。

2. 关于罪刑法定原则与刑法解释，下列哪些选项是正确的?（2016-2-51，多选）

A. 对甲法条中的“暴力”作扩大解释时，就不可能同时再作限制解释，但这并不意味着对乙法条中的“暴力”也须作扩大解释

B.《刑法》第 237 条规定的强制猥亵、侮辱罪中的“侮辱”，与《刑法》第 246 条规定的侮辱罪中的“侮辱”，客观内容相同、主观内容不同

C. 当然解释是使刑法条文之间保持协调的解释方法，只要符合当然解释的原理，其解释结论就不会违反罪刑法定原则

D. 对刑法分则条文的解释，必须同时符合两个要求：一是不能超出刑法用语可能具有的含义，二是必须符合分则条文的目的

【考点】刑法解释

【解析】A 项正确。对同一条文的同一用语不可能既作扩大解释，又作缩小解释(即限制解释)，但是这一做法并不反对同一个用语在不同法条中的不同解释。

B 项错误。强制猥亵、侮辱罪中的“侮辱”与侮辱罪中的“侮辱”不仅主观内容不同，客观内容也不同。具体表现为，前罪中的“侮辱”是对他人性权利的侵害，而后罪中的“侮辱”是对他人名誉的侵害。

C 项错误。当然解释既然作为一种刑法解释的方法，而方法本身是无所谓对错的。这也就意味着，当然解释的结论有可能对，也有可能错。

D 项正确。对一刑法条文的解释，始终要考虑两个方面的问题：一是是否符合文字的通常含义，超越文字通常含义解释即为类推；二是是否符合设置该条文的目的，即刑法设置某一构成要件所要保护的法益。

【答案】AD

3. 关于刑法解释，下列哪些选项是错误的?（2015-2-51，多选）

A.《刑法》规定“以暴力、胁迫或者其他手段强奸妇女的”构成强奸罪。按照文理解释，可将丈夫强行与妻子性交的行为解释为“强奸妇女”

B.《刑法》对抢劫罪与强奸罪的手段行为均使用了“暴力、胁迫”的表述，且二罪的法定刑相同，故对二罪中的“暴力、胁迫”应作相同解释

C. 既然将为了自己饲养而抢劫他人宠物的行为认定为抢劫罪，那么，根据当然解释，对为了自己收养而抢劫他人婴儿的行为更应认定为抢劫罪，否则会导致罪刑不均衡

D. 对中止犯中的“自动有效地防止犯罪结果发生”，既可解释为自动采取措施使得犯罪结果未发生；也可解释为自动采取防止犯罪结果发生的有效措施，而不管犯罪结果是否发生

【考点】刑法解释

【解析】A 项正确。

B 项错误。抢劫罪与强奸罪的法定刑相同，刑法对二罪均使用了“暴力、胁迫”的表述，但是，由于抢劫罪与强奸罪的罪质不同，两罪中“暴力、胁迫”的含义有别。(1)“暴力”的程度不同。抢劫罪中的暴力包含致命的暴力，即以劫财为目的先杀人后取财的，仍构成抢劫罪；而一般而言，强奸罪中的暴力不含致命的暴力，即以性交为目的先

杀人，将女性杀死之后与其性交的，不再构成强奸罪，而是构成故意杀人罪与侮辱尸体罪。(2)“胁迫”的内容不同。抢劫罪中的胁迫，仅限于以暴力为内容进行胁迫；而强奸罪中的胁迫，既可以暴力进行威胁，也可以非暴力进行威胁，如以揭发隐私、毁坏名誉相胁迫。

C 项错误。以收养为目的抢劫婴儿的行为以拐骗儿童罪论处，处 5 年以下有期徒刑或者拘役。但是，抢劫一条宠物狗，构成抢劫罪，处 3 年以上 10 年以下有期徒刑，并处罚金，如具备法定情节的最高刑甚至可以为死刑。无论从哪个角度说，婴儿都比宠物重要，但处理结果却存在严重悬殊，罪刑严重不均衡。在此背景下，有人进行了极其巧妙的当然解释：为了自己饲养而抢劫他人宠物的行为能够被认定为抢劫罪，为了自己收养而抢劫他人婴儿的行为，在性质上要比抢劫他人宠物的行为严重得多，更应以抢劫罪论处，这样就可以避免上述罪刑严重不均衡的问题。但是，这一当然解释的结论是不能成立的，因为婴儿并非财物不是抢劫罪的对象故对以收养为目的抢劫婴儿的行为不可以抢劫罪追究刑事责任。

D 项错误。行为人虽然自动采取防止犯罪结果发生的有效措施，但未能避免法定结果的发生的，如果结果与行为人中止之前的犯罪行为存在因果关系，该结果应当归责于行为人中止之前的犯罪行为时，不能作为中止犯来对待，而成立犯罪既遂。

【答案】BCD

4. 关于公平正义理念与罪刑相适应原则的关系，下列哪一选项是错误的？（2014-2-1，单选）

A. 公平正义是人类社会的共同理想，罪刑相适应原则与公平正义相吻合

B. 公平正义与罪刑相适应原则都要求在法律实施中坚持以事实为根据、以法律为准绳

C. 根据案件特殊情况，为做到罪刑相适应，促进公平正义，可由最高法院授权下级法院，在法定刑以下判处刑罚

D. 公平正义的实现需要正确处理法理与情理的关系，罪刑相适应原则要求做到罪刑均衡与刑罚个别化，二者并不矛盾

【考点】罪刑相适应原则

【解析】A 项正确。罪刑相适应原则，是指刑罚的轻重应与犯罪的轻重相适应，重罪重刑，轻罪轻刑，罚当其罪，这是公平原则的体现，与公平正义理念的要求是一致的。

B 项正确。公平正义、罪刑相适应的要求不是空洞的理念，其实现应该以事实为根据、以法律为准绳。脱离案件事实，公平正义、罪刑相适应没有现实基础；脱离法律规定，公平正义、罪刑相适应缺乏合理标准。

C 项错误。《刑法》第 63 条第 2 款规定，“犯罪分子虽然不具有本法规定的减轻处罚情节，但是根据案件的特殊情况，经最高人民法院核准，也可以在法定刑以下判处刑罚。”据此可知，酌定减轻处罚的适用必须是在下级法院判决以后，再报请最高人民法院核准，而不能在下级法院判决以前，由最高人民法院事先授权下级人民法院适用。

D 项正确。公平正义作为法律最重要的属性，不是空洞的、抽象的存在，而是体现在具体案件中，根植于民众内心之中。法理、情理是统一而非对立的关系。个案的公平正义是一般正义与个别正义的统一，罪刑均衡体现了一般正义的要求，刑罚个别化体现了个别正义的要求。

【答案】C

5. 甲怀疑医院救治不力致其母死亡，遂在医院设灵堂、烧纸钱，向医院讨说法。结合社会主义法治理念和刑法规定，下列哪一看法是错误的？（2014-2-2，单选）

A. 执法为民与服务大局的理念要求严厉打击涉医违法犯罪，对社会影响恶劣的涉医犯罪行为，要依法从严惩处

B. 甲属于起哄闹事，只有造成医院的秩序严重混乱的，才构成寻衅滋事罪

C. 如甲母的死亡确系医院救治不力所致，则不能轻易将甲的行为认定为寻衅滋事罪

D. 如以寻衅滋事罪判处甲有期徒刑 3 年、缓刑 3 年，为有效维护医疗秩序，法院可同时发布禁止令，禁止甲 1 年内出入医疗机构

【考点】社会主义法治理念

【解析】A 项正确。医疗卫生事业切身关系着公众的健康与安全，涉医违法犯罪对正常的社会秩序和人民生产生活有着极大的危害。因此，执法为民理念与服务大局理念要求严厉打击涉医违法犯罪，以维护正常社会秩序，保障人民群众的健康与安全。

B 项正确。犯罪的本质是法益侵害，而寻衅滋事罪属于妨害社会管理秩序的犯罪，故寻衅滋事的行为只有造成了社会秩序严重混乱的，才可能当作犯罪行为定罪处罚；而非任何起哄闹事的行为都成立犯罪。

C 项正确。如果甲母的死亡确系医院治疗不力所致，则医院对该冲突的引发负有主要责任。那么甲的行为在一定程度上是有可谅解之处的，社会危害性相对较小。因此，不能轻易将甲的行为认定为寻衅滋事罪。

D 项错误。刑法中禁止令仅适用于被判处管制和宣告缓刑的犯罪分子，该制度是为了预防犯罪分子再次实施违法犯罪行为，但其适用不得妨碍犯罪分子的正常社会生活。因此，对于实施“医闹”行为构成犯罪并依法适用禁止令的，不得禁止其出入医疗机构。

【答案】D

6. 关于刑法用语的解释，下列哪一选项是正确的？（2014-2-3，单选）

A. 按照体系解释，刑法分则中的“买卖”一词，均指购买并卖出；单纯的购买或者出售，不属于“买卖”

B. 按照同类解释规则，对于刑法分则条文在列举具体要素后使用的“等”“其他”用语，应按照所列举的内容、性质进行同类解释

C. 将明知是捏造的损害他人名誉的事实，在信息网络上散布的行为，认定为“捏造事实诽谤他人”，属于当然解释

D. 将盗窃骨灰的行为认定为盗窃“尸体”，属于扩大解释

【考点】刑法解释

【解析】A 项错误。体系解释是指根据刑法条文在整个刑法中的地位，联系相关法条的含义，阐明其规范含义。因此，应该根据社会生活的要求，结合具体语境理解法律语言的含义。“买卖”一词的含义有时包括买来再卖、单纯购买或者单纯出售，例如非法买卖危险物质罪中的“买卖”就包含这几层含义。

B 项正确。同类解释规则是指对于刑法中的“等”“以及其他”之类的概括规定的理解，应按照之前所列举的内容、性质进行解释来确定其含义与范围。

C 项错误。当然解释，属于论理解释的一种，指刑法规定虽未明示某一事项，但依形式逻辑、规范目的及事物属性的当然道理，将该事项解释为包括在该规定的适用范围之内。而“捏造事实诽谤他人”，本来就包括“捏造”和“散布”两个行为，“明知是捏造的损害他人名誉的事实，在信息网络上散布”只包括“散布”一个行为。因此，将该种行为认定为“捏造事实诽谤他人”应属于扩大解释，而非当然解释。

D 项错误。盗窃尸体罪中的“尸体”是指人类的躯体，但不包括骨灰，因为骨灰是躯体被焚烧后的灰烬，而非躯体本身。故将骨灰解释为属于“尸体”，是不被允许的类推解释。

【答案】**B**

7. 下列哪些选项不违反罪刑法定原则？（2014-2-51，多选）

A. 将明知是痴呆女而与之发生性关系导致被害人怀孕的情形，认定为强奸“造成其他严重后果”

B. 将卡拉 OK 厅未经著作权人许可大量播放其音像制品的行为，认定为侵犯著作权罪中的“发行”

C. 将重度醉酒后在高速公路超速驾驶机动车的行为，认定为以危险方法危害公共安全罪

D.《刑法》规定了盗窃武装部队印章罪，未规定毁灭武装部队印章罪。为弥补处罚漏洞，将毁灭武装部队印章的行为认定为毁灭“国家机关”印章

【考点】罪刑法定原则

【解析】A 项正确。先天性痴呆症的妇女缺乏正常的判断能力与控制能力，不能正常表达自己的意志，不具备性的处分能力。因此，行为人明知妇女是痴呆者，而非法与之发生性关系的，应以强奸罪论处，造成其怀孕的，则认定为“造成其他严重后果”的加重处罚情形。

B 项错误。侵犯著作权罪与销售侵权复制品罪是不同的罪，侵犯著作权罪中的“发行”主体必须是非法制作侵犯著作权的产品的人员，非法制作侵犯著作权的产品以外的人员销售侵犯著作权的产品，应当定为销售侵权复制品罪。卡拉 OK 厅未经著作权人许可大量播放其音像制品，行为人并非制作侵权产品的人员，因而不构成侵犯著作权罪。

C 项正确。以危险方法危害公共安全罪，是指故意使用放火、决水、爆炸、投放危险物质以外的危险方法危害公共安全的行为。“以外的危险方法”仅限于与放火、决水、爆炸、投放危险物质相当的方法，而不是泛指任何具有危害公共安全性质的方法。在道

路上醉酒驾驶机动车通常定危险驾驶罪，但由于危险驾驶罪只是一个抽象危险犯，因而必须是行为人醉酒驾驶机动车，对公共安全造成一定危险，但没有达到高度危险的情况下，才能定危险驾驶罪；如果行为人重度醉酒驾驶机动车，并且在高速公路超速行驶，这种行为对公共安全造成了严重危险，危害程度达到了与放火、爆炸等犯罪行为相当的程度，应当定以危险方法危害公共安全罪。

D 项正确。武装部队属于国家机关中的军事机关，因此，将“武装部队印章”认定为“国家机关印章”的，并未违反罪刑法定原则。

【答案】ACD

8. 甲给机场打电话谎称“3 架飞机上有炸弹”，机场立即紧急疏散乘客，对飞机进行地毯式安检，3 小时后才恢复正常航班秩序。关于本案，下列哪一选项是正确的？（2013-2-1，单选）

A. 为维护社会稳定，无论甲的行为是否严重扰乱社会秩序，都应追究甲的刑事责任

B. 为防范危害航空安全行为的发生，保护人民群众，应以危害公共安全相关犯罪判处甲死刑

C. 从事实和法律出发，甲的行为符合编造、故意传播虚假恐怖信息罪的犯罪构成，应追究其刑事责任

D. 对于散布虚假信息，危及航空安全，造成国内国际重大影响的案件，可突破司法程序规定，以高效办案取信社会

【考点】罪刑法定原则

【解析】A 项错误。编造、故意传播虚假恐怖信息罪属于妨害社会管理秩序的犯罪，其成立要求该行为严重扰乱社会秩序，否则不成立该罪。

B 项错误。甲的行为符合编造、故意传播虚假恐怖信息罪的成立条件，其行为在客观上不能危及公共安全(因为是虚假恐怖信息)，故不成立危害公共安全相关犯罪。

C 项正确。甲的行为符合编造、故意传播虚假恐怖信息罪的犯罪构成，理当依法追究其刑事责任。

D 项错误。依法办事是社会主义法治理念的重要内容，对于构成犯罪的行为只能依照法律的规定办案，绝不允许为了所谓的效率而突破司法程序规定，否则冤假错案将会层出不穷。

【答案】C

9. 关于社会主义法治理念与罪刑法定原则的关系有以下观点：

①罪刑法定的思想基础是民主主义与尊重人权主义，具备社会主义法治理念的本质属性

②罪刑法定既约束司法者，也约束立法者，符合依法治国理念的基本要求

③罪刑法定的核心是限制国家机关权力，保障国民自由，与执法为民的理念相一致

④罪刑法定是依法治国理念在刑法领域的具体表现

关于上述观点的正误，下列哪一选项是正确的？（2013-2-2，单选）

A. 第①句正确，第②③④句错误　　B. 第①③句正确，第②④句错误
C. 第①②③句正确，第④句错误　　D. 第①②③④句均正确

【考点】社会主义法治理念；罪刑法定原则

【解析】第①句说法正确。社会主义法治的本质要求是执法为民。执法为民的根本出发点是以人为本，执法为民的基本要求是保障人权，执法为民的客观需要是文明执法。罪刑法定原则的思想基础民主主义、尊重人权主义正体现了执法为民这一本质要求。

第②句说法正确。依法治国理念包含着人民民主、法制完备、树立宪法法律权威、权力制约等内容。作为刑法基本原则的罪刑法定原则，其理念和内容不仅约束立法者，同样约束司法者。这正是依法治国理念的基本要求。

第③句说法正确。任何权力都有被滥用的可能，因此，罪刑法定原则的提出和坚持是为了更好地限制国家刑罚权，是为了防止国家机关权力的滥用，进而最大限度地保护人民利益、保障国民自由。而这一精神恰恰体现了社会主义法治理念的本质要求——执法为民。

第④句说法正确。依法治国的理念包含着人民民主、法制完备、树立宪法法律权威、权力制约等内容，这些内容在刑法中集中体现于罪刑法定原则：罪刑法定原则的思想基础之一是民主主义，罪刑法定原则要求犯罪与刑罚由成文实体法律加以规定，刑法必须体现和遵循宪法原则，刑法由立法机关制定并由司法机关适用。所以，罪刑法定是依法治国在刑法中的集中体现。

综上，D 项正确。

【答案】D

10. 关于刑法解释，下列哪一选项是错误的？（2013-2-3，单选）

A. 学理解释中的类推解释结论，纳入司法解释后不属于类推解释

B. 将大型拖拉机解释为《刑法》第 116 条破坏交通工具罪的“汽车”，至少是扩大解释乃至是类推解释

C.《刑法》分则有不少条文并列规定了“伪造”与“变造”，但不排除在其他一些条文中将“变造”解释为“伪造”的一种表现形式

D.《刑法》第 65 条规定，不满 18 周岁的人不成立累犯；《刑法》第 356 条规定，因走私、贩卖、运输、制造、非法持有毒品罪被判过刑，又犯本节规定之罪的，从重处罚。根据当然解释的原理，对不满 18 周岁的人不适用《刑法》第 356 条

【考点】刑法解释

【解析】A 项错误。立法解释、司法解释与学理解释的不同仅仅在于解释的主体和效力不同，在解释方法和技巧方面没有差别。因此，学理解释中的类推解释结论，纳入司法解释后仍然属于类推解释。

B 项正确。由于破坏大型拖拉机也会发生危害交通运输安全的危害结果，故从结论合理性上来说，可以将大型拖拉机解释为破坏交通工具罪中的“汽车”。但“汽车”一词的核心含义通常并不包含大型拖拉机，故上述解释结论至少是扩大解释。也有人认为是

类推解释，因为超出了民众对“汽车”的理解范围。

C 项正确。刑法用语的含义具有相对性，在不同的上下文或者语境中可能具有不同的含义。在刑法条文明文规定了“伪造”与“变造”的场合，二者当然具有不同的含义。例如伪造货币罪与变造货币罪。但在有的场合，尤其是法律只规定了“伪造”的时候，这里的“伪造”就可能包括“变造”，例如信用卡诈骗罪中的“使用伪造的信用卡”的规定，其中的“伪造”就包括“变造”这一表现形式。

D 项正确。按照当然解释“出罪时举重以明轻”的原则，法律明确规定最严重的情形不得认定为犯罪，那么，对于法律没有规定的较轻的情形更不得认定为犯罪。相比较毒品犯罪中的特别再犯制度，累犯是更严厉的量刑情节。为了更好地实现对未成年人的特殊保护，按照当然解释的原理，既然《刑法》明确规定累犯制度不适用于不满 18 周岁的人，那么，较累犯制度更轻的特别再犯制度(第 356 条)更不能适用于不满 18 周岁的人。

【答案】A

11.《刑法修正案(八)》于 2011 年 5 月 1 日起施行。根据《刑法》第 12 条关于时间效力的规定，下列哪一选项是错误的？(2013-2-4，单选)

A. 2011 年 4 月 30 日前犯罪，犯罪后自首又有重大立功表现的，适用修正前的刑法条文，应当减轻或者免除处罚

B. 2011 年 4 月 30 日前拖欠劳动者报酬，2011 年 5 月 1 日后以转移财产方式拒不支付劳动者报酬的，适用修正后的刑法条文

C. 2011 年 4 月 30 日前组织出卖人体器官的，适用修正后的刑法条文

D. 2011 年 4 月 30 日前扒窃财物数额未达到较大标准的，不得以盗窃罪论处

【考点】刑法的溯及力

【解析】A 项正确。《刑法修正案(八)》删除了“犯罪后自首又有重大立功表现的，应当减轻或者免除处罚”的规定，而该规定属于有利于行为人的规定，具有溯及力。因此，2011 年 4 月 30 日前犯罪，犯罪后自首又有重大立功表现的，按照从旧兼从轻的原则，适用修正前的刑法条文，应当减轻或者免除处罚。

B 项正确。拒不支付劳动报酬罪是《刑法修正案(八)》新增的罪名，如果是在 2011 年 4 月 30 日前拒不支付劳动者报酬的，适用修正前的法律，不能认定为犯罪。但在《刑法修正案(八)》生效后以转移财产方式拒不支付劳动者报酬的，属于在新法生效期间实施犯罪行为的情形，理当适用修正后的刑法条文，依法追究其刑事责任。

C 项错误。组织出卖人体器官罪是《刑法修正案(八)》新增的罪名。在 2011 年 4 月 30 日前组织出卖人体器官的，按照从旧兼从轻的原则，不能适用修正后的刑法条文，不能以新增罪名组织出卖人体器官罪定罪处罚。

D 项正确。《刑法修正案(八)》将“扒窃”规定为成立盗窃罪的一种独立的方式，其成立犯罪的标准不要求扒窃数额较大的财物。但是，按照修正前的刑法规定，成立盗窃罪要求盗窃数额较大的财物(明确以数额较大财物为目标盗窃的，可能成立盗窃罪未遂)或者多次盗窃财物。因此，2011 年 4 月 30 日前扒窃财物数额未达到较大标准的，

不得以盗窃罪论处。

【答案】C

12. 老板甲春节前转移资产，拒不支付农民工工资。劳动部门下达责令支付通知书后，甲故意失踪。公安机关接到报警后，立即抽调警力，迅速将甲抓获。在侦查期间，甲主动支付了所欠工资。起诉后，法院根据《刑法修正案（八）》拒不支付劳动报酬罪认定甲的行为，甲表示认罪。关于此案，下列哪一说法是错误的？（2012-2-1，单选）

A.《刑法修正案（八）》增设拒不支付劳动报酬罪，体现了立法服务大局、保护民生的理念

B. 公安机关积极破案解决社会问题，发挥了保障民生的作用

C. 依据《刑法修正案（八）》对欠薪案的审理，体现了惩教并举，引导公民守法、社会向善的作用

D. 甲已支付所欠工资，可不再追究甲的刑事责任，以利于实现良好的社会效果

【考点】社会主义法治理念；刑法的溯及；拒不支付劳动报酬罪

【解析】拒不支付劳动报酬罪指以转移财产、逃匿等方法逃避支付劳动者的劳动报酬或者有能力支付而支付劳动报酬，数额较大，经政府有关部门责令支付仍不支付的行为。本案例中，“劳动部门下达责令支付通知书后，甲故意失踪”已属于“经政府有关部门责令支付仍不支付”的范围，本题ABC三项正确。在侦查阶段支付的行为，可以减轻或者免除处罚，而不是不再追究甲的刑事责任。D项错误。

【答案】D

13. 甲与乙女恋爱。乙因甲伤残提出分手，甲不同意，拉住乙不许离开，遭乙痛骂拒绝。甲绝望大喊：“我得不到你，别人也休想”，连捅十几刀，致乙当场惨死。甲逃跑数日后，投案自首，有悔罪表现。关于本案的死刑适用，下列哪一说法符合法律实施中的公平正义理念？（2012-2-2，单选）

A. 根据《刑法》规定，当甲的杀人行为被评价为“罪行极其严重”时，可判处甲死刑

B. 从维护《刑法》权威考虑，无论甲是否存在从轻情节，均应判处甲死刑

C. 甲轻率杀人，为严防效尤，即使甲自首悔罪，也应判处死刑立即执行

D. 应当充分考虑并尊重网民呼声，以此决定是否判处甲死刑立即执行

【考点】社会主义法治理念；罪刑相适应原则；死刑适用

【解析】《刑法》第48条规定，“死刑只适用于罪行极其严重的犯罪分子。”如果能够将甲的杀人行为评价为罪行极其严重，就可判处甲死刑。结合本案来看，甲因失恋对恋人连捅十几刀，致乙当场惨死，其行为符合罪行极其严重的条件，A项正确。

B项错误。刑法权威以及社会主义法治权威都不能靠死刑的适用来维护。

C项错误。刑罚一般预防的功能应该受到一定限制。在公平正义的社会主义法治理念之下，不允许在个人罪不至死的情况下，为达到一般预防的目的，对甲判处死刑。

D项错误。刑罚适用不能不适度考虑民意，但是不能由网民的意见所左右，因此，其说法错误。

【答案】A

14. 关于罪刑法定原则有以下观点：

①罪刑法定只约束立法者，不约束司法者

②罪刑法定只约束法官，不约束侦查人员

③罪刑法定只禁止类推适用刑法，不禁止适用习惯法

④罪刑法定只禁止不利于被告人的事后法，不禁止有利于被告人的事后法

下列哪一选项是正确的？（2012-2-3，单选）

A. 第①句正确，第②③④句错误　　B. 第①②句正确，第③④句错误

C. 第④句正确，第①②③句错误　　D. 第①③句正确，第②④句错误

【考点】罪刑法定原则

【解析】①错误。罪刑法定既约束立法者，也约束司法人员。

②错误。既然罪刑法定原则约束司法人员，就应该同时约束法官和享有侦查权的侦查人员，因为其行为具有(准)司法性质。

③错误。罪刑法定的内容之一是成文的罪刑法定，即以成文法为定罪量刑的唯一依据，而排斥习惯法的适用。

④正确。溯及既往之所以被禁止，是因为个人需要法律的指引，需要根据事先公布的法律确定行为的方向。溯及既往的刑法，违反了预测可能性原理，可能使个人无所适从，同时危及法律的安定性。当然，禁止溯及既往也有例外的情况：在法律有变更，新的刑罚比犯罪行为时的法律规定的处罚要轻的情况下，从考虑被告人利益的角度允许新法溯及既往(从旧兼从轻)，因此，不禁止有利于被告人的事后法。

【答案】C

15. 关于社会主义法治理念与罪刑法定的表述，下列哪一理解是不准确的？（2011-2-1，单选）

A. 依法治国是社会主义法治的核心内容，罪刑法定是依法治国在刑法领域的集中体现

B. 权力制约是依法治国的关键环节，罪刑法定充分体现了权力制约

C. 人民民主是依法治国的政治基础，罪刑法定同样以此为思想基础

D. 执法为民是社会主义法治的本质要求，网民对根据《刑法》规定作出的判决持异议时，应当根据民意判决

【考点】罪刑法定原则；社会主义法治理念

【解析】D项错误。执法为民是社会主义法治的本质要求。执法为民的基本要求是保障人权，执法为民的客观需要是文明执法。执法为民并不意味着要违背法律去迁就民意，相反，依法作出公正判决才真正体现了执法为民的要求。

【答案】D

16. 某孤儿院为谋取单位福利，分两次将38名孤儿交给国外从事孤儿收养的中介组织，共收取30余万美元的“中介费”“劳务费”。关于本案，下列哪一选项符合依法治

国的要求？（2011-2-2，单选）

A. 因《刑法》未将此行为规定为犯罪，便不能由于本案社会影响重大，就以刑事案件查处

B. 本案可追究孤儿院及其主管人员、直接责任人的刑事责任，以利于促进政治效果与社会效果的统一

C. 报请全国人大常委会核准后，本案可作为单位拐卖儿童犯罪处理，以利于进一步发挥法律维护社会稳定的作用

D. 可追究主管人员与其他直接责任人的刑事责任，以利于促进法律效果、政治效果

【考点】罪刑法定原则；拐卖妇女、儿童罪

【解析】拐卖妇女、儿童罪是指以出卖为目的，拐骗、绑架、收买、贩卖、接送、中转妇女、儿童的行为。《刑法》第 240 条第 1 款第(8)规定，“将妇女、儿童卖往境外的，处 10 年以上有期徒刑或者无期徒刑，并处罚金或者没收财产。”孤儿院将 38 名儿童交给国外从事孤儿收养的中介组织，收取所谓的“中介费”，实际上就是变相的买卖儿童，侵害了其人身权，可依法追究该单位主管人员与其直接责任人员拐卖儿童罪的刑事责任。D 项正确。

【答案】D

17. ①对于同一刑法条文中的同一概念，既可以进行文理解释也可以进行论理解释

②一个解释者对于同一刑法条文的同一概念，不可能同时既作扩大解释又作缩小解释

③刑法中类推解释被禁止，扩大解释被允许，但扩大解释的结论也可能是错误的

④当然解释追求结论的合理性，但并不必然符合罪刑法定原则

关于上述 4 句话的判断，下列哪些选项是错误的？（2011-2-51，多选）

A. 第①句正确，第②③④句错误　　B. 第①②句正确，第③④句错误

C. 第①③句正确，第②④句错误　　D. 第①③④句正确，第②句错误

【考点】刑法解释

【解析】刑法解释按照解释的方法，分为文理解释和论理解释。文理解释是根据刑法所用文字的文义及其通常使用的方式使其涵义明确的解释方法；论理解释是对法律条文的涵义按照立法精神，根据法理所作的解释。对于同一刑法条文中的同一概念，既可进行文理解释也口进行论理解释，二者并不冲突。故第①句正确。扩大解释和缩小解释一个是扩大字面含义，一个是缩小字面含义，二者相反。对同一刑法条文的同一概念，不能既扩大解释又缩小解释。故第②句正确。采取何种方法解释法律，都不能保证结论一定正确。故第③句正确。当然解释是指刑法规定虽未明示某一事项，但依形式逻辑、规范目的及事物属性的当然道理，将该事项解释为包括在该规定的适用范围之内。当然解释比必然符合罪刑法定原则。故第④句正确。综上，ABCD 四项均错误。

【答案】ABCD

第二章　犯罪概说

2011—2017 年本章无题目。

第三章　犯罪构成

1. 关于危害结果，下列哪一选项是正确的？（2017-2-2，单选）

A. 危害结果是所有具体犯罪的构成要件要素

B. 抽象危险是具体犯罪构成要件的危害结果

C. 以杀死被害人的方法当场劫取财物的，构成抢劫罪的结果加重犯

D. 骗取他人财物致使被害人自杀身亡的，成立诈骗罪的结果加重犯

【考点】危害结果

【解析】“危害结果”如何认定，有广义和狭义之分。广义的危害结果包括对法益造成法定的实害，以及具有对法益造成法定实害的危险(具体危险和抽象危险)。狭义的危害结果则仅指造成法定的实害。如果采用广义说，从“法益侵害说”的犯罪本质观来说，任何犯罪或者对法益造成了法定的实害，或者具有造成法定实害的危险，则危害结果就是所有具体犯罪的构成要件要素。如果采用狭义说，则危害结果并非所有具体犯罪的构成要件要素。我国刑法理论采用狭义说，因此，A 项和 B 项错误。而且，如果采用广义说，则该单选题有多个正确答案。

C 项正确。抢劫致人重伤、死亡是抢劫罪的法定加重事由，是指行为人为抢劫而故意或过失造成被害人重伤或死亡，其中就包括以杀死被害人的方法当场劫取财物的情形，构成抢劫罪的结果加重犯。

D 项错误。因诈骗致使被害人自杀身亡并非诈骗罪的法定加重事由。

【答案】C

2. 关于刑事责任能力的认定，下列哪一选项是正确的？（2017-2-3，单选）

A. 甲先天双目失明，在大学读书期间因琐事致室友重伤。甲具有限定刑事责任能力

B. 乙是聋哑人，长期组织数名聋哑人在公共场所扒窃。乙属于相对有刑事责任能力

C. 丙服用安眠药陷入熟睡，致同床的婴儿被压迫窒息死亡。丙不具有刑事责任能力

D. 丁大醉后步行回家，嫌他人小汽车挡路，将车砸坏，事后毫无记忆。丁具有完

全刑事责任能力

【考点】刑事责任能力

【解析】我国刑法对刑事责任能力采取的是四分法，分为完全刑事责任能力、完全无刑事责任能力、相对无刑事责任能力（又称“相对有刑事责任能力”）、限定刑事责任能力（又称“减轻刑事责任能力”）。其中，完全无刑事责任能力人包括两种：一是未满14周岁的未成年人，二是因精神疾病而不具备或丧失刑法所要求的辨认或控制自己行为能力的人。相对无刑事责任能力是14周岁以上未满16周岁的未成年人。我国刑法明文规定的属于或可能属于限定刑事责任能力人的有四种情况：一是已满14周岁未满18周岁的未成年犯罪人；二是聋哑人；三是双目失明的盲人；四是尚未完全丧失辨认或控制能力的精神病人。完全刑事责任能力人是除上述三种之外的人，即年满18周岁的正常人。

A项错误。从生理标准看，虽然甲是盲人，是刑法明文规定的属于或可能属于限定刑事责任人，但其双目失明并没有使他降低认知能力，也没有降低对案件的认识能力，应负完全刑事责任。

B项错误。相对有刑事责任能力是14周岁以上未满16周岁的未成年人。乙属于或可能属于限定刑事责任能力人。

C项错误。丙具有刑事责任能力。

D项正确。醉酒人犯罪，负完全刑事责任。

【答案】**D**

3. 关于因果关系，下列哪些选项是正确的？（2017-2-52，多选）

A. 甲以杀人故意用铁棒将刘某打昏后，以为刘某已死亡，为隐藏尸体将刘某埋入雪沟，致其被冻死。甲的前行为与刘某的死亡有因果关系

B. 乙夜间驾车撞倒李某后逃逸，李某被随后驶过的多辆汽车辗轧，但不能查明是哪辆车造成李某死亡。乙的行为与李某的死亡有因果关系

C. 丙将海洛因送给13周岁的王某吸食，造成王某吸毒过量身亡。丙的行为与王某的死亡有因果关系

D. 丁以杀害故意开车撞向周某，周某为避免被撞跳入河中，不幸溺亡。丁的行为与周某的死亡有因果关系

【考点】因果关系

【解析】A项中，存在因果关系认识错误，不影响因果关系的成立。即便是有后行为，也并不足以中断或否定前行为（用铁棒将刘某打昏）与刘某死亡间的因果关系。A项正确。B项中，属于交通肇事逃逸致人死亡，有因果关系。从因果关系的中断理论分析，乙于夜间撞倒李某后逃逸，致李某身处车流之中，李某被后面的车辗死，并非异常现象，不中断因果关系。即，后车辗死李某与李某的死亡之间有因果关系，且乙某的撞击逃逸行为与李某的死亡之间也有因果关系，本案属于“多因一果”。C项中的因果关系很明显。D项中，表面看，周某死亡是其跳河造成的，但当时面临被杀害，其为逃命而跳河，并非异常举动，因此，周某被迫跳河并溺亡，其自身行为并不中断因果关系。

ABCD 全选。

【答案】ABCD

4. 甲、乙合谋杀害丙，计划由甲对丙实施砍杀，乙持枪埋伏于远方暗处，若丙逃跑则伺机射杀。案发时，丙不知道乙的存在。为防止甲的不法侵害，丙开枪射杀甲，子弹与甲擦肩而过，击中远处的乙，致乙死亡。关于本案，下列哪些选项是正确的？(2017-2-53，多选)

A. 丙的行为属于打击错误，依具体符合说，丙对乙的死亡结果没有故意

B. 丙的行为属于对象错误，依法定符合说，丙对乙的死亡结果具有故意

C. 不论采取何种学说，丙对乙都不能构成正当防卫

D. 不论采用何种学说，丙对甲都不构成故意杀人罪未遂

【考点】刑法上的认识错误

【解析】丙不存在对象认识错误，而属于打击错误。A 项正确，B 项错误。甲乙为故意杀人罪共同犯罪，这种严重危及人身安全的不法侵害正在进行，无论对甲还是对乙，丙的行为都不是犯罪，而是正当防卫。C 项错误，D 项正确。

【答案】AD

5. 关于不作为犯罪，下列哪一选项是正确的？(2016-2-1，单选)

A. “法无明文规定不为罪”的原则当然适用于不作为犯罪，不真正不作为犯的作为义务必须源于法律的明文规定

B. 在特殊情况下，不真正不作为犯的成立不需要行为人具有作为可能性

C. 不真正不作为犯属于行为犯，危害结果并非不真正不作为犯的构成要件要素

D. 危害公共安全罪、侵犯公民人身权利罪、侵犯财产罪中均存在不作为犯

【考点】不作为犯罪

【解析】A 项错误。“法无明文规定不作为罪”的原则适用于所有犯罪类型，不作为犯罪亦不例外；但是，不真正不作为犯的义务来源并不限于法律的明文规定，还有可能来源于生活经验等(理论上称之为“开放的构成要件”)。

B 项错误。“作为可能性”是成立不作为犯罪的必备条件，不具备此条件，不成立不作为犯罪。

C 项错误。不真正不作为犯并非单纯的不作为即可成立，而是必须其不作为导致一定的法定后果才成立。

D 项正确。不作为只是一种实施犯罪的方式，原则上所有犯罪类型均有不作为方式存在的空间。

【答案】D

6. 关于因果关系的认定，下列哪一选项是正确的？(2016-2-2，单选)

A. 甲重伤王某致其昏迷。乞丐目睹一切，在甲离开后取走王某财物。甲的行为与王某的财产损失有因果关系

B. 乙纠集他人持凶器砍杀李某，将李某逼至江边，李某无奈跳江被淹死。乙的行

为与李某的死亡无因果关系

C. 丙酒后开车被查。交警指挥丙停车不当，致石某的车撞上丙车，石某身亡。丙的行为与石某死亡无因果关系

D. 丁敲诈勒索陈某。陈某给丁汇款时，误将 3 万元汇到另一诈骗犯账户中。丁的行为与陈某的财产损失无因果关系

【考点】因果关系

【解析】A 项错误。王某的财产损失是由乞丐的行为独立导致的，不可归责于甲，甲只需对其导致的伤害后果负责。而且，甲重伤王某通常不会致使其财产损失，乞丐趁机偷走王某财物，此也为异常现象，不可归责于甲。

B 项错误。虽然在追杀行为与死亡结果之间介入了被害人自身行为，但这一介入因素并不异常，（换了其他人，很可能也会选择跳江逃命）不能中断追杀行为与死亡结果的因果关系。

C 项正确。虽然直接导致结果的是丙的行为，但丙的行为本身并无不当之处，因为交警控制了现场并进行指挥。因此，石某死亡的结果不可归责于丙，而应归责于交警的错误指挥。

D 项错误。没有丁的敲诈行为，就不会有陈某的财产损失结果，因此，二者之间具有刑法上的因果关系。至于谁获得了财物，不能改变被害人财产损失的事实，也不能否认二者之间存在的因果关系。

【答案】C

7. 关于刑事责任能力，下列哪一选项是正确的？（2016-2-3，单选）

A. 甲第一次吸毒产生幻觉，误以为伍某在追杀自己，用木棒将伍某打成重伤。甲的行为成立过失致人重伤罪

B. 乙以杀人故意刀砍陆某时突发精神病，继续猛砍致陆某死亡。不管采取何种学说，乙都成立故意杀人罪未遂

C. 丙因实施爆炸被抓，相关证据足以证明丙已满 15 周岁，但无法查明具体出生日期。不能追究丙的刑事责任

D. 丁在 14 周岁生日当晚故意砍杀张某，后心生悔意将其送往医院抢救，张某仍于次日死亡。应追究丁的刑事责任

【考点】刑事责任能力

【解析】A 项正确。甲由于是第一次吸毒，因此产生幻觉并使其丧失了责任能力，之后实施的伤人行为应属于假想防卫，不成立故意犯罪，根据情形认定为过失犯罪或意外事件。根据本题的描述，甲应预见自己吸毒后控制能力下降而导致的危害后果，因疏忽大意而没能预见，因此主观上有疏忽大意的过失。

B 项错误。对于该案，理论上有三种处理意见：第一种观点认为，只要在实施原因行为时具有责任能力，即要对最终结果负责（适用原因自由行为的法理）；第二种观点认为，将前后两个行为作为一个整体来考虑，最终也要对结果负责；第三种观点认为，行为人在陷入无责能力状态前，已经成立犯罪未遂，能否成立既遂，取决于因果关系是

否偏离重大。偏离重大，既遂，反之未遂。可见，在此问题上，并非所有观点均认为是未遂。

C 项错误。2006 年《最高人民法院关于审理未成年人刑事案件具体应用法律若干问题的解释》第四条规定，“相关证据足以证明被告人实施被指控的犯罪时已经达到法定刑事责任年龄，但是无法准确查明被告人具体出生日期的，应当认定其达到相应法定刑事责任年龄。”

D 项错误。丁在实施杀人行为时未满 14 周岁，因为 14 周岁应从生日的第二天算起，丁未满 14 周岁，不负刑事责任。

【答案】A

8. 农民甲醉酒在道路上驾驶拖拉机，其认为拖拉机不属于《刑法》第 133 条之一规定的机动车。关于本案的分析，下列哪一选项是正确的？（2016-2-4，单选）

A. 甲未能正确评价自身的行为，存在事实认识错误

B. 甲欠缺违法性认识的可能性，其行为不构成犯罪

C. 甲对危险驾驶事实有认识，具有危险驾驶的故意

D. 甲受认识水平所限，不能要求其对自身行为负责

【考点】认识错误

【解析】A 项错误。甲认识到其驾驶的是拖拉机，不存在事实上的认识错误。

甲主观上的认识错误属于对法律的认识错误，不影响故意的成立，也不影响其最终的刑事责任。因此，B、D 项错误，C 项正确。

【答案】C

9. 甲、乙共同对丙实施严重伤害行为时，甲误打中乙致乙重伤，丙乘机逃走。关于本案，下列哪些选项是正确的？（2016-2-52，多选）

A. 甲的行为属打击错误，按照具体符合说，成立故意伤害罪既遂

B. 甲的行为属对象错误，按照法定符合说，成立故意伤害罪既遂

C. 甲误打中乙属偶然防卫，但对丙成立故意伤害罪未遂

D. 不管甲是打击错误、对象错误还是偶然防卫，乙都不可能成立故意伤害罪既遂

【考点】认识错误

【解析】A、B 项错误。甲并未认错侵害对象，不属于对象认识错误而属于打击错误。根据具体符合说，触犯故意伤害罪（未遂）与过失致人重伤罪，为想像竞合，从一重应以故意伤害罪（未遂）论处。

C 项正确。甲以伤害故意却客观上起到了防卫的效果，属于理论上的“偶然防卫”（又称“巧合防卫”）情形。但对于甲欲加害的丙而言，由于未出现伤害的结果，因此成立故意伤害罪犯罪未遂。

D 项正确。乙虽与甲成立故意伤害罪的共犯，但对于自身遭受的重伤后果无需负责。因为故意伤害罪的对象是“他人”而不包含伤害人本人。因此，乙重伤的结果应归责于甲，而不能归责于乙。乙不可能成立故意伤害罪既遂，但乙要对丙承担故意伤害罪未遂的责任。

【答案】CD

10. 关于因果关系，下列哪一选项是正确的？（2015-2-1，单选）

A. 甲跳楼自杀，砸死行人乙。这属于低概率事件，甲的行为与乙的死亡之间无因果关系

B. 集资诈骗案中，如出资人有明显的贪利动机，就不能认定非法集资行为与资金被骗结果之间有因果关系

C. 甲驾车将乙撞死后逃逸，第三人丙拿走乙包中贵重财物。甲的肇事行为与乙的财产损失之间有因果关系

D. 司法解释规定，虽交通肇事重伤 3 人以上但负事故次要责任的，不构成交通肇事罪。这说明即使有条件关系，也不一定能将结果归责于行为

【考点】因果关系

【解析】进行因果关系的具体判断时，应当考察行为人的行为导致结果发生的危险性的大小、介入情况的异常性大小以及介入情况对结果发生所起作用的大小。

A 项错误。从统计学的角度看，行人被跳楼自杀的人砸死在生活中确实是“低概率事件”，但是，从刑法学的角度看，甲跳楼自杀的行为相当于高空坠物，有致人死伤的高度危险性，行人从楼下经过并不异常，应当认定二者存在因果关系。

B 项错误。被害人有贪利动机并不是否认非法集资行为与资金被骗结果之间有因果关系的理由。诈骗行为具有导致他人财物被骗的高度危险性，在诈骗案中被害人或多或少存在贪利动机，这一介入因素并不异常，应当认定非法集资行为与资金被骗结果之间有因果关系。

C 项错误。甲驾车将乙撞死确实给第三人丙顺利拿走财物创造了条件，但具有条件关系不等于具有刑法上的因果关系。甲驾车将乙撞死后逃逸，该行为并不具有导致乙财物遭受损失的高度危险性，第三人丙取走受害人的财物，系一个极其异常的介入因素，是异常的介入因素导致乙遭受财物损失。应认定甲的肇事行为与乙的财产损失之间没有因果关系。

D 项正确。根据最高人民法院《关于审理交通肇事刑事案件具体应用法律若干问题的解释》第 2 条规定，“交通肇事重伤 3 人以上，负事故全部或者主要责任的，以交通肇事罪追究刑事责任。”这意味着行为人如果仅负事故“次要责任”的，不构成交通肇事罪，D 选项的前半部分表述正确。由此，D 选项总结出一个结论，即“这说明即使有条件关系，也不一定能将结果归责于行为”。

【答案】D

11. 关于责任年龄与责任能力，下列哪一选项是正确的？（2015-2-2，单选）

A. 甲在不满 14 周岁时安放定时炸弹，炸弹于甲已满 14 周岁后爆炸，导致多人伤亡。甲对此不负刑事责任

B. 乙在精神正常时着手实行故意伤害犯罪，伤害过程中精神病突然发作，在丧失责任能力时抢走被害人财物。对乙应以抢劫罪论处

C. 丙将毒药投入丁的茶杯后精神病突然发作，丁在丙丧失责任能力时喝下毒药死

亡。对丙应以故意杀人罪既遂论处

D. 戊为给自己杀人壮胆而喝酒，大醉后杀害他人。戊不承担故意杀人罪的刑事责任

【考点】刑事责任年龄；刑事责任能力

【解析】A项错误。甲在安放定时炸弹时，不满14周岁，未达到法定年龄，属于无责任能力人，倘若此刻炸弹就爆炸，不能追究甲的刑事责任。但是，甲在14周岁之后，对于其在不满14周岁时所创设的爆炸危险，在法律上负有排除该危险的义务（先前行为产生的义务），其能排除该危险，却不排除该危险，以致炸弹爆炸的，成立不作为的爆炸罪；在实施不作为的爆炸罪时，甲已满14周岁，根据《刑法》第17条第2款，甲对爆炸罪具有责任能力。甲的行为符合“行为与责任同在”的要求，对爆炸罪应负刑事责任。

B项错误。乙在精神正常时着手实行故意伤害犯罪，在伤害过程中精神病突然发作的，对故意伤害罪应当承担刑事责任。不过，B选项考查的是乙在丧失责任能力时抢走被害人财物，对乙能否以抢劫罪论处的问题。按照原因自由行为理论，这种情形属于意思不连续类型的原因自由行为，除非能够证明行为人对结果行为存在犯罪故意，否则仅是能否成立过失犯的问题。乙事前只有伤害故意，并没有利用无责任能力状态实施抢劫犯罪的意思，乙在丧失责任能力状态下抢走被害人财物的，难以认定乙具有抢劫故意；即便认定此时“行为与责任同在”，由于欠缺抢劫罪的犯罪故意，对乙在丧失责任能力状态下抢走被害人财物的行为，自然不能以抢劫罪论处。

D项错误。戊为给自己杀人壮胆而喝酒，大醉后杀害他人的，根据《刑法》第18条第4款“醉酒的人犯罪，应负刑事责任”的规定，应承担故意杀人罪的刑事责任。一方面，“大醉”不代表无责任能力，另一方面，即便戊大醉时在事实上已经没有责任能力，按照原因自由行为理论，既然戊在实施原因行为时具有责任能力，就符合“行为与责任同在”的要求，戊应承担故意杀人罪的刑事责任。

【答案】C

12. 关于不作为犯罪，下列哪些选项是正确的？（2015-2-52，多选）

A. 儿童在公共游泳池溺水时，其父甲、救生员乙均故意不救助。甲、乙均成立不作为犯罪

B. 在离婚诉讼期间，丈夫误认为自己无义务救助落水的妻子，致妻子溺水身亡的，成立过失的不作为犯罪

C. 甲在火灾之际，能救出母亲，但为救出女友而未救出母亲。如无排除犯罪的事由，甲构成不作为犯罪

D. 甲向乙的咖啡投毒，看到乙喝了几口后将咖啡递给丙，因担心罪行败露，甲未阻止丙喝咖啡，导致乙、丙均死亡。甲对乙是作为犯罪，对丙是不作为犯罪

【考点】不作为犯罪

【解析】A项正确。儿童在公共游泳池溺水时，首先父亲具有法律上的救助义务，这一义务并不因为其他人（如救生员）负有救助义务而豁免。救生员乙对于公共游泳池

内游泳的人负有保证其安全的义务，该义务同样不因其他人(如父亲)也负有救助义务而豁免。

B项错误。在法律上行为人是否负有救助义务，这是客观的，与行为人对此是否存在认识无关。只要婚姻关系仍旧存在，即便是在离婚诉讼期间，丈夫在法律上也负有救助妻子的义务。在主观上，对于不救助落水的妻子将会产生何种后果，丈夫存在认识，却放任该结果的发生。丈夫误认为自己没有义务救助落水的妻子，属于违法性认识的错误，即误以为自己不救离婚诉讼期间的妻子是不违法的。该违法性的认识错误并非是不可避免的，因而不影响丈夫犯罪故意的成立，故对妻子的死亡丈夫应成立故意的不作为犯罪。

C项正确。对甲未救母的行为，根据中国宪法与婚姻法的规定、现行刑法理论的通说，甲在法律上负有救助母亲的义务，而没有救助女友的法律义务。因此，甲能救出母亲却未救出母亲的行为具备不作为犯罪的客观要件。对于不救母亲将会出现何种结果，甲存在认识却放任该结果的发生，具备不作为犯的主观要件。在没有排除犯罪事由的前提下，甲的不作为当然构成不作为犯罪。

D项正确。需将案件分为两个阶段，第一阶段是甲向乙的咖啡投毒，乙喝下了有毒的咖啡；第二阶段是乙将自己没有喝完的有毒咖啡递给丙，丙喝下有毒的咖啡死亡。这意味着D选项中的投毒与向被害人家中的饭菜投毒存在重大不同：如果向被害人家中的饭菜投毒，该投毒行为能够直接造成被害人及其家人的死亡，对任一被害人的死亡均可认定行为人以作为的方式杀人；而D选项是针对特定的人投毒，一般只会毒死特定的人(很少有人会喝他人剩下的咖啡)，第三人丙之所以被毒死，是乙将有毒的咖啡递给丙喝造成的。在D选项中，不能认定是甲直接向丙投毒，是乙让丙喝了本来由乙独自饮用的有毒咖啡，由此丙的生命才出现了紧迫的危险，由于该危险是甲先前的投毒行为造成的，甲有排除该危险的义务，但因担心罪行败露，甲未排除该危险，故对丙的死亡甲应承担不作为犯的刑事责任。

【答案】ACD

13. 关于因果关系，下列哪些选项是正确的?（2015-2-53，多选）

A. 甲驾车经过十字路口右拐时，被行人乙扔出的烟头击中面部，导致车辆失控撞死丙。只要肯定甲的行为与丙的死亡之间有因果关系，甲就应当承担交通肇事罪的刑事责任

B. 甲强奸乙后，威胁不得报警，否则杀害乙。乙报警后担心被甲杀害，便自杀身亡。如无甲的威胁乙就不会自杀，故甲的威胁行为与乙的死亡之间有因果关系

C. 甲夜晚驾车经过无照明路段时，不小心撞倒丙后继续前行，随后的乙未注意，驾车从丙身上轧过。即使不能证明是甲直接轧死丙，也必须肯定甲的行为与丙的死亡之间有因果关系

D. 甲、乙等人因琐事与丙发生争执，进而在电梯口相互厮打，电梯门受外力挤压变形开启，致丙掉入电梯通道内摔死。虽然介入了电梯门非正常开启这一因素，也应肯定甲、乙等人的行为与丙的死亡之间有因果关系

【考点】因果关系

【解析】A 项错误。丙的死亡与甲的驾车行为虽有因果关系，但是，甲因面部被烟头击中，仓促之间会产生一些本能反应，以致车辆失控撞死丙，既难以说甲违反了交通运输管理法规，对丙的死亡又难以认定甲存在过失，甲对丙的死亡不应承担刑事责任。此外，根据 2000 年 11 月 15 日最高人民法院《关于审理交通肇事刑事案件具体应用法律若干问题的解释》，只有甲负事故主要责任时，才能以交通肇事罪追究甲的刑事责任，而在本题中，应当认定乱扔烟头的行人乙对本起事故负有主要责任，甲不负主要责任，同样可以得出甲不对丙的死亡承担刑事责任的结论。

B 项错误。没有甲的威胁，乙便不会自杀，甲的威胁与乙的自杀之间存在条件关系，但这并不意味着二者之间存在刑法上的因果关系。威胁被害人事后不得报警，否则就要杀死被害人，这是强奸犯在强奸罪行结束后惯常使用的手法，该威胁导致乙死亡的可能性低，乙在报警之后选择自杀过于异常，根据相当因果关系理论，应认定甲的威胁与乙的死亡之间没有因果关系。此外，根据客观归责理论，乙的死亡系出于本人(错误)的自主决定，乙对死亡结果应当自我答责，不能要求强奸犯答责，据此也可否定甲的威胁与乙的死亡之间的因果关系。

C 项正确。丙可能是甲直接轧死的，甲的行为与丙的死亡之间存在因果关系，毋庸置疑。丙也可能是被后来的乙车轧死的，即便乙对丙的死亡应负交通肇事罪的刑事责任，也应肯定甲的行为与丙的死亡之间存在因果关系，这是因为，甲不小心撞倒丙后继续前行，没有采取将丙拖到路边等有效措施避免丙被其他车辆碾轧，让被害人仍旧躺在路上，这一不作为行为具有导致丙被其他车辆轧死的高度危险性；由于是夜间，该路段系无照明路段，以致乙未注意到躺在路上的丙，乙车从丙身上轧过，这一介入因素并不异常，根据因果关系理论，能够认定丙的死亡与甲的行为之间存在因果关系。所以说，即使不能证明是甲直接轧死丙，也必须肯定甲的行为与丙的死亡之间有因果关系。

D 项正确。在电梯口相互厮打这一行为本身蕴含致人死亡的可能性，因为在较硬的地面上厮打有致人摔死、摔伤的危险性，而电梯门受外力挤压变形开启致使丙掉入电梯通道这一介入因素并不异常应当认定甲、乙等人的行为与丙的死亡之间有因果关系。

【答案】CD

14. 关于故意与违法性的认识，下列哪些选项是正确的？（2015-2-55，多选）

A. 甲误以为买卖黄金的行为构成非法经营罪，仍买卖黄金，但事实上该行为不违反《刑法》。甲有犯罪故意，成立犯罪未遂

B. 甲误以为自己盗窃枪支的行为仅成立盗窃罪。甲对《刑法》规定存在认识错误，因而无盗窃枪支罪的犯罪故意，对甲的量刑不能重于盗窃罪

C. 甲拘禁吸毒的陈某数日。甲认识到其行为剥夺了陈某的自由，但误以为《刑法》不禁止普通公民实施强制戒毒行为。甲有犯罪故意，应以非法拘禁罪追究刑事责任

D. 甲知道自己的行为有害，但不知是否违反《刑法》，遂请教中学语文教师乙，被告知不违法后，甲实施了该行为。但事实上《刑法》禁止该行为。乙的回答不影响甲成立故意犯罪

【考点】犯罪故意；违法性认识

【解析】A 项错误。行为是否成立犯罪，首先取决于该行为是否被刑法所禁止。如果某行为事实上不违反刑法，不为刑法所禁止，则该行为就是无罪行为，而不是犯罪未遂，行为人实施该行为的心态在刑法学上也不能称之为犯罪故意。

B 项错误。甲客观上盗窃了枪支，主观上明确认识到自己的行为性质是“盗窃”，认识到自己盗窃的对象是“枪支”，并希望或者放任枪支被盗结果的发生，应认定甲具有盗窃枪支罪的犯罪故意。甲的行为完全符合盗窃枪支罪的构成要件，构成盗窃枪支罪。甲仅是对自己所触犯的罪名存在不正确的认识错误，该错误不影响盗窃枪支罪的犯罪故意的成立，不影响对甲按照盗窃枪支罪定罪量刑。

【答案】CD

15. 关于构成要件要素，下列哪一选项是错误的？（2014-2-4，单选）

A. 传播淫秽物品罪中的“淫秽物品”是规范的构成要件要素、客观的构成要件要素

B. 签订、履行合同失职被骗罪中的“签订、履行”是记述的构成要件要素、积极的构成要件要素

C.“被害人基于认识错误处分财产”是诈骗罪中的客观的构成要件要素、不成文的构成要件要素

D.“国家工作人员”是受贿罪的主体要素、规范的构成要件要素、主观的构成要件要素

【考点】构成要件要素

【解析】A 项正确。何为“淫秽物品”，需要法官进行价值判断才能认定，因此属于规范的构成要件要素。同时，“淫秽物品”属于行为对象，是客观的构成要件要素。

B 项正确。签订、履行合同失职被骗罪中的“签订、履行”是从正面、肯定的角度对该罪犯罪行为要素的规定，是积极的构成要件要素；其判断仅需法官的一般、自然、客观的认识即可，是记述的构成要件要素。

C 项正确。“被害人基于认识错误处分财产”是诈骗罪的客观构成要件的组成部分，而主观构成要件要素应为行为人的故意、过失、目的等；《刑法》第 266 条对诈骗罪的规定中并没有提到被害人要基于认识错误处分财产，因此属于不成文构成要件要素。

D 项错误。受贿罪中“国家工作人员”是对主体身份的要求，是主体要素，是客观的构成要件要素(定罪身份属于客观的违法要素)；国家工作人员是指依法从事公务的人，而是否属于从事公务需要结合法律、法规等进行判断，故属于规范的构成要件要素。

【答案】D

16. 关于不作为犯罪的判断，下列哪一选项是错误的？（2014-2-5，单选）

A. 小偷翻墙入院行窃，被护院的藏獒围攻。主人甲认为小偷活该，任凭藏獒撕咬，小偷被咬死。甲成立不作为犯罪

B. 乙杀丙，见丙痛苦不堪，心生悔意，欲将丙送医。路人甲劝阻乙救助丙，乙遂

离开，丙死亡。甲成立不作为犯罪的教唆犯

C. 甲看见儿子乙(8 周岁)正掐住丙(3 周岁)的脖子，因忙于炒菜，便未理会。等炒完菜，甲发现丙已窒息死亡。甲不成立不作为犯罪

D. 甲见有人掉入偏僻之地的深井，找来绳子救人，将绳子的一头扔至井底后，发现井下的是仇人乙，便放弃拉绳子，乙因无人救助死亡。甲不成立不作为犯罪

【考点】不作为犯罪

【解析】成立不作为犯罪在客观上必须具备以下条件：(1)行为人有作为义务；(2)行为人能够履行特定义务；(3)行为人不履行特定义务，造成或者可能造成危害结果。

A 项正确。小偷入院盗窃虽然属于不法侵害行为，但其生命仍属于法律保护的利益。主人甲任凭自己饲养的藏獒(表明甲负有防止藏獒咬死对方的义务)咬死小偷而没有阻止的，成立不作为犯罪。

B 项正确。由于乙的先行行为，致使丙的生命安全处于危险状态，此时乙对丙负有救助义务，乙能够救助而不救助，导致丙死亡，成立不作为犯罪。因之前乙已实施积极的杀人行为，因而只须定一个故意杀人罪，无需数罪并罚。乙之所以放弃救助丙，是因为路人甲的劝阻，因而，就乙的不作为而言，甲与其构成共同犯罪，甲属教唆犯。

C 项错误。甲对未成年的子女负有管教的义务，对其儿子实施的违法行为负有阻止的义务。甲看到其子在掐丙的脖子，本应进行阻止，而且完全能防止死亡结果的发生，但甲未理会，致使丙死亡，甲成立不作为犯罪。

D 项正确。乙掉落深井，此时甲对乙并无法律上的救助义务，因此甲不成立不作为犯。另外，如果甲在拉绳子过程中发现是仇人乙而放手致其高处坠落致死，则成立作为的故意杀人罪。

【答案】C

17. 关于因果关系的判断，下列哪一选项是正确的？(2014-2-6，单选)

A. 甲伤害乙后，警察赶到。在警察将乙送医途中，车辆出现故障，致乙长时间得不到救助而亡。甲的行为与乙的死亡具有因果关系

B. 甲违规将行人丙撞成轻伤，丙昏倒在路中央，甲驾车逃窜。1 分钟后，超速驾驶的乙发现丙时已来不及刹车，将丙轧死。甲的行为与丙的死亡没有因果关系

C. 甲以杀人故意向乙开枪，但由于不可预见的原因导致丙中弹身亡。甲的行为与丙的死亡没有因果关系

D. 甲向乙的茶水投毒，重病的乙喝了茶水后感觉更加难受，自杀身亡。甲的行为与乙的死亡没有因果关系

【考点】因果关系

【解析】A 项错误。甲伤害乙后，赶来的警察负有救助乙的义务；警察将乙送往医院，意味着警察已经接管了对乙的救助，但出现了偶然的、异常的、罕见的介入因素，即“车辆出现故障，导致乙长时间得不到救助而死”，该因素最终引起了乙死亡，中断了甲的伤害行为与乙死亡之间的因果关系，甲的行为与乙的死亡之间没有因果关系。

B 项错误。在公路上，车辆往来属于正常现象，倒在路中央的丙被过路车辆碾压的可能性极高。而丙昏倒在路中央是甲造成的，因此是甲的行为导致丙处于高度危险中，即使乙车超速，此介入因素也不具有异常性。因此，甲的行为与丙的死亡结果之间具有因果关系。

C 项错误。虽然甲故意向乙开枪，但将丙打死，甲的行为与丙的死亡之间存在刑法上的因果关系。至于甲对丙死亡的结果是否认识、预料或者能否预料，与因果关系有无的判断没有关系。

D 项正确。乙的死亡结果是乙的自杀行为直接所致，而非甲的投毒行为直接所致。而且因为更难受而自杀，这一情形也异常，乙自杀行为的介入阻断了甲的行为与乙死亡结果之间的因果关系。因此，甲的投毒行为与乙的死亡结果之间没有因果关系。

【答案】D

18. 关于事实认识错误，下列哪一选项是正确的？（2014-2-7，单选）

A. 甲本欲电话诈骗乙，但拨错了号码，对接听电话的丙实施了诈骗，骗取丙大量财物。甲的行为属于对象错误，成立诈骗既遂

B. 甲本欲枪杀乙，但由于未能瞄准，将乙身旁的丙杀死。无论根据什么学说，甲的行为都成立故意杀人既遂

C. 事前的故意属于抽象的事实认识错误，按照法定符合说，应按犯罪既遂处理

D. 甲将吴某的照片交给乙，让乙杀吴，但乙误将王某当成吴某予以杀害。乙是对象错误，按照教唆犯从属于实行犯的原理，甲也是对象错误

【考点】认识错误

【解析】A 项正确。甲为诈骗而拨电话的行为属于预备行为，针对接电话的丙实施的欺骗行为才是实行行为，此时甲误将丙当做乙进行欺骗，属于具体事实认识错误中的对象错误，无论按照法定符合说还是具体符合说，都成立诈骗罪既遂。

B 项错误。甲欲枪杀乙，因未瞄准而将丙杀死，属于打击错误。对于打击错误，具体符合说与法定符合说的认定不同。法定符合说认为，甲在主观上有杀人故意，客观上也导致他人死亡，成立故意杀人罪既遂。具体符合说认为客观事实与行为人的主观认识没有形成具体的符合，因此甲对乙承担杀人未遂的责任，对丙承担过失致人死亡的责任，二者属想象竞合犯，择一重罪处罚。

C 项错误。抽象的事实认识错误，是指行为人所认识的事实与现实所发生的事实，分别属于不同的犯罪构成。事前的故意，是指行为人误认为第一个行为已经造成结果，出于其他目的实施第二个行为，实际上是第二个行为才导致预期的结果出现的情况。就事前故意而言，行为人主观意图实施的犯罪与实际实施的犯罪罪名相同，并未超出同一个犯罪构成，因此是具体的事实认识错误，而非抽象的事实认识错误。

D 项错误。甲教唆乙杀死吴某，但乙误将王某当做吴某杀害，乙属于具体事实认识错误中的对象错误；但对于甲而言，甲没有对象的认识错误，而是由于乙的行为导致了最后侵犯的结果与甲期望的结果不一样，属于方法错误。

【答案】A

19. 甲女得知男友乙移情，怨恨中送其一双滚轴旱冰鞋，企盼其运动时摔伤。乙穿此鞋运动时，果真摔成重伤。关于本案的分析，下列哪一选项是正确的？（2013-2-5，单选）

A. 甲的行为属于作为的危害行为

B. 甲的行为与乙的重伤之间存在刑法上的因果关系

C. 甲具有伤害乙的故意，但不构成故意伤害罪

D. 甲的行为构成过失致人重伤罪

【考点】危害行为；因果关系

【解析】A 项错误。刑法禁止的危害行为必须具有法益侵犯的紧迫、现实危险性，而且还必须是社会生活不允许的行为。甲女赠送男友旱冰鞋的行为属于社会生活中的正常行为，不可能成为法律上被禁止的行为，因此，甲的行为不属于作为的危害行为。

B 项错误。既然甲女的行为不属于刑法上的危害行为，那么甲的行为与乙重伤之间也就不存在刑法上的因果关系。实际上，乙重伤的结果是乙自己在运动时不小心导致的，该结果应该由乙自己承担，即乙自我答责。

C 项正确。尽管甲女在赠送乙旱冰鞋时企盼乙运动时摔伤，具有伤害乙的故意，但是甲女并没有实施伤害乙的危害行为，因此，不构成故意伤害罪。

D 项错误。无论故意犯罪还是过失犯罪，都要求行为人实施法律所禁止的危害行为。本案中，甲女没有实施法律禁止的危害行为，因此，甲既不成立故意犯罪，也不成立过失犯罪。

【答案】C

20. 2010 年某日，甲到乙家，发现乙家徒四壁。见桌上一块玉坠，断定是不值钱的仿制品，甲便顺手拿走。后甲对丙谎称玉坠乃秦代文物，值 5 万元，丙以 3 万元买下。经鉴定乃清代玉坠，市值 5000 元。关于本案的分析，下列哪一选项是错误的？（2013-2-6，单选）

A. 甲断定玉坠为不值钱的仿制品具有一定根据，对“数额较大”没有认识，缺乏盗窃犯罪故意，不构成盗窃罪

B. 甲将所盗玉坠卖给丙，具有可罚性，不属于不可罚的事后行为

C. 不应追究甲盗窃玉坠的刑事责任，但应追究甲诈骗丙的刑事责任

D. 甲诈骗丙的诈骗数额为 5 万元，其中 3 万元既遂，2 万元未遂

【考点】犯罪故意；不可罚的事后行为

【解析】A 项正确。甲客观上入户盗窃了价值数额较大（5000 元）的清代玉坠，属于“盗窃数额较大的财物”；但行为时甲合理地（乙家家徒四壁）认为玉坠为不值钱的仿制品，没有认识到“数额较大”，因而甲缺乏盗窃罪的犯罪故意。据此，甲的行为在盗窃罪的犯罪内主客观并不统一，不成立盗窃罪。

B 项正确。甲取得该玉坠的行为不成立犯罪。之后实施的行为如果侵犯新的法益、具有责任的话，则要成立新的犯罪。甲将所盗玉坠谎称为秦代文物，欺骗他人财物，具有可罚性，成立诈骗罪，不属于不可罚的事后行为。

C项正确。由于甲缺乏盗窃罪的犯罪故意，故其行为不成立盗窃罪；但甲诈骗丙钱财的行为侵犯了新的法益，甲对该行为应当承担刑事责任。

D项错误。同一个故意犯罪行为，其犯罪形态只有一个，不可能既是犯罪既遂，又是犯罪未遂。对于结果的判断，应以整个犯罪行为最终的法益侵犯形态为标准进行判断。诈骗罪犯罪数额的认定，不是以行为人意图骗取的数额为标准，而是以实际骗取的他人财物为标准。甲意图骗取5万元，但实际上骗取了丙3万元钱，因此诈骗数额应为3万元，而且达到了数额较大的标准，应当成立诈骗罪的既遂。

【答案】D

21. 关于不作为犯罪，下列哪些选项是正确的？（2013-2-51，多选）

A. 船工甲见乙落水，救其上船后发现其是仇人，又将其推到水中，致其溺亡。甲的行为成立不作为犯罪

B. 甲为县公安局长，妻子乙为县税务局副局长。乙在家收受贿赂时，甲知情却不予制止。甲的行为不属于不作为的帮助，不成立受贿罪共犯

C. 甲意外将6岁幼童撞入河中。甲欲施救，乙劝阻，甲便未救助，致幼童溺亡。因只有甲有救助义务，乙的行为不成立犯罪

D. 甲将弃婴乙抱回家中，抚养多日后感觉麻烦，便于夜间将乙放到菜市场门口，期待次日晨被人抱走抚养，但乙被冻死。甲成立不作为犯罪

【考点】不作为犯罪

【解析】A项错误。甲将乙救上船的行为不成立犯罪，但甲将乙推入水中致其溺亡的行为成立故意杀人罪，属于作为，而非不作为。

B项正确。夫妻之间对对方的犯罪行为并无阻止的义务，甲对其妻收受贿赂的行为并无阻止的义务，故甲的行为不成立犯罪。如果是父母发现未成年子女实施犯罪行为，能阻止而不阻止的，则成立不作为犯罪。

C项错误。甲将幼童意外撞入河中，具有救助义务。乙教唆甲故意不救助幼童，致使幼童溺亡，甲成立不作为犯罪的实行犯，乙成立不作为犯罪的教唆犯，二人成立共犯。

D项正确。甲将弃婴乙抱回家，负有抚养、照顾的义务。甲能抚养而不抚养，将乙弃置于菜市场门口的，成立不作为犯罪。

【答案】BD

22. 关于因果关系的认定，下列哪些选项是正确的？（2013-2-52，多选）

A. 甲、乙无意思联络，同时分别向丙开枪，均未击中要害，因两个伤口同时出血，丙失血过多死亡。甲、乙的行为与丙的死亡之间具有因果关系

B. 甲等多人深夜追杀乙，乙被迫跑到高速公路上时被汽车撞死。甲等多人的行为与乙的死亡之间具有因果关系

C. 甲将妇女乙强拉上车，在高速公路上欲猥亵乙，乙在挣扎中被甩出车外，后车躲闪不及将乙轧死。甲的行为与乙的死亡之间具有因果关系

D. 甲对乙的住宅放火，乙为救出婴儿冲入住宅被烧死。乙的死亡由其冒险行为造

成，与甲的放火行为之间没有因果关系

【考点】因果关系

【解析】A项正确。甲、乙二人的行为结合在一起导致了丙的死亡，属于重叠的因果关系，甲、乙二人的行为与丙的死亡之间都有因果关系。

B项正确。甲等人追杀乙的过程中，乙被迫跑到高速公路上，乙的反应属于正常的、必然的介入因素。而高速上被撞的风险非常大。乙的行为不中断因果关系。因此，甲等人的行为与乙的死亡之间存在因果关系。

C项正确。甲在高速公路上行驶的汽车中强制猥亵、侮辱妇女，妇女本能地、必然地反抗，致使被甩出车外，被害人的反应属于正常的介入因素，不会中断因果关系；后车躲闪不及将妇女撞死，在具体环境下更是必然的发展。故甲的行为与乙的死亡结果之间存在因果关系。

D项错误。甲放火焚烧乙的住宅，乙为救婴儿冲入火中属于必然的、本能的反应并非异常的举动，故甲的放火行为与乙的死亡之间具有因果关系。

【答案】**ABC**

23. 关于犯罪故意、过失与认识错误的认定，下列哪些选项是错误的？（2013-2-53，多选）

A. 甲、乙是马戏团演员，甲表演飞刀精准，从未出错。某日甲表演时，乙突然移动身体位置，飞刀掷进乙胸部致其死亡。甲的行为属于意外事件

B. 甲、乙在路边争执，甲推乙一掌，致其被路过车辆轧死。甲的行为构成故意伤害(致死)罪

C. 甲见楼下没人，将家中一块木板扔下，不料砸死躲在楼下玩耍的小孩乙。甲的行为属于意外事件

D. 甲本欲用斧子砍死乙，事实上却拿了铁锤砸死乙。甲的错误属于方法错误，根据法定符合说，应认定为故意杀人既遂

【考点】罪过；认识错误

【解析】A项正确。虽然甲的行为导致了乙的死亡，但甲实施行为时不可能预见到会导致乙死亡，因为甲作为专业的飞刀表演者“从未出错”，而且这种行为被社会生活允许；乙死亡是由于其突然移动所导致，这是乙自担风险的情形，故乙的死亡对甲来说纯属意外。

B项错误。虽然甲在争执中推了乙，致使乙死亡，但甲在实施行为时没有认识到自己的行为会导致乙伤害的结果，故甲没有伤害的故意，不成立故意伤害(致死)罪。但由于甲在路边推乙，故应当预见其行为可能导致乙死亡，故甲成立过失致人死亡罪。

C项错误。向楼下扔木板是具有高度危险性并为社会生活所不容许的行为，行为人应当尽到足够的谨慎义务，以确保不会导致危害结果。本案中，甲没有尽到足够的谨慎义务，疏忽大意导致了小孩乙的死亡，成立过失致人死亡罪，不属于意外事件。

D项错误。甲的错误不属于方法错误，因其并非因为行为的偏差导致了其他犯罪结果的发生。甲的错误属于一般意义上的行为错误，但这种错误不适用事实认识错误的原

则，直接认定成立故意犯罪。因为无论甲事先如何打算，甲在用铁锤砸死人的时候，对这一违法事实完全明知，完全符合犯罪故意认定的要求，故根本不影响犯罪故意的认定。

【答案】BCD

24. 下列哪一选项构成不作为犯罪？（2012-2-4，单选）

A. 甲到湖中游泳，见武某也在游泳。武某突然腿抽筋，向唯一在场的甲呼救。甲未予理睬，武某溺亡

B. 乙女拒绝周某求爱，周某说“如不答应，我就跳河自杀”。乙明知周某可能跳河，仍不同意。周某跳河后，乙未呼救，周某溺亡

C. 丙与贺某到水库游泳。丙为显示泳技，将不善游泳的贺某拉到深水区教其游泳。贺某忽然沉没，丙有点害怕，忙游上岸，贺某溺亡

D. 丁邀秦某到风景区漂流，在漂流筏转弯时，秦某的安全带突然松开致其摔落河中。丁未下河救人，秦某溺亡

【考点】不作为犯罪

【解析】A项错误。武某突然腿抽筋的行为，属于不能预见、不能抗拒的事由，不是由甲引起，虽然甲在场但是甲没有施救的义务。既然甲没有救助武某的义务，其不救助行为最多属于应受道义谴责的见死不救行为，但不构成不作为犯罪。

B项错误。周某在他人拒绝其恋爱请求时，跳河溺亡的，死亡后果应由周某承担，因为乙享有恋爱自由的权利，周某不能强迫他人和自己谈恋爱；乙的拒绝行为，不具有导致他人自杀的通常意义上的危险性，不是产生作为义务的先行行为，不是逼迫其自杀；周某作为成年人，对于自杀可能引起的后果，应当独立承担全部风险。因此，乙也不构成不作为犯罪。

C项正确。丙将不善游泳的贺某拉到深水区教其游泳，其行为使被害人处于危险境地，属于先前行为，因此，在贺某忽然沉没时，丙有救助贺某的义务，而丙因为害怕而离开危险场所，导致贺某溺亡的，丙属于当为能为而不为，构成不作为犯罪。

D项错误。秦某的“安全带突然松开”致其摔落河中溺亡，属于意外事件，丁不构成犯罪。在D项中，丁某是否有作为义务，值得讨论。有人认为，丁邀秦某到风景区漂流，其和秦某就是密切的共同体成员，因此，丁对于处于危险境地的成员有保护、救助义务。紧密共同体关系所引起的义务，是指虽然不属于法律明文规定的范围，但是基于一定事实形成了社会上通常认为的对危险应当予以共同承担、相互照顾的关系，因而在对方发生危险时，应当具有排除危险的义务。紧密共同体关系可以产生作为义务，在有的国家刑法理论中得到认同，认为危险共同体中的成员，无论其行为是合法(如共同登山、漂流)，还是违法(如共同滥用毒品)，在发现其他成员陷入危险时，都有义务救助。紧密生活共同体独立为一种义务来源，不同于先行行为，后者义务产生的原因在于先行实施的行为所造成的危险状态，但是紧密生活共同体所引起的义务原因在于其共同的生活、危险承担关系。但是，紧密生活共同体的概念，过于含糊，根据这种关系所产生的作为义务来认定犯罪，刑罚处罚范围过大，刑法也可能变得危险，是否将其作为义

务来源之一，需要十分慎重。D 项中的漂流发生在风景区，景区应该有一定的安全措施，这与真正的野外探险式漂流有所区别。丁与秦某的生命法益并没有处于明显脆弱、危险的状态，二人的结合难以评价为能够产生作为义务的危险共同体。同时，即便认为漂流活动的共同体成员具有相互照顾、救助的义务，也可以认为：因为是“秦某的安全带突然松开致其摔落河中”，事发突然，丁无法履行救助义务，不具有作为可能性，因而不符合不作为犯的成立条件，不构成不作为犯罪。

【答案】C

25. 下列哪一行为构成故意犯罪？（2012-2-5，单选）

A. 他人欲跳楼自杀，围观者大喊“怎么还不跳”，他人跳楼而亡

B. 司机急于回家，行驶时闯红灯，把马路上的行人撞死

C. 误将熟睡的孪生妻妹当成妻子，与其发生性关系

D. 作客的朋友在家中吸毒，主人装作没看见

【考点】犯罪故意

【解析】A 项错误。死亡后果由他人的自杀行为所引起，围观者的行为不能实质地评价为“杀害”行为，同时，也不是教唆或帮助他人自杀，不构成犯罪。

B 项错误。司机虽然闯红灯是故意的，但对于危害结果的发生是一种过失心理，成立交通肇事罪，为过失犯罪。

C 项错误。强奸罪不仅客观上违背了女方的意志并实施了奸淫行为，而且主观上应该具有奸淫的故意，即明知(明明知道或应当知道)违背了女方的意志。本案中，行为人没有奸淫的故意，不能成立强奸罪。

D 项正确。行为人明知他人是吸毒的人，而装作没有看见，从而为他人吸毒提供场所，根据《刑法》第 354 条规定，构成容留他人吸毒罪，主观上是放任的态度，存在间接故意。

【答案】D

26. 甲与素不相识的崔某发生口角，推了他肩部一下，踢了他屁股一脚。崔某忽觉胸部不适继而倒地，在医院就医时死亡。经鉴定，崔某因患冠状粥样硬化性心脏病，致急性心力衰竭死亡。关于本案，下列哪一选项是正确的？（2012-2-6，单选）

A. 甲成立故意伤害罪，属于故意伤害致人死亡

B. 甲的行为既不能认定为故意犯罪，也不能认定为意外事件

C. 甲的行为与崔某死亡结果之间有因果关系，这是客观事实

D. 甲主观上对崔某死亡具有预见可能性，成立过失致人死亡罪

【考点】因果关系

【解析】A 项错误。作为故意伤害罪实行行为的伤害行为，并非泛指一切有形力，而是有一定的程度要求。甲的行为暴力程度低，没有达到故意伤害罪中足以损害他人生理机能的程度，因而不是故意伤害罪中的实行行为，不成立故意伤害罪。

B、D 项错误两人素不相识，甲对于被害人体质特殊这一事实完全无认识，不具有预见可能性，主观上不存在犯罪的故意或过失，本案应定性为意外事件。

C 项正确。这属于内外结合的因果关系，甲的行为与结果之间也存在因果关系。但需要注意，因果关系只是客观面的，虽然甲的行为与崔某的死亡直接具有因果关系，但甲主观上既无故意也无过失，仍然不成立犯罪，而只是意外事件。

【答案】C

27.《刑法》第 246 条规定："以暴力或者其他方法公然侮辱他人或者捏造事实诽谤他人，情节严重的，处三年以下有期徒刑、拘役、管制或者剥夺政治权利。"关于本条的理解，下列哪些选项是正确的？（2012-2-51，多选）

A."以暴力或者其他方法"属于客观的构成要件要素

B."他人"属于记述的构成要件要素

C."侮辱"、"诽谤"属于规范的构成要件要素

D."三年以下有期徒刑、拘役、管制或者剥夺政治权利"属于相对确定的法定刑

【考点】构成要件要素

【解析】对构成要件要素，可以从不同的角度进行区分。从某一要素是否涉及人的内心事实的角度，可以将构成要件要素分为客观的构成要件要素和主观的构成要件要素；从是否需要价值判断角度，可以将构成要件要素分为记述的构成要件要素和规范的构成要件要素。但这两种分类方法之间存在交叉，例如，记述的构成要件要素是纯客观意义上的构成要件要素，通常是客观的构成要件要素。因此，《刑法》第 246 条规定所规定的"以暴力或者其他方法"属于客观的构成要件要素："他人"属于记述的构成要件要素，故 A、B 项正确。对"侮辱""诽谤"的判断，并非人的感官所能确认，而是必须由人的价值判断予以认定，故属于规范的构成要件要素，C 项正确。"三年以下有期徒刑、拘役、管制或者剥夺政治权利"的规定，既列举了多种刑种，在有期徒刑的刑期上也有法官酌情决定的较大幅度，因此，属于相对确定的法定刑，D 项正确。

【答案】ABCD

28. 下列哪些案件不构成过失犯罪？（2012-2-52，多选）

A. 老师因学生不守课堂纪律，将其赶出教室，学生跳楼自杀

B. 汽车修理工恶作剧，将高压气泵塞入同事肛门充气，致其肠道、内脏严重破损

C. 路人见义勇为追赶小偷，小偷跳河游往对岸，路人见状离去，小偷突然抽筋溺毙

D. 邻居看见 6 楼儿童马上要从阳台摔下，遂伸手去接，因未能接牢，儿童摔成重伤

【考点】罪过；因果关系

【解析】A 项，老师将学生赶出教室，致后者跳楼自杀，死亡结果由行为人的自杀行为所导致，老师没有过失犯罪的实行行为，也不存在犯罪过失，不构成过失犯罪。

B 项，汽车修理工恶作剧，将高压气泵塞入同事肛门充气，致其肠道、内脏严重破损，是对他人死伤结果持放任态度，应当成立故意犯罪。

C 项，小偷突然抽筋溺毙，属于意外事件，不涉及追赶者的过失责任。

D 项，邻居没有过失犯罪行为，也没有主观上的过失，儿童摔成重伤属于意外

事件。

【答案】ABCD

29. 因乙移情别恋，甲将硫酸倒入水杯带到学校欲报复乙。课间，甲、乙激烈争吵，甲欲以硫酸泼乙，但情急之下未能拧开杯盖，后甲因追乙离开教室。丙到教室，误将甲的水杯当作自己的杯子，拧开杯盖时硫酸淋洒一身，灼成重伤。关于本案，下列哪些选项是错误的？（2012-2-53，多选）

A. 甲未能拧开杯盖，其行为属于不可罚的不能犯

B. 对丙的重伤，甲构成过失致人重伤罪

C. 甲的行为和丙的重伤之间没有因果关系

D. 甲对丙的重伤没有故意、过失，不需要承担刑事责任

【考点】因果关系；罪过

【解析】A 项错误。甲将硫酸倒入水杯带到学校欲报复乙。在与乙激烈争吵后，甲欲以硫酸泼乙，只是未能拧开杯盖，由于硫酸是高度危险的物质，其装在水杯中泼向被害人的可能性极大，因此，从客观的角度，以行为时为基准，结合经验知识或者与此紧密相关的因果法则，可以看出乙死伤的危险是存在的，行为本身有引起、支配结果的危险，甲应该成立未遂犯，而不是不可罚的不能犯。

B 项正确。甲携带高度危险的物质到教室，因追乙而离开教室时，没有对危险物质进行合理处理，没有尽到相应的谨慎保管的注意义务。丙到教室，误将甲的水杯当作自己的杯子，拧开杯盖时硫酸淋洒一身灼成重伤。对这一后果，甲应当承担过失责任，构成过失致人重伤罪。

甲主观上对丙的重伤有过失，客观上不谨慎处置危险物质的行为和丙的拿取之间存在因果关系，故 CD 项错误。

【答案】ACD

30. 关于因果关系，下列哪一选项是错误的？（2011-2-3，单选）

A. 甲将被害人衣服点燃，被害人跳河灭火而溺亡。甲行为与被害人死亡具有因果关系

B. 乙在被害人住宅放火，被害人为救婴儿冲入宅内被烧死。乙行为与被害人死亡具有因果关系

C. 丙在高速路将被害人推下车，被害人被后面车辆轧死。丙行为与被害人死亡具有因果关系

D. 丁毁坏被害人面容，被害人感觉无法见人而自杀。丁行为与被害人死亡具有因果关系

【考点】因果关系

【解析】A 项正确。若甲没有将被害人的衣服点燃，被害人就不会为灭火而跳入河中溺水身亡。并且，虽然从表面上看，是因为被害人自己的行为即跳水而导致死亡，但跳水是由于衣服被甲点燃火所导致的，放在当时情形来看，这并不是一种异常的行为。因此，被害人的跳水行为并不能中断因果关系，甲的行为与被害人死亡之间仍然被认为

具有因果关系。

B 项正确。倘若没有乙的放火行为，被害人就不会为抢救婴儿而冒死冲入宅内，也就不会被烧死。被害人冲入火中救人，并非一种独立、异常的行为，不中断因果关系。乙的行为与被害人的死亡之间具有因果关系。

C 项正确。丙在高速公路上将被害人推下车，使其处在一种高度危险的环境中，导致被害人被后面的车辆轧死。这是一种非异常的情形。介入的因素即后面的车轧死了被害人并不中断丙的推人行为与被害人死亡之间所存在的因果关系，属于"多因一果"。

D 项错误。虽然如果丁没有将被害人毁容，被害人就不会因此事而自杀。但从社会一般观念看来，被毁容通常不会导致被害人自杀，或者说因被毁容而自杀的属于小概率事件为异常行为。因此，认为是被害人自己的行为导致了死亡的发生，丁的毁容行为与被害人的死亡结果之间不认为具有因果关系。

【答案】D

31. 甲患抑郁症欲自杀，但无自杀勇气。某晚，甲用事前准备的刀猛刺路人乙胸部，致乙当场死亡。随后，甲向司法机关自首，要求司法机关判处其死刑立即执行。对于甲责任能力的认定，下列哪一选项是正确的？（2011-2-4，单选）

A. 抑郁症属于严重精神病，甲没有责任能力，不承担故意杀人罪的责任

B. 抑郁症不是严重精神病，但甲的想法表明其没有责任能力，不承担故意杀人罪的责任

C. 甲虽患有抑郁症，但具有责任能力，应当承担故意杀人罪的责任

D. 甲具有责任能力，但患有抑郁症，应当对其从轻或者减轻处罚

【考点】刑事责任能力

【解析】刑事责任能力又称"归责能力"，是指行为人辨别是非和控制自己行为的能力。辨认能力是指行为人认识自己特定行为的性质、结果与意义的能力，而控制能力是指行为人支配自己实施或者不实施特定行为的能力。精神病的确定标准：(1)医学标准(或称"生理学标准")，即行为人在实施危害社会的行为时患有某种真正的精神病(区分精神病与非精神病性精神障碍。前者包括精神分裂症、情感性精神病、器质性或症状性精神病、妄想性精神病、反应性精神病、病理性酒精中毒、白痴与痴呆状态等；后者包括各类型的神经(官能)症、变态人格、性变态、轻度或中度低能、情绪反应、药瘾、慢性酒癖(或称慢性酒精中毒)、一般性醉酒(或称一般急性酒精中毒)等。(2)心理学标准，即行为人在行为时由于精神病而不能辨认或控制自己的行为。(因为精神病人不一定在精神结构的所有方面都是错乱的，可能在某些方面是正常甚至超常的。如果精神病人实施的是自己能够辨认和控制的某种危害行为，不能认定其行为时完全无责任能力。)此外，确定精神病人有无责任能力，还须"经法定程序鉴定确认"，即由省级以上人民政府指定的医疗机构依法作出技术(专家)鉴定，然后由人民法院根据鉴定结论并结合案情等作出有无刑事责任能力、限制刑事能力的判断。

本题中，甲的抑郁症属于一种心理疾病，并非精神病，且甲能认识到杀人行为是违法的，也知道杀人是要负刑事责任的，只是因为自己患抑郁症想自杀但没有勇气，因此

希望通过杀人获刑达到死亡的目的，甲应对其故意杀人的行为承担刑事责任。A、B 项错误，C 项正确。

D 项错误。甲犯罪以后自动投案，如实供述自己的罪行，成立自首。《刑法》第 67 条第 1 款规定："对于自首的犯罪分子，可以从轻或者减轻处罚。其中，犯罪较轻的，可以免除处罚。"因此，对甲可以而非"应当"从轻或减轻处罚。此外，可以对其从轻或减轻处罚也是因为其存在自首情节，而不是因为其患有抑郁症。

【答案】C

32. 关于故意的认识内容，下列哪一选项是错误的？（2011-2-5，单选）

A. 成立故意犯罪，不要求行为人认识到自己行为的违法性

B. 成立贩卖淫秽物品牟利罪，要求行为人认识到物品的淫秽性

C. 成立嫖宿幼女罪，要求行为人认识到卖淫的是幼女

D. 成立为境外非法提供国家秘密罪，要求行为人认识到对方是境外的机构、组织或者个人，没有认识到而非法提供国家秘密的，不成立任何犯罪

【考点】犯罪故意

【解析】A 项正确。违法性认识即法律认识，行为人对法律认识错误原则上不影响对行为的定性，因此，成立故意犯罪，不要求行为人认识到自己行为的违法性。除非行为人产生法律认识错误是不可避免的，即缺乏违法性认识的可能性，其行为可以不作为犯罪的处理。

B 项正确。依据《刑法》第 363 条第 1 款规定，"贩卖淫秽物品牟利罪是指以牟利为目的，贩卖淫秽物品的行为。"贩卖淫秽物品牟利罪的成立，要求行为对自己所贩卖的物品属于淫秽物品存在明知。

C 项正确。有些犯罪的对象是特定的，需要行为人对此有所认识。成立嫖宿幼女罪，要求行为人认识到卖淫的是幼女，否则就视为没有嫖宿幼女的故意。另外，需注意的是，2015 年《刑法修正案（九）》第 43 条已废除了嫖宿幼女罪，如果明知是卖淫的幼女而嫖宿的，视为强奸幼女，成立强奸罪，并从重处罚。

D 项错误。为境外非法提供国家秘密罪，要求行为人明知所提供的是国家秘密或情报，而故意为境外机构、组织、个人非法提供。但倘若不知道对方为境外机构、组织、个人而提供的，可能成立故意或过失泄露国家秘密罪，而不是不成立任何犯罪。

【答案】D

33. 关于过失犯的论述，下列哪一选项是错误的？（2011-2-6，单选）

A. 只有实际发生危害结果时，才成立过失犯

B. 认识到可能发生危害结果，但结果的发生违背行为人意志的，成立过失犯

C. 过失犯罪，法律有规定的才负刑事责任。这里的"法律"不限于刑事法律

D. 过失犯的刑事责任一般轻于与之对应的故意犯的刑事责任

【考点】过失犯罪

【解析】A 项正确。过失犯罪如果危害结果没有发生，不能追究行为人的刑事责任。B 项正确。过失犯罪行为人对结果的发生是排斥心态。

C 项错误。定罪量刑必须遵循罪刑法定原则。

D 项正确。

【答案】C

34. 关于不作为犯罪，下列哪些选项是正确的?（2011-2-52，多选）

A. 宠物饲养人在宠物撕咬儿童时故意不制止，导致儿童被咬死的，成立不作为的故意杀人罪

B. 一般公民发现他人建筑物发生火灾故意不报警的，成立不作为的放火罪

C. 父母能制止而故意不制止未成年子女侵害行为的，可能成立不作为犯罪

D. 荒山狩猎人发现弃婴后不救助的，不成立不作为犯罪

【考点】不作为犯罪

【解析】A 项正确。法律明确规定，饲养动物的人有管理自己饲养的动物、保证自己饲养的动物不侵害他人合法权益的义务，即当自己饲养的动物致害他人时，有对被致害人予以救助的义务。本项中，饲养人有救助的义务且有能力救助而故意不救助，导致儿童被咬死的，成立不作为犯罪，对被害人的死亡至少是持放任的态度，成立故意杀人罪。

B 项错误。虽然《消防法》规定公民看到火灾有报火警的义务。但这种行政法上的义务并不必然成为一般公民刑法上的义务，它只能成为特定人的义务。而且，发现他人建筑物发生火灾故意不报警的，并不能起到与放火一样的作用，所以不能成立不作为的放火罪。

C 项正确。父母是未成年人的监护人，有义务制止未成年人实施违法行为。因此，当为能为而不为，成立不作为的犯罪。

D 项正确。虽然能为且不为，但猎人没有救助弃婴的特定义务，不“当为”，不成立不作为犯罪。

【答案】ACD

35. 关于认识错误的判断，下列哪些选项是错误的?（2011-2-53，多选）

A. 甲为使被害人溺死而将被害人推入井中，但井中没有水，被害人被摔死。这是方法错误，甲行为成立故意杀人既遂

B. 乙准备使被害人吃安眠药熟睡后将其勒死，但未待实施勒杀行为，被害人因吃了乙投放的安眠药死亡。这是构成要件提前实现，乙行为成立故意杀人既遂

C. 丙打算将含有毒药的巧克力寄给王某，但因写错地址而寄给了汪某，汪某吃后死亡。这既不是对象错误，也不是方法错误，丙的行为成立过失致人死亡罪

D. 丁误将生父当作仇人杀害。具体符合说与法定符合说都认为丁的行为成立故意杀人既遂

【考点】认识错误

【解析】A 项错误。这属于因果关系错误而非方法错误。

B 项正确。

C 项错误。丙构成故意杀人罪。

D 项有一定争议。对于这种同一构成要件内的认识错误，法定符合说认为，虽然存在对象认识错误，即想杀的人与实际杀的人不一致，但这属于同一构成要件内的认识错误，丁想杀人，也实施了杀人行为，其行为导致被害人的死亡，无论杀的人是谁，都成立故意杀人罪既遂。具体符合说之前的观点是，丁对于仇人成立故意杀人罪未遂，对其生父成立过失致人死亡罪，属于想象竞合犯，从一重处断，但具体符合说如今有了变化和发展，认为这种对象认识错误并不重要，不影响故意犯罪既遂的成立，应成立故意杀人罪既遂。

【答案】AC

第四章　犯罪排除事由

1. 关于正当防卫与紧急避险的比较，下列哪一选项是正确的？（2017-2-4，单选）

A. 正当防卫中的不法“侵害”的范围，与紧急避险中的“危险”相同

B. 对正当防卫中不法侵害是否“正在进行”的认定，与紧急避险中危险是否“正在发生”的认定相同

C. 对正当防卫中防卫行为“必要限度”的认定，与紧急避险中避险行为“必要限度”的认定相同

D. 若正当防卫需具有防卫意图，则紧急避险也须具有避险意图

【考点】正当防卫；紧急避险

【解析】A 项错误。正当防卫中的不法“侵害”只能是人的不法侵害，其外延小于紧急避险中“危险”的外延。紧急避险的危害来源非常广泛，既可以是人的不法侵害，也可以是自然灾害、动物侵袭等。

B 项错误。虽然正当防卫与紧急避险的成立都需要具备时间条件，但二者的认定并不完全相同。正当防卫不法侵害“正在进行”是指不法侵害已经开始、尚未结束。紧急避险中危险“正在发生”是指危险已经发生或迫在眉睫并且尚未消除，要根据当时具体情况进行综合判断。二者来源不同，认定也有差异。

C 项错误。二者的限度条件是不一样的。紧急避险损害的合法利益必须小于所保护的合法利益，而正当防卫所造成的损害可以大于不法侵害者可能造成的损害。

D 项正确。正当防卫与紧急避险均为法定的正当化事由，其正当性在很大程度上就体现在其主观上的防卫或避险意图。虽然刑法学界关于二者的成立条件中是否需要具备主观上的防卫或避险意图有争议，但主流观点认为必须具有正当的意图。而且，如果肯定正当防卫必须具有正当的防卫意图，那么紧急避险也是。

【答案】D

2. 关于正当防卫与紧急避险，下列哪一选项是正确的？（2016-2-6，单选）

A. 为保护国家利益实施的防卫行为，只有当防卫人是国家工作人员时，才成立正

当防卫

B. 为制止正在进行的不法侵害，使用第三者的财物反击不法侵害人，导致该财物被毁坏的，对不法侵害人不可能成立正当防卫

C. 为摆脱合法追捕而侵入他人住宅的，考虑到人性弱点，可认定为紧急避险

D. 为保护个人利益免受正在发生的危险，不得已也可通过损害公共利益的方法进行紧急避险

【考点】正当防卫；紧急避险

【解析】A 项错误。不管保护的是何种利益，一般公民均可以作为防卫人，对防卫人进行身份上的设限并无道理。

B 项错误。该种情形属于正当防卫与紧急避险的竞合，即对防卫人成立正当防卫，对第三人成立紧急避险(在符合紧急避险的前提下)。

C 项错误。合法逮捕属于合法行为，对其不得实施防卫或避险。

D 项正确。紧急避险的成立需要保护的利益大于所损害的利益，不管损害的是公共利益还是个人利益，只要未超出避险的限度，就可以成立紧急避险(换言之，公共利益并非绝对的大于个人利益)。

【答案】D

3. 鱼塘边工厂仓库着火，甲用水泵从乙的鱼塘抽水救火，致鱼塘中价值 2 万元的鱼苗死亡。仓库中价值 2 万元的商品因灭火及时未被烧毁。甲承认仓库边还有其他几家鱼塘，为报复才从乙的鱼塘抽水。关于本案，下列哪一选项是正确的?（2015-2-4，单选）

A. 甲出于报复动机损害乙的财产，缺乏避险意图

B. 甲从乙的鱼塘抽水，是不得已采取的避险行为

C. 甲未能保全更大的权益，不符合避险限度要件

D. 对 2 万元鱼苗的死亡，甲成立故意毁坏财物罪

【考点】紧急避险

【解析】A 项错误。避险意图是成立紧急避险的主观条件，指行为人实行紧急避险的目的在于使国家、公共利益、本人或者他人的人身、财产和其他权利免受正在发生的危险。甲认识到从鱼塘抽水的目的是救火，是为了避免仓库及其中的物品被烧毁．故应认定甲具有避险意图。即便甲有报复动机，也无法否定避险意图的存在。

B 项正确。在当时的情况下，除了从鱼塘抽水之外，没有其他办法可以避免仓库被烧，故甲从乙的鱼塘抽水，是不得已采取的避险行为。按照考生“明明有其他鱼塘，怎么就是不得已了”的逻辑，无论从谁家鱼塘抽水，都不属于“不得已”而抽水，因为不一定非要从这家鱼塘抽水，还有其他鱼塘可以抽水，这种看法不合适。

C、D 项错误。甲的行为不但避免了仓库中价值 2 万元的财物被烧毁，而且还避免了人员伤亡与仓库被烧毁，属于保全了更大的权益，符合避险限度要件。因此，甲的行为成立紧急避险，故对 2 万元鱼苗的死亡，甲不成立故意毁坏财物罪。

【答案】B

4. 甲深夜盗窃5万元财物，在离现场1公里的偏僻路段遇到乙。乙见甲形迹可疑，紧拽住甲，要甲给5000元才能走，否则就报警。甲见无法脱身，顺手一拳打中乙左眼，致其眼部受到轻伤，甲乘机离去。关于甲伤害乙的行为定性，下列哪一选项是正确的?(2014-2-8，单选)

A. 构成转化型抢劫罪　　B. 构成故意伤害罪

C. 属于正当防卫，不构成犯罪　　D. 系过失致人轻伤，不构成犯罪

【考点】正当防卫

【解析】A项错误。《刑法》第269条规定，“犯盗窃、诈骗、抢夺罪，为窝藏赃物、抗拒抓捕或者毁灭罪证而当场使用暴力或者以暴力相威胁的，依照本法第二百六十三条的规定定罪处罚。”据此可知，构成转化型抢劫罪的条件是“当场”使用暴力或暴力相威胁，且目的是为了“窝藏赃物、抗拒抓捕或者毁灭罪证”。本题中，甲盗窃财物之后逃离现场1公里，已经不在盗窃现场，与“事后抢劫”中的“当场”无关，故之后甲将乙打伤的行为不属于事后抢劫。

B项错误，C项正确。乙见甲形迹可疑，紧拽住甲，要求甲给予其5000元才放其离开，该行为属于敲诈勒索行为；尽管甲之前实施了盗窃行为，但其行为已经结束，面对乙的不法侵害，甲减少、避免其不法侵害的行为，属于正当防卫，不成立犯罪，当然也不成立故意伤害罪。

D项错误。甲正当防卫行为导致乙轻伤，不属于“明显超过必要限度造成重大损害”(轻伤不属于“重大损害”)，不成立防卫过当，不属于过失致人轻伤行为。

【答案】C

5. 严重精神病患者乙正在对多名儿童实施重大暴力侵害，甲明知乙是严重精神病患者，仍使用暴力制止了乙的侵害行为，虽然造成乙重伤，但保护了多名儿童的生命。

观点：

①正当防卫针对的“不法侵害”不以侵害者具有责任能力为前提

②正当防卫针对的“不法侵害”以侵害者具有责任能力为前提

③正当防卫针对的“不法侵害”不以防卫人是否明知侵害者具有责任能力为前提

④正当防卫针对的“不法侵害”以防卫人明知侵害者具有责任能力为前提

结论：

a. 甲成立正当防卫

b. 甲不成立正当防卫

就上述案情，观点与结论对应错误的是下列哪些选项?(2014-2-52，多选)

A. 观点①②与a结论对应；观点③④与b结论对应

B. 观点①③与a结论对应；观点②④与b结论对应

C. 观点②③与a结论对应；观点①④与b结论对应

D. 观点①④与a结论对应；观点②③与b结论对应

【考点】正当防卫

【解析】本题中，乙客观上实施了侵犯法益的行为，但属于没有责任能力的人；甲

明知乙没有责任能力，为阻止其违法行为将其打成重伤。

按照观点①，正当防卫针对的“不法侵害”不以侵害者具有责任能力为前提。即只要客观上具有法益侵犯可能即可认定“不法侵害”。本题中，甲成立正当防卫。

按照观点②，正当防卫针对的“不法侵害”以侵害者具有责任能力为前提。按照该观点，本题中，侵害人乙是精神病人，不具有责任能力，因而不成立正当防卫。

按照观点③，正当防卫针对的“不法侵害”不以防卫人是否明知侵害者具有责任能力为前提。也就是说，客观上不要求侵害者具有责任能力，主观上当然也就不要求明知侵害者具有责任能力。本题中，虽然甲认识到了乙没有责任能力，但完全符合正当防卫的成立要件，因而成立正当防卫。

按照观点④，正当防卫针对的“不法侵害”不以防卫人明知侵害者具有责任能力为前提。即要求防卫人主观上明知侵害者具有责任能力，客观上要求侵害者具有责任能力。本题中，行为人甲明知侵害人乙没有责任能力，不符合正当防卫的成立要件，不成立正当防卫。

综上，观点①③与 a 结论对应；观点②④与 b 结论对应。B 项正确，ACD 项错。

【答案】ACD

6. 甲对正在实施一般伤害的乙进行正当防卫，致乙重伤(仍在防卫限度之内)。乙已无侵害能力，求甲将其送往医院，但甲不理会而离去。乙因流血过多死亡。关于本案，下列哪一选项是正确的?（2013-2-7，单选）

A. 甲的不救助行为独立构成不作为的故意杀人罪

B. 甲的不救助行为独立构成不作为的过失致人死亡罪

C. 甲的行为属于防卫过当

D. 甲的行为仅成立正当防卫

【考点】正当防卫

【解析】本案中，甲对正在实施一般伤害的乙进行正当防卫，致乙重伤(仍在防卫限度之内)，此时甲的行为属于正当防卫。但是，乙重伤之后已经失去继续侵害的能力，并有死亡的危险，甲具有救助的义务(合法行为仍然可以成为不作为犯罪中的义务来源)。面对乙的哀求，甲既不报警也不将不法侵害人送往医院抢救，导致其流血过多而死亡，而该死亡结果“明显超过必要限度造成重大损害”，故甲的行为属于防卫过当。应当认为，本题要考核的不是甲故意还是过失导致乙的死亡，因为案情设计本身，无法确定甲是故意还是过失的责任心理。此外，认定甲的防卫行为导致过当的罪过，必须结合之前的防卫行为加以理解，故难以评价甲不救助的行为独立构成不作为的过失犯罪。C 项正确。ABD 项错误。

【答案】C

7. 关于正当防卫的论述，下列哪一选项是正确的?（2012-2-7，单选）

A. 甲将罪犯顾某扭送派出所途中，在汽车后座上死死摁住激烈反抗的顾某头部，到派出所时发现其已窒息死亡。甲成立正当防卫

B. 乙发现齐某驾驶摩托车抢劫财物即驾车追赶，2 车并行时摩托车撞到护栏，弹回

与乙车碰撞后侧翻，齐某死亡。乙不成立正当防卫

C. 丙发现邻居刘某(女)正在家中卖淫，即将刘家价值6000元的防盗门砸坏，阻止其卖淫。丙成立正当防卫

D. 丁开枪将正在偷越国(边)境的何某打成重伤。丁成立正当防卫

【考点】正当防卫

【解析】A项错误。扭送现行犯是法律规定的作为公民权利(义务)的行为，属于法令行为。甲的扭送行为合法，顾某激烈反抗，摁住其头部，仍属于正当防卫的性质，但一直死死摁住其头部并最终致其窒息身亡，表明其防卫行为已明显超过了必要限度并造成严重后果，为防卫过当，可成立过失致人死亡罪。

B项正确。追赶行为和后果之间无因果关系，损害后果由死者自己的过失行为造成，与乙无关，不属于正当防卫的范畴。

C项错误。正当防卫行为必须是制止不法侵害所必须的行为，而且该不法侵害还必须具有紧迫性。刘某(女)正在家中卖淫，这并非具有紧迫性的不法侵害，且要制止对方卖淫，有报警等其他方法可以采用，砸坏其防盗门不属于正当防卫。

D项错误。偷越国境边境妨害了社会管理秩序，并非正当防卫前提条件中具有紧迫性的不法侵害，即便视为不法侵害，将其打成重伤，也明显超过了必要限度。

【答案】B

8. 乙基于强奸故意正在对妇女实施暴力，甲出于义愤对乙进行攻击，客观上阻止了乙的强奸行为。

观点：

①正当防卫不需要有防卫认识

②正当防卫只需要防卫认识，即只要求防卫人认识到不法侵害正在进行

③正当防卫只需要防卫意志，即只要求防卫人具有保护合法权益的意图

④正当防卫既需要有防卫认识，也需要有防卫意志

结论：

a. 甲成立正当防卫

b. 甲不成立正当防卫

就上述案情，观点与结论对应正确的是哪一选项？(2011-2-7，单选)

A. 观点①观点②与a结论对应；观点③观点④与b结论对应

B. 观点①观点③与a结论对应；观点②观点④与b结论对应

C. 观点②观点③与a结论对应；观点①观点④与b结论对应

D. 观点①观点④与a结论对应；观点②观点③与b结论对应

【考点】正当防卫

【解析】所谓正当防卫，是指为了使国家、公共利益、本人或者他人的人身、财产和其他权利免受正在进行的不法侵害，而对不法侵害人本人所采取的制止不法侵害且没有明显超过必要限度并造成重大损害的行为。

对于正当防卫的成立是否需要具备防卫的主观条件，有“肯定说”和“否定说”两种。

我国传统刑法理论采用“肯定说”，实务中也是如此。但是，本题的解题关键在于弄清出题人的意图所在，而不要受自己既有观点的影响。题干交代案例中，甲认识到不法侵害正在发生(有防卫认识)，出于义愤攻击乙(非为保护他人合法权益，无防卫意志)，客观上制止了不法侵害(产生了正当防卫的效果)。如果正当防卫没有防卫认识要求(观点①)或仅有防卫认识要求(观点②)，则甲的行为均能成立正当防卫(结论 a)；如果正当防卫有防卫意志的要求(观点③和观点④)，则甲的行为不成立正当防卫(结论 b)。故 BCD 项错误，A 项正确。

【答案】A

9. 经被害人承诺的行为要排除犯罪的成立，至少符合下列 4 个条件：

①被害人对被侵害的________具有处分权限

②被害人对所承诺的________的意义、范围具有理解能力

③承诺出于被害人的________意志

④被害人必须有________的承诺

下列哪一选项与题干空格内容相匹配？(2011-2-8，单选)

A. 法益——事项——现实——真实

B. 事项——法益——现实——真实

C. 事项——法益——真实——现实

D. 法益——事项——真实——现实

【考点】被害人承诺

【解析】被害人的承诺在符合一定条件时，可以排除损害被害人法益的行为的违法性。实践中，经被害人承诺的行为同时符合下列条件时，能排除犯罪的成立：一，被害人承诺的法益只能是本人有权支配和自由处分的个人法益(生命权和重大健康权不能承诺)；二，承诺人必须有现实的承诺；三，承诺人必须具有承诺能力(即能够理解承诺行为的性质、内容、意义和后果)；四，承诺必须出于承诺者真实的意思(戏言性的承诺、基于强制或者威压作出的承诺，不排除犯罪的成立)；五，承诺的时间必须在行为实施之前作出；六，行为不能超出承诺的范围。D 项正确。

【答案】D

第五章 犯罪未完成形态

1. 甲冒充房主王某与乙签订商品房买卖合同，约定将王某的住房以 220 万元卖给乙，乙首付 100 万元给甲，待过户后再支付剩余的 120 万元。办理过户手续时，房管局工作人员识破甲的骗局并报警。根据司法解释，关于甲的刑事责任的认定，下列哪一选项是正确的？(2017-2-5，单选)

A. 以合同诈骗罪 220 万元未遂论处，酌情从重处罚

B. 以合同诈骗罪 100 万元既遂论处，合同诈骗 120 万元作为未遂情节加以考虑

C. 以合同诈骗罪 120 万元未遂论处，合同诈骗 100 万元既遂的情节不再单独处罚

D. 以合同诈骗罪 100 万元既遂与合同诈骗罪 120 万元未遂并罚

【考点】犯罪既遂；犯罪未遂；犯罪数额认定

【解析】这题涉及司法实务中操作模式。在合同诈骗中，已骗取了部分钱的，以该部分犯罪数额认定既遂。未遂的数额作为酌定情节予以考虑。

【答案】B

2. 吴某被甲、乙合法追捕。吴某的枪中只有一发子弹，认识到开枪既可能打死甲也可能打死乙。设定吴某对甲、乙均有杀人故意，下列哪一分析是正确的？（2016-2-5，单选）

A. 如吴某一枪没有打中甲和乙，子弹从甲与乙的中间穿过，则对甲、乙均成立故意杀人罪未遂

B. 如吴某一枪打中了甲，致甲死亡，则对甲成立故意杀人罪既遂，对乙成立故意杀人罪未遂，实行数罪并罚

C. 如吴某一枪同时打中甲和乙，致甲死亡、乙重伤，则对甲成立故意杀人罪既遂，对乙仅成立故意伤害罪

D. 如吴某一枪同时打中甲和乙，致甲、乙死亡，则对甲、乙均成立故意杀人罪既遂，实行数罪并罚

【考点】犯罪未遂；罪数

【解析】吴某的行为为想象竞合，不并罚。此外，我国对同种数罪也不并罚，因此 B、D 项错误；

C 项错误。由于吴某对甲乙二人的死亡均有故意，因此未导致乙的死亡，应对乙成立故意杀人未遂。

【答案】A

3. 关于犯罪未遂的认定，下列哪些选项是正确的？（2016-2-53，多选）

A. 甲以杀人故意将郝某推下过街天桥，见郝某十分痛苦，便拦下出租车将郝某送往医院。但郝某未受致命伤，即便不送医院也不会死亡。甲属于犯罪未遂

B. 乙持刀拦路抢劫周某。周某说“把刀放下，我给你钱”。乙信以为真，收起刀子，伸手要钱。周某趁乙不备，一脚踢倒乙后逃跑。乙属于犯罪未遂

C. 丙见商场橱柜展示有几枚金锭（30 万元/枚），打开玻璃门拿起一枚就跑，其实是值 300 元的仿制品，真金锭仍在。丙属于犯罪未遂

D. 丁资助林某从事危害国家安全的犯罪活动，但林某尚未实施相关犯罪活动即被抓获。丁属于资助危害国家安全犯罪活动罪未遂

【考点】犯罪未遂

【解析】A 项错误。对于防止结果发生的中止而言，不需要结果的不发生与中止行为之间的因果关系。

B 项正确。乙已然着手抢劫行为，最终因意志以外的原因（被害人的反抗）而未实现既遂。

C 项正确。丙虽然最终取得的财物数额较小，但其是以数额巨大的财物为对象的，

因此成立对数额巨大的财物的犯罪未遂。

D 项错误。资助危害国家安全犯罪活动罪以资助行为的实施作为犯罪既遂的标准，至于被资助者是否实施危害国家安全犯罪活动行为，在所不问。换言之，本罪不是危害国家安全活动罪的帮助犯，而是一独立的罪名。

【答案】BC

4. 下列哪一行为成立犯罪未遂？（2015-2-5，单选）

A. 以贩卖为目的，在网上订购毒品，付款后尚未取得毒品即被查获

B. 国家工作人员非法收受他人给予的现金支票后，未到银行提取现金即被查获

C. 为谋取不正当利益，将价值 5 万元的财物送给国家工作人员，但第二天被退回

D. 发送诈骗短信，受骗人上当后汇出 5 万元，但因误操作汇到无关第三人的账户

【考点】犯罪未遂

【解析】A 项错误。为了出卖而购买毒品的行为是贩卖毒品罪的预备行为还是贩卖毒品罪的实行行为，长期以来一直存在误解。一方面，《刑法》第 347 条仅规定了贩卖毒品罪，而没有将相应的购买行为规定为购买毒品罪。这意味着单纯购买毒品的行为不属于刑法的规制对象。另一方面，“贩卖”毒品并不以购买毒品为前提，如行为人拾到毒品后出卖给他人的，同样成立贩卖毒品罪。由此可见，只有实际实施贩卖行为，才属于贩卖毒品罪的实行行为，出于贩卖目的而非法购买毒品的行为不是贩卖毒品罪的实行行为，而是贩卖毒品罪的预备行为（当然，可能同时触犯非法持有毒品罪）。因此，A 选项成立贩卖毒品罪的犯罪预备，而不是犯罪未遂。

B 项错误。国家工作人员非法收受他人给予的现金支票后，未到银行提取现金即被查获的，该行为符合受贿罪的构成要件，侵犯了职务行为的不可收买性，成立受贿罪，并且犯罪既遂。这种情形与国家工作人员非法收受他人财物后，财物被小偷盗走一样，构成受贿既遂是没有疑问的。

C 项错误。从行贿人的角度而言，其为谋取不正当利益，给予国家工作人员 5 万元财物，财物已被送出，该行为侵害了国家的廉政建设制度，故成立行贿罪既遂。虽然 5 万元财物被退回，但这改变不了犯罪既遂的事实。

D 项正确。发送诈骗短信，受骗人上当后汇出 5 万元，因误操作汇到无关第三人的账户，由于诈骗犯未能取得财物，该诈骗行为不符合“行为人以非法占有为目的实施欺诈行为→对方产生或者继续维持错误认识→对方基于错误认识处分财产→行为人取得财物→被害人遭受财产损失”这一诈骗罪的构造，只能认定为诈骗未遂。

【答案】D

5. 甲以杀人故意放毒蛇咬乙，后见乙痛苦不堪，心生悔意，便开车送乙前往医院。途中等红灯时，乙声称其实自己一直想死，突然跳车逃走，三小时后死亡。后查明，只要当时送医院就不会死亡。关于本案，下列哪一选项是正确的？（2015-2-6，单选）

A. 甲不对乙的死亡负责，成立犯罪中止

B. 甲未能有效防止死亡结果发生，成立犯罪既遂

C. 死亡结果不能归责于甲的行为，甲成立犯罪未遂

D. 甲未能阻止乙跳车逃走，应以不作为的故意杀人罪论处

【考点】犯罪中止；因果关系

【解析】A 项正确，D 项错误。甲杀人后，心生悔意，开车送被害人乙前往医院，只要当时送到医院乙就不会死亡，这些情况表明甲的行为在客观上属于故意杀人的中止行为，能否成立中止犯，取决于死亡结果的发生与甲的杀人行为之间是否有因果关系。如果二者之间没有因果关系，就不能要求甲对死亡结果负责，甲就有成立中止犯的余地。

B 项错误。甲放毒蛇咬乙的行为具有致乙死亡的危险性，但是，题目交代"只要当时送医院就不会死亡"，因此，甲的行为足以避免乙的死亡。乙声称想死、放弃救治，这一介入因素过于异常(一般人都会积极配合治疗)，主要是异常的介入因素(乙主动放弃治疗)导致了死亡结果的发生，根据相当因果关系理论，应当认定死亡结果与甲的杀人行为之间没有因果关系。既然甲开车将乙送医的行为足以避免乙的死亡，则应认定甲属于"自动有效地防止犯罪结果发生"，其行为成立犯罪中止。

C 项错误。根据客观归责理论中的被害人自我答责理论，对于精神状态正常的成年公民，刑法并不过问其纯粹的自杀行为，只要被害人自愿地选择死亡。那么，对死亡结果的发生就应由被害人自我负责，而不能要求其他人负责，虽然甲的行为也创设了乙死亡的危险，但是，这一危险是只要将乙送到医院就完全可以消灭的，被害人"自己一直想死"，突然跳车逃走，死亡结果属于其自杀行为所致，不应归责于甲，而应由乙自己负责。甲在能够杀死乙的前提下自动消除了犯罪既遂的危险，符合中止犯的立法精神，应当成立中止犯。

【答案】A

6. 甲架好枪支准备杀乙，见已患绝症的乙踉跄走来，顿觉可怜，认为已无杀害必要。甲收起枪支，但不小心触动扳机，乙中弹死亡。关于甲的行为定性，下列哪一选项是正确的？(2014-2-9，单选)

A. 仅构成故意杀人罪(既遂)

B. 仅构成过失致人死亡

C. 构成故意杀人罪(中止)、过失致人死亡罪

D. 构成故意杀人罪(未遂)、过失致人死亡罪

【考点】犯罪中止；犯罪既遂

【解析】甲架好枪支准备杀乙，对乙的生命有侵犯的紧迫性，表明其已经"着手"实行犯罪。之后甲见乙可怜认为已无杀害必要而收起枪支，属于在实施犯罪过程中自动放弃犯罪即"能达目的而不欲"，成立故意杀人罪中止，而非故意杀人罪未遂。但甲的中止行为导致了乙死亡，由于甲已无杀人故意，仅存在过失，故成立过失致人死亡罪。C 项正确，ABD 项错误。

【答案】C

7. 甲为杀乙，对乙下毒。甲见乙中毒后极度痛苦，顿生怜意，开车带乙前往医院。但因车速过快，车右侧撞上电线杆，坐在副驾驶位的乙被撞死。关于本案的分析，下列

哪些选项是正确的？（2014-2-53，多选）

A. 如认为乙的死亡结果应归责于驾车行为，则甲的行为成立故意杀人中止

B. 如认为乙的死亡结果应归责于投毒行为，则甲的行为成立故意杀人既遂

C. 只要发生了构成要件的结果，无论如何都不可能成立中止犯，故甲不成立中止犯

D. 只要行为人真挚地防止结果发生，即使未能防止犯罪结果发生的，也应认定为中止犯，故甲成立中止犯

【考点】犯罪中止

【解析】《刑法》第 24 条第 1 款规定，在犯罪过程中，自动放弃犯罪或者自动有效地防止犯罪结果发生的，是犯罪中止。据此可知，犯罪中止的时间在犯罪过程中，即在犯罪行为开始实施之后，犯罪呈现结局之前均可中止；中止要求具有自动性，要求行为人自动放弃犯罪或者自动有效地防止犯罪结果发生；中止要求具有客观的中止行为；中止要具有有效性，即必须是没有发生作为既遂标志的犯罪结果，否则就不成立犯罪中止。

A 项正确。如果认为乙的死亡结果应归责于驾车行为，即中止行为导致了死亡结果，该结果与甲投毒的行为无关；而甲投毒之后实施了客观的中止行为，故甲的行为成立故意杀人罪中止。

B 项正确。本题中，如果乙的死亡结果归结于甲的投毒行为，那么作为既遂结果的标志已经出现，则甲的行为成立故意杀人罪的既遂。

C 项错误。如果发生了构成要件的结果，而且与甲的投毒行为存在因果关系，则成立犯罪既遂，不可能成立犯罪中止；如果甲的投毒行为与该构成要件结果没有因果关系，而是其他原因导致该结果，则只要甲存在客观的中止行为，就可以认定其行为成立犯罪中止。

D 项错误。犯罪中止的成立与否并不取决于行为人防止结果发生的态度真挚与否，而取决于犯罪行为与结果的发生是否有因果关系、介入因素对结果发生的作用大小。犯罪中止的成立要求没有发生作为既遂标志的犯罪结果，如果该介入因素切断了其施害行为而直接导致了被害人死亡的，则此时行为人成立犯罪中止。如果甲虽然非常真诚地希望不要发生危害结果并且实施了补救行为，但乙依然因为其先前的施害行为而死的话，则其依然构成故意杀人的既遂。

【答案】AB

8. 下列哪些选项中的甲属于犯罪未遂？（2014-2-54，多选）

A. 甲让行贿人乙以乙的名义办理银行卡，存入 50 万元，乙将银行卡及密码交给甲。甲用该卡时，忘记密码，不好意思再问乙。后乙得知甲被免职，将该卡挂失取回 50 万元

B. 甲、乙共谋傍晚杀丙，甲向乙讲解了杀害丙的具体方法。傍晚乙如约到达现场，但甲却未去。乙按照甲的方法杀死丙

C. 乙欲盗窃汽车，让甲将用于盗窃汽车的钥匙放在乙的信箱。甲同意，但错将钥匙放入丙的信箱，后乙用其他方法将车盗走

D. 甲、乙共同杀害丙，以为丙已死，甲随即离开现场。一个小时后，乙在清理现场时发现丙未死，持刀杀死丙

【考点】犯罪未遂

【解析】已经着手实行犯罪，由于犯罪分子意志以外的原因而未得逞的，是犯罪未遂。

A项错误。国家工作人员收受他人的财物，成立受贿罪既遂。如果收到的物品毫无价值，则构成受贿罪未遂。本项中，甲收取了乙交付的银行卡，其职务行为的不可收买性已经受到实际侵犯，甲此时成立受贿罪既遂。之后"甲用该卡时，忘记密码，不好意思再问乙。后乙得知甲被免职，将该卡挂失取回50万元"不影响原先受贿罪的成立。

B项错误。共同犯罪中，共犯人的犯罪形态保持一致，一人既遂，全体既遂。本项中，甲、乙共谋杀丙，属于共谋共同正犯；乙按照甲教授的方法杀害丙既遂，甲对致死丙死亡的危害结果具有因果联系，应将该违法事实归属于甲。故甲、乙成立故意杀人罪共犯的既遂。

C项正确。帮助犯的既遂需满足两个条件：第一，帮助实行犯制造了既遂结果。第二，帮助行为与既遂结果的发生具有因果关系，即既遂结果的发生，离不开帮助犯的作用。本项中，乙最终用其他方法盗窃了汽车，与甲提供钥匙的行为之间不存在因果关系，故不能将乙盗窃汽车的结果归属于甲。因此甲构成帮助犯的未遂。

D项正确。如何判断犯罪是处于暂时性停顿还是处于终局性停止，只有是终局性停止，才构成犯罪形态，判断标准为：一是看行为人主观犯意是否完全消除；二是看行为人客观犯罪行为是否彻底结束。本项中，乙之后清理现场时发现丙未死，进而将丙杀死；该死亡结果与之前甲参与的杀人行为无关。甲之前杀人行为由于意志以外的原因未得逞，故甲仅成立故意杀人罪未遂。

【答案】CD

9. 甲深夜进入小超市，持枪胁迫正在椅子上睡觉的店员乙交出现金，乙说"钱在收款机里，只有购买商品才能打开收款机"。甲掏出100元钱给乙说"给你，随便买什么"。乙打开收款机，交出所有现金，甲一把抓跑。事实上，乙给甲的现金只有88元，甲"亏了"12元。关于本案，下列哪一说法是正确的？（2013-2-8，单选）

A. 甲进入的虽是小超市，但乙已在椅子上睡觉，甲属于入户抢劫

B. 只要持枪抢劫，即使分文未取，也构成抢劫既遂

C. 对于持枪抢劫，不需要区分既遂与未遂，直接依照分则条文规定的法定刑量刑即可

D. 甲虽"亏了"12元，未能获利，但不属于因意志以外的原因未得逞，构成抢劫罪既遂

【考点】犯罪既遂；抢劫罪

【解析】A项错误。根据司法解释，入户抢劫是指为了犯罪，进入与外界相对隔离的具有家庭生活内容的空间抢劫，甲进入商店抢劫，不是入户。

本案中，甲持枪压制被害人的反抗，勒令对方当场交付财物的，成立抢劫罪既遂。甲虽然为了抢劫付出了100元的损失，但这不是刑法的评价内容，甲对于被害人的88元构成抢劫罪。BC项错，D项正确。

【答案】D

10. 关于故意犯罪形态的认定，下列哪些选项是正确的？（2013-2-54，多选）

A. 甲绑架幼女乙后，向其父勒索财物。乙父佯装不管乙安危，甲只好将乙送回。甲虽未能成功勒索财物，但仍成立绑架罪既遂

B. 甲抢夺乙价值1万元项链时，乙紧抓不放，甲只抢得半条项链。甲逃走60余米后，觉得半条项链无用而扔掉。甲的行为未得逞，成立抢夺罪未遂

C. 乙欲盗汽车，向甲借得盗车钥匙。乙盗车时发现该钥匙不管用，遂用其他工具盗得汽车。乙属于盗窃罪既遂，甲属于盗窃罪未遂

D. 甲在珠宝柜台偷拿一枚钻戒后迅速逃离，慌乱中在商场内摔倒。保安扶起甲后发现其盗窃行为并将其控制。甲未能离开商场，属于盗窃罪未遂

【考点】犯罪停止形态

【解析】A项正确。绑架罪是侵犯他人人身自由的犯罪，只要行为人将他人作为人质加以实际控制的，绑架罪就既遂，至于勒索财物的目的或者其他不法要求是否实现，不影响绑架罪既遂的判断。甲为勒索财物，将乙作为人质加以控制，成立绑架罪既遂。

B项错误。抢夺罪的既遂标准是事实上转移他人数额较大财物的占有状态。甲抢夺乙的项链，跑了60余米，意味着已经转移了财物的占有；虽然只有半根项链，但也达到了数额较大的要求，故甲成立抢夺罪既遂。

C项正确。在共同犯罪中，犯罪人对犯罪结果承担刑事责任的前提是犯罪人对犯罪结果提供了帮助力或者原因力，否则，不负刑事责任。甲提供的钥匙为乙盗窃汽车没有提供帮助力，事实上也不可能提供帮助力，这一情形也是出于甲意志以外的原因导致，故甲成立盗窃罪未遂。

D项错误。盗窃罪是以被害人对其财物失去控制或者行为人已经控制被害人财物为既遂标准（失控加控制说），当然，财物控制与否的判断要考虑财物的大小、形状、存在状况、被害人管理情况等因素。对于戒指等小件物品，尤其是珠宝商场没有安检门的情形，甲偷拿戒指的行为就意味着甲已经占有了该财物，而被害人失去占有，故成立盗窃罪既遂。之后被保安发现并被抓获的，属于犯罪之后的案情发展，不影响盗窃罪既遂的判断。

【答案】AC

11. 甲欲杀乙，将乙打倒在地，掐住脖子致乙深度昏迷。30分钟后，甲发现乙未死，便举刀刺乙，第一刀刺中乙腹，第二刀扎在乙的皮带上，刺第三刀时刀柄折断。甲长叹“你命太大，整不死你，我服气了”，遂将乙送医，乙得以保命。经查，第一刀已致乙重伤。关于甲犯罪形态的认定，下列哪一选项是正确的？（2012-2-8，单选）

A. 故意杀人罪的未遂犯　　　　B. 故意杀人罪的中止犯

C. 故意伤害罪的既遂犯　　　　　　D. 故意杀人罪的不能犯

【考点】犯罪中止；犯罪未遂

【解析】是否出于自己意志以内的原因停止犯罪是区分犯罪中止和犯罪未遂的重要标准。我国对二者的区分采用德国的“弗兰克公式”即行为人“欲达目的而不能，是犯罪未遂；能达目的而不欲，是犯罪中止”。而这里的“能”与“不能”不是从实际层面来判定的，而是以行为人主观层面来判定的。如果行为人客观上实际做不到，但他主观上以为自己能做到，却放弃了，仍视为“能达目的而不欲”，定性为犯罪中止。如果他客观上实际能做到，但他自以为做不到，从而停止了犯罪行为，仍视为“欲达目的而不能”，定性为犯罪未遂。本题属于后一种情形，即他实际能做到，但以为自己做不到，无奈放弃，仍视为故意杀人罪的犯罪未遂。其将乙及时送往医院治疗避免了乙死亡结果的发生的情节，为酌定从轻量刑情节。

【答案】A

12. 关于犯罪停止形态的论述，下列哪些选项是正确的？（2012-2-54，多选）

A. 甲(总经理)召开公司会议，商定逃税。甲指使财务人员黄某将1笔500万元的收入在申报时予以隐瞒，但后来黄某又向税务机关如实申报，缴纳应缴税款。单位属于犯罪未遂，黄某属于犯罪中止

B. 乙抢夺邹某现金20万元，后发现全部是假币。乙构成抢夺罪既遂

C. 丙以出卖为目的，偷盗婴儿后，惧怕承担刑事责任，又将婴儿送回原处。丙构成拐卖儿童罪既遂，不构成犯罪中止

D. 丁对仇人胡某连开数枪均未打中，胡某受惊心脏病突发死亡。丁成立故意杀人罪既遂

【考点】犯罪中止；犯罪未遂

【解析】A项正确。黄某向税务机关如实申报，缴纳应缴税款的，属于犯罪中止。根据《刑法》第201条规定，“纳税人采取欺骗、隐瞒手段进行虚假纳税申报或者不申报，逃避缴纳税款数额较大并且占应纳税额百分之十以上的，才能构成逃税罪。”如果纳税人仅仅采取欺骗、隐瞒手段进行虚假纳税申报或者不申报，但是，事后很快采取补救措施，没有逃避缴纳税款义务的，应有成立犯罪中止的余地。但是，黄某中止的效力并不能及于犯罪的单位，单位的逃税罪由于意志以外的原因未得逞，因而成立犯罪未遂。A项说法成立。

B项正确。涉及财产的价值问题。财产的价值包括主观的价值和客观的价值。主观价值说认为，具有财产价值的财物不一定要求其有客观的、经济上的交换价值，只有主观的、情感的价值之物，一般的社会观念认为对这些财物的占有也有必要用刑法加以保护的，也是刑法中的财物。盗窃某些纪念品、礼品，盗窃文物赝品或者他人已到强制报废期限的汽车、抢劫金融机构回收准备销毁的纸币，由于这些财物具有主观的价值和消极的价值，行为人都可能构成财产罪。乙抢夺邹某面额为20万元的假币的，由于假币也是有价值的财物，故乙构成抢夺罪既遂。

C项正确。拐卖儿童罪是行为犯，丙以出卖为目的，偷盗婴儿得逞之时即构成犯罪

既遂，之后，因惧怕承担刑事责任，又将婴儿送回原处的，属于拐卖儿童罪既遂后的悔罪行为，不构成犯罪中止。

D 项正确。丁对仇人胡某连开数枪虽均未打中，但开枪射杀属于危险程度最高的危害行为，被害人由此受到惊吓，心脏病发作死亡，是在一般的生活经验上可以预料的后果，而不是特别异常的结果，该死亡结果和杀害行为之间，存在因果关系。既然行为人有杀人故意，实施了杀人行为，死亡结果又和他的行为之间具有因果关系，该结果就应该归责于行为人，因此，丁成立故意杀人罪既遂。

【答案】ABCD

13. 下列哪些选项不构成犯罪中止？（2011-2-54，多选）

A. 甲收买 1 名儿童打算日后卖出。次日，看到拐卖儿童犯罪分子被判处死刑的新闻，偷偷将儿童送回家

B. 乙使用暴力绑架被害人后，被害人反复向乙求情，乙释放了被害人

C. 丙加入某恐怖组织并参与了一次恐怖活动，后经家人规劝退出该组织

D. 丁为国家工作人员，挪用公款 3 万元用于孩子学费，4 个月后主动归还

【考点】犯罪中止

【解析】《刑法》第 24 条第 1 款规定，“在犯罪过程中，自动放弃犯罪或者自动有效地防止犯罪结果发生的，是犯罪中止。”犯罪中止的成立条件：(1) 中止的及时性：即犯罪中止必须发生在犯罪过程中。(2) 中止的自动性：即必须是自动地放弃犯罪或者自动地防止犯罪结果的发生。认定自动性需要注意：不以罪犯有真诚悔悟为必要，从行为人“主观认识”的角度把握“欲达目的而不能”与“能达目的而不欲”。如果出于被害人的哀求、第三人的劝告或者行为人出于害怕(如害怕天谴、害怕事后被告发、害怕受到刑罚惩罚、害怕事情败露、害怕受到报复等)，只要行为人本人自认为能将犯罪进行下去(哪怕客观上不能)，但他却放弃了进一步的侵害行为，都认为是犯罪中止。(3) 中止的有效性：包含两种情况：①在犯罪未实行终了的情况下，自动放弃犯罪行为；②在犯罪实行终了而犯罪结尚未发生的情况下，由于距离犯罪结果发生还有一段时间，这时如果中止犯罪，就不能只是消极地停止，还必须积极地采取措施，以阻止犯罪结果的发生。

A 项错误。拐卖妇女、儿童罪是行为犯，行为人以出卖为目的，实施了拐骗、绑架、收买、贩卖、接送、中转妇女、儿童行为之一的，就已成立犯罪既遂，事后又将儿童送回的行为，不再成立犯罪中止，而只能是酌定量刑情节之一。

B 项错误。绑架罪也是行为犯。绑架罪虽然可能侵犯他人的人身权和财产权，但刑事立法将绑架罪设置在侵犯人身自由犯罪一章而非侵犯财产罪一章，即绑架罪的既遂不以索取到财物为必要。行为人绑架被害人，已成立绑架罪既遂。释放被绑架人的行为不属于犯罪中止，而属于罪后悔改表现，为犯罪的酌定量刑情节之一。

C 项错误。组织参加恐怖活动罪是行为犯。加入即成立犯罪既遂，后来的退出行为错误，而是是指加入恐怖活动组织，使自己成为该组织成员的行为。丙加入了该恐怖组织，且参与了一次恐怖活动，已经成立参加恐怖组织罪的既遂，其后的退出行为罪后悔

改表现，为犯罪的酌定量刑情节之一。

D 项错误。挪用公款数额较大，超过三个月未还，已成立犯罪既遂。

【答案】ABCD

第六章　共同犯罪

1. 甲知道乙计划前往丙家抢劫，为帮助乙取得财物，便暗中先赶到丙家，将丙打昏后离去(丙受轻伤)。乙来到丙家时，发现丙已昏迷，以为是丙疾病发作晕倒，遂从丙家取走价值 5 万元的财物。关于本案的分析，下列哪些选项是正确的?（2017-2-54，多选）

A. 若承认片面共同正犯，甲对乙的行为负责，对甲应以抢劫罪论处，对乙以盗窃罪论处

B. 若承认片面共同正犯，根据部分实行全部责任原则，对甲、乙二人均应以抢劫罪论处

C. 若否定片面共同正犯，甲既构成故意伤害罪，又构成盗窃罪，应从一重罪论处

D. 若否定片面共同正犯，乙无须对甲的故意伤害行为负责，对乙应以盗窃罪论处

【考点】共同犯罪；片面共同正犯

【解析】A 项正确，B 项错误。若承认片面共同正犯，由于乙并没有和甲达成合意，因此，二人不成立共同犯罪，而是各自定罪。乙虽然开始有抢劫的故意，但最终只实施了盗窃的行为，成立盗窃罪。而甲则是抢劫罪的片面正犯。

C 项正确。若否定片面共同正犯，则甲乙在盗窃罪范围内成立共犯，甲既构成故意伤害罪，又和乙成立盗窃罪的犯(乙为实行犯，甲为帮助犯)，为牵连犯，从一重罪论处。

D 项正确。无论肯定还是否定片面共同正犯，乙都无需对甲的故意伤害行为负责，乙成立盗窃罪，而非抢劫罪或故意伤害罪的共犯。

【答案】ACD

2. 甲欲前往张某家中盗窃。乙送甲一把擅自配制的张家房门钥匙，并告甲说，张家装有防盗设备，若钥匙打不开就必须放弃盗窃，不可入室。甲用钥匙开张家房门，无法打开，本欲依乙告诫离去，但又不甘心，思量后破窗进入张家窃走数额巨大的财物。关于本案的分析，下列哪一选项是正确的?（2017-2-6，单选）

A. 乙提供钥匙的行为对甲成功实施盗窃起到了促进作用，构成盗窃罪既遂的帮助犯

B. 乙提供的钥匙虽未起作用，但对甲实施了心理上的帮助，构成盗窃罪既遂的帮助犯

C. 乙欲帮助甲实施盗窃行为，因意志以外的原因未能得逞，构成盗窃罪的帮助犯

未遂

D. 乙的帮助行为的影响仅延续至甲着手开门盗窃时，故乙成立盗窃罪未遂的帮助犯

【考点】共同犯罪；帮助犯

【解析】如果帮助行为仅对正犯行为具有促进作用，而没有对正犯结果起促进作用时，或者说与正犯结果之间没有因果性时，能否将正犯的行为结果归属于帮助犯？在这问题上，有不同的观点。出题人之一的张明楷教授赞同“正犯结果说”，认为，只有当帮主行为与正犯结果之间存在因果性时，才能使帮助犯承担既遂的责任。该案中，乙虽然提供了钥匙，但最终该钥匙并没有打开门，甲后来也明知了乙的钥匙不起任何作用，而是采用破窗而入的方法盗窃得手的，不能认为乙的帮助行为仍然在强化甲的犯意。因此，乙仅成立未遂犯的帮助犯。综上，D 项正确。

【答案】D

3. 甲欲杀丙，假意与乙商议去丙家“盗窃”，由乙在室外望风，乙照办。甲进入丙家将丙杀害，出来后骗乙说未窃得财物。乙信以为真，悻然离去。关于本案的分析，下列哪一选项是正确的？（2017-2-7，单选）

A. 甲欺骗乙望风，构成间接正犯。间接正犯不影响对共同犯罪的认定，甲、乙构成故意杀人罪的共犯

B. 乙企图帮助甲实施盗窃行为，却因意志以外的原因未能得逞，故对乙应以盗窃罪的帮助犯未遂论处

C. 对甲应以故意杀人罪论处，对乙以非法侵入住宅罪论处。两人虽然罪名不同，但仍然构成共同犯罪

D. 乙客观上构成故意杀人罪的帮助犯，但因其仅有盗窃故意，故应在盗窃罪法定刑的范围内对其量刑

【考点】共同犯罪

【解析】乙只有盗窃的故意，并意图为甲实行盗窃提供帮助。但甲其实并无盗窃的故意，只有杀人的犯意，且甲也没有实施盗窃行为。从共犯从属性角度来说，没有盗窃的正犯（实行犯），就没有盗窃的共犯（帮助犯），所以乙不成立盗窃罪，B、D 项错误。甲成立故意杀人罪。乙因为没有杀人的共同故意，不成立故意杀人罪的共犯。所以 A 项错误。根据部分犯罪共同说，甲入户杀人，甲意图入户盗窃，乙与甲在非法侵入住宅范围内成立共犯。C 项正确。

【答案】C

4. 甲、乙、丙共同故意伤害丁，丁死亡。经查明，甲、乙都使用铁棒，丙未使用任何凶器；尸体上除一处致命伤外，再无其他伤害；可以肯定致命伤不是丙造成的，但不能确定是甲造成还是乙造成的。关于本案，下列哪一选项是正确的？（2016-2-7，单选）

A. 因致命伤不是丙造成的，尸体上也没有其他伤害，故丙不成立故意伤害罪

B. 对甲与乙虽能认定为故意伤害罪，但不能认定为故意伤害（致死）罪

C. 甲、乙成立故意伤害（致死）罪，丙成立故意伤害罪但不属于伤害致死

D. 认定甲、乙、丙均成立故意伤害(致死)罪，与存疑时有利于被告的原则并不矛盾

【考点】共同犯罪

【解析】认定本案的关键在于，对于丁死亡的后果应归属于谁。毫无疑问，甲乙丙三人在意思联络的前提下共同实施了伤害行为，应当共同对丁死亡的后果负责(部分实行全部责任)。具体说来，对甲乙二人而言，无论结果是谁导致的，另一人都要负责；对丙来说，虽然致命伤不是丙造成的，但是丙依然为甲乙二人的行为提供了原因力，因此也要负责。所以，D 项正确。A、B、C 项均错误。

【答案】D

5. 15 周岁的甲非法侵入某尖端科技研究所的计算机信息系统，18 周岁的乙对此知情，仍应甲的要求为其编写侵入程序。关于本案，下列哪一选项是错误的？（2015-2-7，单选）

A. 如认为责任年龄、责任能力不是共同犯罪的成立条件，则甲、乙成立共犯

B. 如认为甲、乙成立共犯，则乙成立非法侵入计算机信息系统罪的从犯

C. 不管甲、乙是否成立共犯，都不能认为乙成立非法侵入计算机信息系统罪的间接正犯

D. 由于甲不负刑事责任，对乙应按非法侵入计算机信息系统罪的片面共犯论处

【考点】共同犯罪；片面共犯；间接正犯

【解析】A 项正确。成立非法侵入计算机信息系统罪，要求行为主体年满 16 周岁。甲非法侵入某尖端科技研究所的计算机信息系统时，只有 15 周岁，无责任能力。如认为责任年龄、责任能力不是共同犯罪的成立条件，则甲非法侵入计算机信息系统，乙对此提供帮助，二人相互协作完成犯罪，故应认定甲、乙成立共同犯罪。

B 项正确。在甲、乙成立共同犯罪的前提下，由于乙的帮助行为在共同犯罪中仅起次要作用，因此，乙成立非法侵入计算机信息系统罪的从犯。

C 项正确。如果甲、乙成立共同犯罪，则乙的行为属于帮助行为，而不是实行行为，故乙不成立间接正犯(间接正犯的行为是实行行为)。如果甲、乙不成立共同犯罪，即便要追究 18 周岁的乙的刑事责任，也不能认定乙成立非法侵入计算机信息系统罪的间接正犯，因为成立间接正犯，要求行为人对所利用的工具具有支配性，而在本案中，乙是应甲的要求为其编写侵入程序，甲是否入侵以及何时入侵尖端科技研究所的计算机信息系统，乙都不具有支配性，无法将本案评价为如同乙本人亲自非法侵入计算机信息系统一般，故乙不属于间接正犯。因此，不管甲、乙是否成立共犯，都不能认为乙成立非法侵入计算机信息系统罪的间接正犯。

D 项错误。片面共犯是指参与同一犯罪的人中，一方认识到自己是在和他人共同犯罪，而另一方没有认识到有他人和自己共同犯罪。而在本题中，甲，乙存在入侵计算机信息系统的意思联络，不符合片面共犯的概念。

【答案】D

6. 甲在乙骑摩托车必经的偏僻路段精心设置路障，欲让乙摔死。丙得知甲的杀人计划后，诱骗仇人丁骑车经过该路段，丁果真摔死。关于本案，下列哪些选项是正确的？（2015-2-56，多选）

A. 甲的行为和丁死亡之间有因果关系，甲有罪

B. 甲的行为属对象错误，构成故意杀人罪既遂

C. 丙对自己的行为无认识错误，构成故意杀人罪既遂

D. 丙利用甲的行为造成丁死亡，可能成立间接正犯

【考点】间接正犯；认识错误；因果关系

【解析】A 项正确。第三人丙并未独立创设导致丁死亡的新危险，仅是利用了甲所创设的危险，客观上是甲所创设的危险导致丁死亡，故应肯定甲的行为和丁死亡之间有因果关系。甲精心设置路障，无论谁骑摩托车经过此地都会摔死。虽然摔死的是丁而不是乙，但这对甲而言属于主观认识错误，不能否认客观的因果关系本身。

B 项正确。甲认识到谁经过该路障谁将会被摔死，或者说甲认识到路障所指向、所攻击的是“碰到路障的人”，仅是对“碰到路障的人”是乙还是丁存在不正确的认识，因此，对实际摔死的丁，甲的认识错误属于对象错误，而不是打击错误。对于对象错误，无论是按我国传统理论，还是按照法定符合说或者具体符合说，都认为行为人对实际发生的结果存在犯罪故意。因此，对丁的死亡，应认定甲构成故意杀人既遂。

C 项正确。丙有意识地利用甲的杀人装置杀死了丁，丙对自己的行为无认识错误，对丁的死亡构成故意杀人罪既遂。

D 项正确。丙构成故意杀人既遂，在结论上应无争议。问题在于，丙的杀人行为是什么，或者说什么是丙故意杀人的实行行为。对此，只有两种思路：一是共犯的思路。如果能够认定丙和甲成立共同犯罪，则即便丙并未独立实施杀人的实行行为，其也应承担杀人既遂的刑事责任。但是，在本题中，丙与甲不存在杀人的共谋，难以认定丙、甲成立共同犯罪。而且，丙并无帮助甲完成犯罪的意思，丙只有杀死丁这一实行本人的犯罪的意思，故对丙也无法认定为片面共犯。可见，共犯的思路行不通。二是单独犯的思路。在无法认定丙与甲构成共犯的前提下，只能按照单独犯来认定甲构成故意杀人既遂。由于路障不是丙设置的，丙将甲作为犯罪工具予以运用，在此意义上，丙有可能成立间接正犯。当然，由于难以认定丙“支配”了甲的犯罪，故丙是否毫无疑问地成立间接正犯，确有研究的余地。但是，D 选项仅是认为丙“可能”成立间接正犯，而没有主张丙一定成立间接正犯。因此，D 选项是正确的。此外，如果不能认定丙成立间接正犯，该如何认定丙独立实施了故意杀人的实行行为，就是无法避免、必须解答的问题。对此，可以依据客观归责理论来解答：甲在偏僻路段精心设置路障，使碰到该路障的人有摔死的高度危险；丙明知甲的犯罪计划，故意诱骗丁骑摩托车经过该路段，对此认定丙利用既存危险，非法创设了导致丁死亡的危险，这一创设丁死亡危险的行为即为丙故意杀丁的实行行为。

【答案】ABCD

7. 关于共同犯罪的论述，下列哪一选项是正确的？（2014-2-10，单选）

A. 无责任能力者与有责任能力者共同实施危害行为的，有责任能力者均为间接正犯

B. 持不同犯罪故意的人共同实施危害行为的，不可能成立共同犯罪

C. 在片面的对向犯中，双方都成立共同犯罪

D. 共同犯罪是指二人以上共同故意犯罪，但不能据此否认片面的共犯

【考点】共同犯罪

【解析】A项错误。间接正犯属于正犯，要求对违法事实起到支配、控制或者决定性作用。无责任能力者与有责任能力者共同实施危害行为的，并不意味着有责任能力者一定支配、控制了整个危害行为，故不能认定有责任能力者均为间接正犯。

B项错误。共同的故意要求共犯人均具有犯罪故意，并存在意思联络。当共犯人都有犯罪的故意时，即使各自故意的内容并不完全相同，也不妨碍其相互协作。因此，虽然在多数情况下，共同故意表现为共犯人均有相同的犯罪故意，但是成立共同犯罪，并不要求共犯人故意犯罪的内容必须完全相同，共同造成犯罪结果的发生，此时在犯意重合的范围内成立共同犯罪。

C项错误。在片面的对向犯中，具有共犯意思的一方即片面的共犯成立共同犯罪，按照共犯原则处理；没有共犯意思的另一方则以单独犯罪论处，不能认定为共同犯罪。

D项正确。共同犯罪中的共同故意包括：（一）共犯人均具有犯罪故意；（二）共犯人都有相互协作的意思。片面共犯是指参与同一犯罪的人中，一方认识到自己是在和他人共同犯罪，而另一方没有认识到他人和自己实施共同犯罪。片面的共犯包括片面的共同实行、片面的教唆、片面的帮助。我国刑法理论大多肯定片面的帮助犯，因此，即使共同犯罪需要两人以上共同故意犯罪，但不能据此否认片面的共犯。

【答案】D

8.《刑法》第29条第1款规定："教唆他人犯罪的，应当按照他在共同犯罪中所起的作用处罚。教唆不满十八周岁的人犯罪的，应当从重处罚。"对于本规定的理解，下列哪一选项是错误的？（2013-2-9，单选）

A. 无论是被教唆人接受教唆实施了犯罪，还是二人以上共同故意教唆他人犯罪，都能适用该款前段的规定

B. 该款规定意味着教唆犯也可能是从犯

C. 唆使不满14周岁的人犯罪因而属于间接正犯的情形时，也应适用该款后段的规定

D. 该款中的"犯罪"并无限定，既包括一般犯罪，也包括特殊身份的犯罪，既包括故意犯罪，也包括过失犯罪

【考点】教唆犯

【解析】A项正确。教唆犯属于共犯的一种情形，只要能认定为共犯，无论是被教唆人接受教唆实施了犯罪，还是二人以上共同故意教唆他人犯罪，都可以适用《刑法》第29条第1款前段的规定。

B 项正确。对于教唆犯，刑法并没有规定独立的处罚原则，而是根据其在共同犯罪中所起的作用处罚；如果是起主要作用的，则属于主犯；如果是起次要作用的，则属于从犯。

C 项正确。教唆犯与间接正犯并不是对立关系。一方面，(故意)唆使不满 14 周岁的人犯罪因而属于间接正犯的情形，也符合“(故意)教唆他人实施违法行为”的条件，完全可以认定为“教唆不满十八周岁的人犯罪”的情形。另一方面，教唆已满 14 周岁不满 18 周岁的人犯罪，应当适用该款规定，那么，教唆不满 14 周岁的人犯罪的，更应该适用该款的规定。

D 项错误。《刑法》第 29 条是关于教唆犯的处罚规定，而按照当前我国刑法规定以及主流的刑法理论，共同犯罪是指二人以上共同故意犯罪。因此，教唆犯的成立必须要求教唆他人实施故意犯罪，而不包括教唆他人实施过失犯罪。

【答案】D

9. 关于共同犯罪，下列哪些选项是正确的？(2013-2-55，多选)

A. 乙因妻丙外遇而决意杀之。甲对此不知晓，出于其他原因怂恿乙杀丙。后乙杀害丙。甲不构成故意杀人罪的教唆犯

B. 乙基于敲诈勒索的故意恐吓丙，在丙交付财物时，知情的甲中途加入帮乙取得财物。甲构成敲诈勒索罪的共犯

C. 乙、丙在五金店门前互殴，店员甲旁观。乙边打边掏钱向甲买一羊角锤。甲递锤时对乙说“你打伤人可与我无关”。乙用该锤将丙打成重伤。卖羊角锤是甲的正常经营行为，甲不构成故意伤害罪的共犯

D. 甲极力劝说丈夫乙(国家工作人员)接受丙的贿赂，乙坚决反对，甲自作主张接受该笔贿赂。甲构成受贿罪的间接正犯

【考点】共同犯罪

【解析】A 项正确。甲以教唆他人故意杀人的意思唆使乙犯罪，但乙早已有杀人故意，甲的行为实际上只起了帮助作用，按照主客观统一的原则，甲的行为在帮助犯范围内一致，成立故意杀人罪的帮助犯，不成立教唆犯。

B 项正确。乙在实施敲诈勒索罪的行为过程中，甲知道案件真相之后，以共犯的意思参与进来，帮乙取得财物，甲属于承继的共犯，成立敲诈勒索罪的共犯。

C 项错误。在一般场合，店员出售商品属于社会中立行为，不可能成立犯罪。但是，如果行为人明知他人正在实施犯罪或者即将实施犯罪，而提供帮助的，则成立帮助犯。本案中，甲明知乙正在实施犯罪行为，而出售羊角锤给乙，为乙的犯罪行为提供了直接帮助力，成立故意伤害罪的共犯。

D 项错误。间接正犯属于正犯，因此，在真正的身份犯中，间接正犯也需要具备特定的定罪身份。甲不属于国家工作人员，因此不可能成立受贿罪的间接正犯。当然，按照共犯从属性说，甲也不成立受贿罪的教唆犯，因为乙根本没听教唆；按照共犯独立性说，甲则成立受贿罪的教唆犯(未遂)。

【答案】AB

10. 甲(15周岁)求乙(16周岁)为其抢夺作接应，乙同意。某夜，甲抢夺被害人的手提包(内有1万元现金)，将包扔给乙，然后吸引被害人跑开。乙害怕坐牢，将包扔在草丛中，独自离去。关于本案，下列哪一选项是错误的？(2012-2-9，单选)

A. 甲不满16周岁，不构成抢夺罪　　B. 甲与乙构成抢夺罪的共犯

C. 乙不构成抢夺罪的间接正犯　　D. 乙成立抢夺罪的中止犯

【考点】共同犯罪；刑事责任年龄；犯罪中止

【解析】A项正确。根据《刑法》第17条第2款规定，甲不满16周岁，不构成抢夺罪。

B项正确。即甲实施刑法分则规定的抢夺行为时，乙客观上提供了帮助，二人有抢夺的共同行为，构成共犯。

C项正确。是乙为甲的抢夺提供帮助，其不是抢夺罪的间接正犯。

D项错误。乙在抢夺罪既遂后抛弃赃物的，不能成立中止。

【答案】D

11. 关于共同犯罪的论述，下列哪一选项是正确的？(2012-2-10，单选)

A. 甲为劫财将陶某打成重伤，陶某拼死反抗。张某路过，帮甲掏出陶某随身财物。2人构成共犯，均须对陶某的重伤结果负责

B. 乙明知黄某非法种植毒品原植物，仍按黄某要求为其收取毒品原植物的种子。2人构成非法种植毒品原植物罪的共犯

C. 丙明知李某低价销售的汽车系盗窃所得，仍向李某购买该汽车。2人之间存在共犯关系

D. 丁系国家机关负责人，召集领导层开会，决定以单位名义将国有资产私分给全体职工。丁和职工之间存在共犯关系

【考点】共同犯罪

【解析】A项错误。张某中途加入，与甲成立共同犯罪，属于承继的共犯，但张某仅对其参与后造成的结果负责，重伤结果只能由甲负责。

B项正确。根据2012年5月16日最高人民检察院、公安部《关于公安机关管辖的刑事案件立案追诉标准的规定(三)》第7条第2款规定，“非法种植毒品原植物罪的‘种植’，包括‘收取种子’行为。”因此，乙和黄某之间成立共同犯罪。

C项错误。丙事先与李某无通谋，只是事后提供帮助，并不成立盗窃罪的共犯，丙单独成立掩饰、隐瞒犯罪所得罪。

D项错误。私分国有资产罪是单位犯罪，并采取单罚制，只处罚直接负责的主管人员和其他直接责任人员。普通职工不构成该罪，不成立共犯。

【答案】B

12. 下列哪些选项中的双方行为人构成共同犯罪？(2012-2-55，多选)

A. 甲见卖淫秽影碟的小贩可怜，给小贩1000元，买下200张淫秽影碟

B. 乙明知赵某已结婚，仍与其领取结婚证

C. 丙送给国家工作人员10万元钱，托其将儿子录用为公务员

D. 丁帮助组织卖淫的王某招募、运送卖淫女

【考点】共同犯罪

【解析】A 项错误。甲买下 200 张淫秽影碟的行为，由于贩卖淫秽物品牟利罪只处罚贩卖者，而不处罚购买者，故甲与小贩之间不构成共犯。

B 项正确。乙和赵某构成重婚罪的共犯。这种对合犯属于广义上的共犯。

C 项正确。丙为谋取不正当利益而向他人提供财物，构成行贿罪，国家工作人员构成受贿罪，属于两个主体罪名和法定刑都不同的共犯。这种对合犯属于广义上的共犯。

D 项正确。丁帮助组织卖淫的王某招募、运送卖淫女，构成协助组织卖淫罪，其原本属于组织卖淫罪的帮助犯，在刑法分则将其拟制为正犯后(法律拟制)，其和组织卖淫者之间的共同犯罪关系仍然存在，只是对其不能再引用《刑法》总则第 27 条关于"对于从犯，应当从轻、减轻或者免除处罚"的规定，从而可以认为协助组织卖淫者和组织卖淫者成立共同正犯(如果没有该法律拟制规定，组织卖淫者和协助组织者之间是正犯和帮助犯的关系)。有考生可能认为，既然刑法分则已经将协助组织卖淫的行为拟制为正犯，设立了独立罪名，就不应认为其与组织卖淫者之间存在共犯关系。其实，这种拟制只是处断做法上的特别规定，并不能改变协助者与组织者事实上的共犯关系。

【答案】**BCD**

13. 关于共同犯罪的判断，下列哪些选项是正确的？(2011-2-55，多选)

A. 甲教唆赵某入户抢劫，但赵某接受教唆后实施拦路抢劫。甲是抢劫罪的共犯

B. 乙为吴某入户盗窃望风，但吴某入户后实施抢劫行为。乙是盗窃罪的共犯

C. 丙以为钱某要杀害他人为其提供了杀人凶器，但钱某仅欲伤害他人而使用了丙提供的凶器。丙对钱某造成的伤害结果不承担责任

D. 丁知道孙某想偷车，便将盗车钥匙给孙某，后又在孙某盗车前要回钥匙，但孙某用其他方法盗窃了轿车。丁对孙某的盗车结果不承担责任

【考点】共同犯罪

【解析】A 项正确。赵某在甲的教唆下激起抢劫故意，也实施了抢劫行为，尽管实施的是拦路抢劫而非甲具体教唆的入户抢劫，但仍成立抢劫罪的共犯，甲是教唆犯，赵某是实行犯。

B 项正确。根据部分犯罪共同说，虽然二人不成立抢劫罪的共犯，但在盗窃罪范围内成立共同犯罪。

C 项错误。根据部分犯罪共同说，二人在故意伤害的范围内成立共同犯罪，丙对钱某造成的伤害结果承担共犯责任。

D 项正确。该项考察的是共犯关系的脱离。对于帮助犯而言，不仅要明确脱离共同犯罪，而且还必须消除自己已提供的帮助。丁不需对孙某的盗车结果承担刑事责任。

【答案】**ABD**

第七章　单位犯罪

1. 关于单位犯罪，下列哪些选项是正确的？（2015-2-54，多选）

A. 就同一犯罪而言，单位犯罪与自然人犯罪的既遂标准完全相同

B.《刑法》第170条未将单位规定为伪造货币罪的主体，故单位伪造货币的，相关自然人不构成犯罪

C. 经理赵某为维护公司利益，召集单位员工殴打法院执行工作人员，拒不执行生效判决的，成立单位犯罪

D. 公司被吊销营业执照后，发现其曾销售伪劣产品20万元。对此，应追究相关自然人销售伪劣产品罪的刑事责任

【考点】单位犯罪；刑法的时间效力

【解析】A项正确。自然人犯罪与单位犯罪的既遂标准虽然相同，但在认定自然人犯罪与单位犯罪的既未遂时，同样必须根据犯罪的性质、犯罪的数额等进行具体判断。

B项错误。根据《关于中华人民共和国刑法第三十条的解释》，《刑法》第170条未将单位规定为伪造货币罪的犯罪主体，故单位伪造货币的不能追究单位的刑事责任，但对相关自然人应以伪造货币罪追究刑事责任。

C项正确。在1997年刑法中，拒不执行判决、裁定罪的犯罪主体为自然人，不包括单位。因此，在考试当时，《刑法修正案(九)》尚未生效，仍应以1997年刑法的相关规定来认定拒不执行判决、裁定罪的犯罪主体，故公布答案中C项错误。2015年8月29日全国人大常委会《刑法修正案(九)》第39条对拒不执行判决、裁定罪增设了单位犯罪的处罚。

D项正确。2002年7月9日最高人民检察院《关于涉嫌犯罪单位被撤销、注销、吊销营业执照或者宣告破产的应如何进行追诉问题的批复》规定，涉嫌犯罪的单位被撤销、注销、吊销营业执照或者宣告破产的，应当根据刑法关于单位犯罪的相关规定，对实施犯罪行为的该单位直接负责的主管人员和其他直接责任人员追究刑事责任，对该单位不再追诉，公司被吊销营业执照后，发现其曾销售伪劣产品20万元，应追究相关自然人销售伪劣产品罪的刑事责任。

【答案】原答案为AD，刑法修正案(九)生效后为ACD

第八章　罪数形态

1. 关于罪数的判断，下列哪一选项是正确的？（2017-2-8，单选）

A. 甲为冒充国家机关工作人员招摇撞骗而盗窃国家机关证件，并持该证件招摇撞

骗。甲成立盗窃国家机关证件罪和招摇撞骗罪，数罪并罚

B. 乙在道路上醉酒驾驶机动车，行驶20公里后，不慎撞死路人张某。因已发生实害结果，乙不构成危险驾驶罪，仅构成交通肇事罪

C. 丙以欺诈手段骗取李某的名画。李某发觉受骗，要求丙返还，丙施以暴力迫使李某放弃。丙构成诈骗罪与抢劫罪，数罪并罚

D. 已婚的丁明知杨某是现役军人的配偶，却仍然与之结婚。丁构成重婚罪与破坏军婚罪的想象竞合犯

【考点】数罪的判断

【解析】司法部给出的参考答案是A。出题人大概认为这种所谓的"牵连"不具有通常性，因为为了冒充国家机关工作人员招摇撞骗，通常会伪造国家机关公文、证件、印章，而鲜有去盗窃的，因此不认为具有牵连，不属于牵连犯，因此，应予以数罪并罚。但从司法来看，对牵连犯掌握的尺度宽泛得多，有可能会作为牵连犯，并采用从一重处断模式。

出题人认为B项错误，大概是认为，乙即成立危险驾驶罪，又成立交通肇事罪，为想象竞合犯，从一重处断，而非只构成交通肇事罪。但实务中不会对危险驾驶罪再进行评价，就直接定交通肇事罪。来自实务部门的考生估计多会选择B。因为这里的"构成"也会容易理解为最终司法认定的罪。

C项错误。丙成立诈骗罪既遂。使用暴力迫使李某放弃不另成立抢劫罪，暴力前已取财。如果暴力造成轻、重伤，另行评价为故意伤害罪，与诈骗罪并罚，否则仅作为诈骗罪的酌定量刑情节予以考量。

D项错误。不是想象竞合，而是法条竞合。

【答案】A

2. 关于法条关系，下列哪一选项是正确的(不考虑数额)？(2016-2-11，单选)

A. 即使认为盗窃与诈骗是对立关系，一行为针对同一具体对象(同一具体结果)也完全可能同时触犯盗窃罪与诈骗罪

B. 即使认为故意杀人与故意伤害是对立关系，故意杀人罪与故意伤害罪也存在法条竞合关系

C. 如认为法条竞合仅限于侵害一犯罪客体的情形，冒充警察骗取数额巨大的财物时，就会形成招摇撞骗罪与诈骗罪的法条竞合

D. 即便认为贪污罪和挪用公款罪是对立关系，若行为人使用公款赌博，在不能查明其是否具有归还公款的意思时，也能认定构成挪用公款罪

【考点】法条竞合

【解析】A项错误。盗窃罪是违背被害人意志取得他人财物的行为(他损的犯罪)，而诈骗罪则是使他人产生认识错误而被害人"主动"处分财物的行为(自损的犯罪)。因此，针对同一对象而言，不可能同时成立二者。

B项错误。如果认为故意杀人罪与故意伤害罪是对立关系，则意味着二者之间不存在一般与特别的关系，此时只存在想象竞合的空间，而非法条竞合。

C 项错误。冒充警察骗取数额较大财物时，行为既侵害财产法益，又侵害国家机关公共信用，而诈骗罪只侵害财产法益，如认为法条竞合仅限于侵害同一犯罪客体(法益)，则不具法条竞合。

D 项正确。挪用公款行为的本质在于“挪”，而不在于“用”，因此，若以赌博的意思将公款挪出，在不考虑数额的情况下，至少成立挪用公款罪(无需三个月未还)；当然，如果查明行为人挪出时根本就不想还的意图，则可以认定为贪污罪。

【答案】D

3. 关于罪数，下列哪些选项是正确的(不考虑数额或情节)？(2016-2-54，单选)

A. 甲使用变造的货币购买商品，触犯使用假币罪与诈骗罪，构成想象竞合犯

B. 乙走私毒品，又走私假币构成犯罪的，以走私毒品罪和走私假币罪实行数罪并罚

C. 丙先后三次侵入军人家中盗窃军人制服，后身穿军人制服招摇撞骗。对丙应按牵连犯从一重罪处罚

D. 丁明知黄某在网上开设赌场，仍为其提供互联网接入服务。丁触犯开设赌场罪与帮助信息网络犯罪活动罪，构成想象竞合犯

【考点】罪数

【解析】A 项错误。使用变造的假币不构成使用假币罪，因为使用假币罪指的是使用伪造的假币的行为。注意，因为刑法已经将“伪造”与“变造”相区分，则不能将伪造解释为“包含变造”的行为。因此，甲仅成立诈骗罪。

B 项正确。走私毒品与走私假币，分别成立走私毒品罪与走私假币罪，且二者之间不存在牵连关系，应成立数罪。

C 项错误。丙三次入户盗窃军人制服，成立盗窃罪(入户盗窃、多次盗窃无需数额较大)，后身穿军人招摇撞骗的行为成立冒充军人招摇撞骗罪，且二者之间并无类型性的牵连关系，因此成立数罪。

D 项正确。丁明知他人开设赌场而为他人提供互联网接入服务，既触犯开设赌场罪(帮助犯)，又触犯帮助信息网络犯罪活动罪(正犯)，属于一行为触犯数罪名的想象竞合。

【答案】BD

4. 警察带着警犬(价值 3 万元)追捕逃犯甲。甲枪中只有一发子弹，认识到开枪既可能只打死警察(希望打死警察)，也可能只打死警犬，但一枪同时打中二者，导致警察受伤、警犬死亡。关于甲的行为定性，下列哪一选项是错误的？(2015-2-3，单选)

A. 如认为甲只有一个故意，成立故意杀人罪未遂

B. 如认为甲有数个故意，成立故意杀人罪未遂与故意毁坏财物罪，数罪并罚

C. 如甲仅打中警犬，应以故意杀人罪未遂论处

D. 如甲未打中任何目标，应以故意杀人罪未遂论处

【考点】想象竞合

【解析】A 项正确。甲的开枪行为具有致人死亡与打死警犬(毁坏财物)的客观危

险，行为人对此存在相应的主观认识，但由于客观上只存在一个开枪行为，应当认定这一情形属于想象竞合犯。对于想象竞合犯，应按行为所触犯的罪名中的一个重罪论处，不能数罪并罚。如果认为甲只有一个故意，按照从一重罪处断的要求，当然应当认定甲具有重罪故意(即具有杀人故意)，由于警察并未死亡，故甲成立故意杀人罪未遂。

B项错误。即便能够认定甲具有数个故意，我国司法实务中对想象竞合犯也不数罪并罚。

C、D项正确。在甲仅打中警犬或者未打中任何目标时，同样成立故意毁坏财物罪(未打中任何目标构成故意毁坏财物罪未遂)与故意杀人罪未遂的想象竞合犯，对此均应以故意杀人罪未遂论处。

【答案】B

5. 关于结果加重犯，下列哪一选项是正确的?（2015-2-8，单选）

A. 故意杀人包含了故意伤害，故意杀人罪实际上是故意伤害罪的结果加重犯

B. 强奸罪、强制猥亵妇女罪的犯罪客体相同，强奸、强制猥亵行为致妇女重伤的，均成立结果加重犯

C. 甲将乙拘禁在宾馆20楼，声称只要乙还债就放人。乙无力还债，深夜跳楼身亡。甲的行为不成立非法拘禁罪的结果加重犯

D. 甲以胁迫手段抢劫乙时，发现仇人丙路过，于是立即杀害丙。甲在抢劫过程中杀害他人，因抢劫致人死亡包括故意致人死亡，故甲成立抢劫致人死亡的结果加重犯

【考点】结果加重犯

【解析】A项错误。故意杀人是在故意伤害的基础上使人体器官机能彻底衰竭导致死亡结果的出现，在此意义上，两罪存在紧密的关系，但是，故意杀人罪并不是故意伤害罪的结果加重犯，因为比较故意伤害罪与故意杀人罪的法定刑，不能说出现死亡结果时，故意杀人罪的法定刑比故意伤害罪的法定刑重。由于不符合“刑法就发生的加重结果加重了法定刑”这一要件，故不能说故意杀人罪是故意伤害罪的结果加重犯。故意伤害罪的结果加重犯，在我国刑法学中，特指故意伤害致人死亡。

B项错误。刑法并未对强制猥亵行为致妇女重伤的情形加重法定刑，因此，强制猥亵行为致妇女重伤的，不成立强制猥亵妇女罪的结果加重犯(注意，《刑法修正案(九)》将该罪改为强制猥亵罪)。

C项正确。乙死亡不是甲的非法拘禁本身行为所致，被害人属于自杀，故不成立结果加重犯。

D项错误。抢劫致人死亡确实属于抢劫罪的结果加重犯，不过，作为结果加重犯的抢劫致人死亡是指抢劫行为导致抢劫行为所指向的对象死亡。丙不是死于甲的抢劫行为，而是死于甲另外的故意杀人行为，甲成立抢劫罪与故意杀人罪两罪，而不属于结果加重犯。

【答案】C

6. 甲窃得一包冰毒后交乙代为销售，乙销售后得款3万元与甲平分。关于本案，下列哪一选项是错误的？（2015-2-9，单选）

A. 甲的行为触犯盗窃罪与贩卖毒品罪

B. 甲贩卖毒品的行为侵害了新的法益，应与盗窃罪实行并罚

C. 乙的行为触犯贩卖毒品罪、非法持有毒品罪、转移毒品罪与掩饰、隐瞒犯罪所得罪

D. 对乙应以贩卖毒品罪一罪论处

【考点】不可罚的事后行为

【解析】A、B项正确。甲窃得一包冰毒后交乙代为销售，甲前后的行为分别符合盗窃罪与贩卖毒品罪的构成要件，触犯人的财产法益（此时的"毒品"应评价为财物），甲将毒品卖出的行为侵犯了国家对毒品的管制秩序，由于事后行为侵犯了新的法益，因而具有可罚性，而不是不可罚的，故应以贩卖毒品罪与前面的盗窃罪数罪并罚。

C项错误，D项正确。乙帮甲销售毒品，甲、乙二人成立贩卖毒品罪的共同犯罪，因此，乙的行为性质属于贩卖毒品，故不成立掩饰、隐瞒犯罪所得罪与转移毒品罪，即便认定乙的行为触犯非法持有毒品罪，由于乙只存在一个行为，对乙也应以贩卖毒品罪一罪论处。

【答案】C

7. 关于罪数判断，下列哪一选项是正确的？（2013-2-10，单选）

A. 冒充警察招摇撞骗，骗取他人财物的，适用特别法条以招摇撞骗罪论处

B. 冒充警察实施抢劫，同时构成抢劫罪与招摇撞骗罪，属于想象竞合犯，从一重罪论处

C. 冒充军人进行诈骗，同时构成诈骗罪与冒充军人招摇撞骗罪的，从一重罪论处

D. 冒充军人劫持航空器的，成立冒充军人招摇撞骗罪与劫持航空器罪，实行数罪并罚

【考点】罪数

【解析】A项错误。冒充警察招摇撞骗，骗取他人财物的，成立招摇撞骗罪与诈骗罪，属于想象竞合犯，从一重罪处罚。

B项错误。冒充警察实施抢劫的，属于抢劫罪的加重情节，不成立招摇撞骗罪。

C项正确。冒充军人进行诈骗，同时构成诈骗罪与冒充军人招摇撞骗罪的，属于想象竞合犯，从一重罪处罚。

D项错误。冒充军人劫持航空器的，成立劫持航空器罪，并不成立招摇撞骗罪。

【答案】C

8. 关于想象竞合犯的认定，下列哪些选项是错误的？（2013-2-56，多选）

A. 甲向乙购买危险物质，商定4000元成交。甲先后将2000元现金和4克海洛因（折抵现金2000元）交乙后收货。甲的行为成立非法买卖危险物质罪与贩卖毒品罪的想象竞合犯，从一重罪论处

B. 甲女、乙男分手后，甲向乙索要青春补偿费未果，将其骗至别墅，让人看住乙。

甲给乙母打电话，声称如不给 30 万元就准备收尸。甲成立非法拘禁罪和绑架罪的想象竞合犯，应以绑架罪论处

C. 甲为劫财在乙的茶水中投放 2 小时后起作用的麻醉药，随后离开乙家。2 小时后甲回来，见乙不在(乙喝下该茶水后因事外出)，便取走乙 2 万元现金。甲的行为成立抢劫罪与盗窃罪的想象竞合犯

D. 国家工作人员甲收受境外组织的 3 万美元后，将国家秘密非法提供给该组织。甲的行为成立受贿罪与为境外非法提供国家秘密罪的想象竞合犯

【考点】想象竞合

【解析】A 项错误。甲先后两次将 2000 元现金和 4 克海洛因交给乙，实施了两个行为，分别触犯非法买卖危险物质罪与贩卖毒品罪，因而不是想象竞合犯。

B 项错误。为索取“青春损失费”等扣押他人，向第三者勒索的，在被社会所容忍的范围内索取合理补偿的，成立敲诈勒索罪。但如果以暴力相威胁，索取超出合理性的财物时，应按照绑架罪处理。此时绑架罪与非法拘禁罪是法条竞合关系，特别法优先，适用绑架罪。

C 项错误。甲有先后两个行为：下药和盗窃。下药是抢劫罪的实行行为，但是药力发作和最终获取财物没有关系，所以只有抢劫的行为却没有抢劫的结果，成立抢劫罪的未遂。盗窃属于犯意另起，成立盗窃罪。对甲最终应该按照前后相继的两个罪抢劫未遂和盗窃既遂并罚。

D 项错误。甲先收受境外组织 3 万美元，然后将国家秘密非法提供给该组织，实施了两个不同的行为，分别触犯受贿罪与为境外非法提供国家秘密罪，不属想象竞合犯。

【答案】ABCD

9. 关于罪数的认定，下列哪些选项是错误的？(2011-2-56，多选)

A. 引诱幼女卖淫后，又容留该幼女卖淫的，应认定为引诱、容留卖淫罪

B. 既然对绑架他人后故意杀害他人的不实行数罪并罚，那么对绑架他人后伤害他人的就更不能实行数罪并罚

C. 发现盗得的汽车质量有问题而将汽车推下山崖的，成立盗窃罪与故意毁坏财物罪，应当实行并罚

D. 明知在押犯脱逃后去杀害证人而私放，该犯果真将证人杀害的，成立私放在押人员罪与故意杀人罪，应当实行并罚

【考点】罪数

【解析】2011 年司法部关于本题的参考答案是 ABCD，但随着立法的变化，答案也有了变换。

A 项错误。我国刑法在引诱、容留、介绍卖淫罪外，又另行设定了一个引诱幼女卖淫罪，但并没有另行设定一个容留幼女卖淫罪，这表明，我国刑法中，引诱卖淫罪的对象为幼女之外的其他人，而容留卖淫罪中的对象就包括了幼女在内，因此，引诱幼女卖淫，成立引诱幼女卖淫罪，而又容留幼女卖淫的，成立容留卖淫罪。

B 项正确。在 2011 年，该项错误，但《刑法修正案(九)》规定，“犯前款罪，杀

害被绑架人的，或者故意伤害被绑架人，致人重伤、死亡的，处无期徒刑或者死刑，并处没收财产。”据此，绑架不仅可以包容杀人，而且可以包容伤害。绑架他人后，无论是杀害他人还是伤害他人，均不能数罪并罚。只能以绑架罪论处，适用升格的法定刑。

C项正确。之前，对于这种偷车后又出于其他动机而毁车的情形，学界认为是事后不可罚行为，认为只以盗窃罪一罪论处即可。但2013年3月出台的双高《关于办理盗窃刑事案件适用法律若干问题的解释》第11条第(2)项规定：“实施盗窃犯罪后，为掩盖罪行或者报复等，故意毁坏其他财物构成犯罪的，以盗窃罪和构成的其他犯罪数罪并罚。”虽然该条只列出了掩盖罪行或报复两种动机，但从该司法解释出台的本意来说，应不限于这两种。因此，从遵循罪刑法定原则的角度，偷车后又毁车的，应数罪并罚。尽管司法解释已有明确的规定，但从法学理论研究的角度，盗窃车辆后，又出于掩盖罪行、报复或者其他动机将车辆毁坏的，如何处理，取决于看问题的角度。如果偏重结果无价值，重视对法益的保护，则盗窃车辆后，被害人失去了这辆车，其车辆所有权收到侵犯，而行为人将这辆车后来又毁坏，并没有因此而加重对被害人法益的侵害，与偷了甲的车又毁坏乙的车是不同的，从一重处断就足以实现对法益的保护，另一罪行作为量刑酌定情节考量即可。但如果偏重行为无价值，则无论盗窃也好，毁财也好，其行为本身都是可责的，数罪并罚并无不当，至于没有加重对法益的侵害，那只是数罪并罚时酌情考量的情节而已。

D项错误。明知罪犯去杀人而私放，成立私放在押人员罪(实行犯)和故意杀人罪的帮助犯，属于想象竞合犯，按照我国当前的司法模式择一重处断。

【答案】AD

第九章　刑罚概说

2011—2017年本章无题目。

第十章　刑罚种类

1.《刑法》第64条前段规定：“犯罪分子违法所得的一切财物，应当予以追缴或者责令退赔”。关于该规定的适用，下列哪一选项是正确的？(2016-2-8，单选)

A. 甲以赌博为业，但手气欠佳输掉200万元。输掉的200万元属于赌资，应责令甲全额退赔

B. 乙挪用公款500万炒股获利用于购买房产(案发时贬值为300万元)，应责令乙退赔500万元

C. 丙向国家工作人员李某行贿 100 万元。除向李某追缴 100 万元外，还应责令丙退赔 100 万元

D. 丁与王某共同窃取他人财物 30 万元。因二人均应对 30 万元负责，故应向二人各追缴 30 万元

【考点】违法所得

【解析】A 项错误。甲输掉的赌资并非“违法所得”，无法退赔。

B 项正确。乙挪用了 500 万，其造成的损失即是 500 万，因此也应退赔 500 万。至于购买房屋贬值这一事实并不影响退赔数额的计算。

C 项错误。此处的 100 万既是行贿款也是受贿款，既然已经没收，则不得再令行贿人退赔。

D 项错误。二人共同对 30 万元负责，即应该向二人共同追缴 30 万，而非向每个人各追缴 30 万。

【答案】B

2. 关于职业禁止，下列哪一选项是正确的？（2016-2-9，单选）

A. 利用职务上的便利实施犯罪的，不一定都属于“利用职业便利”实施犯罪

B. 行为人违反职业禁止的决定，情节严重的，应以拒不执行判决、裁定罪定罪处罚

C. 判处有期徒刑并附加剥夺政治权利，同时决定职业禁止的，在有期徒刑与剥夺政治权利均执行完毕后，才能执行职业禁止

D. 职业禁止的期限均为 3 年至 5 年

【考点】职业禁止

【解析】A 项错误。利用职业便利实施犯罪，指的是利用自己从事某一行业的方便实施的犯罪，如证券业从业者实施的内幕交易罪。因此，“利用职务便利”当然属于“利用职业便利”。

B 项正确。《刑法》第 37 条之一规定，被禁止从事相关职业的人违反人民法院依照前款规定作出决定的，由公安机关依法给予处罚；情节严重的，依照本法第 313 条（拒不执行判决、裁定罪）的规定定罪处罚。

C 项错误。职业禁止无需等到附加刑执行完毕才开始执行，而是主刑执行完毕。

D 项错误。《刑法》第 37 条之一规定，其他法律、行政法规对其从事相关职业另有禁止或者限制性规定的，从其规定。如《证券法》第 233 条即规定，监管机构可以对有关责任人员采取市场禁入的措施（这一期限显然是终身的）。

【答案】B

3.《刑法》第 49 条规定：（　　）的时候不满 18 周岁的人和（　　）的时候怀孕的妇女，不适用死刑。（　　）的时候已满 75 周岁的人，不适用死刑，但（　　）的除外。下列哪一选项与题干空格内容相匹配？（2012-2-11，单选）

A. 犯罪——审判——犯罪——故意犯罪致人死亡

B. 审判——审判——犯罪——故意犯罪致人死亡

C. 审判——审判——审判——以特别残忍手段致人死亡

D. 犯罪——审判——审判——以特别残忍手段致人死亡

【考点】死刑适用

【解析】《刑法》第 49 条规定，“犯罪的时候不满 18 周岁的人和审判的时候怀孕的妇女，不适用死刑。”审判的时候已满 75 周岁的人，不适用死刑，但以特别残忍手段致人死亡的除外，故 D 项正确。

【答案】D

4. 关于禁止令，下列哪些选项是错误的？（2012-2-56，多选）

A. 甲因盗掘古墓葬罪被判刑 7 年，在执行 5 年后被假释，法院裁定假释时，可对甲宣告禁止令

B. 乙犯合同诈骗罪被判处缓刑，因附带民事赔偿义务尚未履行，法院可在禁止令中禁止其进入高档饭店消费

C. 丙因在公共厕所猥亵儿童被判处缓刑，法院可同时宣告禁止其进入公共厕所

D. 丁被判处管制，同时被禁止接触同案犯，禁止令的期限应从管制执行完毕之日起计算

【考点】禁止令

【解析】A 项错误。禁止令适用于被判处管制或宣告缓刑的犯罪人，对被裁定假释的人，不能适用禁止令。

B 项正确。对犯罪后，因附带民事赔偿义务尚未履行的，法院可在禁止令中禁止其进入高档饭店消费，这一做法符合最高人民法院、最高人民检察院、公安部、司法部《关于对判处管制、宣告缓刑的犯罪分子适用禁止令有关问题的规定（试行）》（2011 年 4 月 28 日）第 3 条第（4）项的规定。

C 项错误。禁止令的适用不能影响罪犯的日常生活，因而缺乏法律依据。

D 项错误。根据最高人民法院、最高人民检察院、公安部、司法部《关于对判处管制、宣告缓刑的犯罪分子适用禁止令有关问题的规定（试行）》（2011 年 4 月 28 日）第 6 条第 2 款的规定，禁止令的执行期限，从管制、缓刑执行之日起计算。

【答案】ACD

第十一章　刑罚裁量

1. 关于数罪并罚，下列哪些选项是正确的？（2017-2-55，多选）

A. 甲犯某罪被判处有期徒刑 2 年，犯另一罪被判处拘役 6 个月。对甲只需执行有期徒刑

B. 乙犯某罪被判处有期徒刑 2 年，犯另一罪被判处管制 1 年。对乙应在有期徒刑执行完毕后，继续执行管制

C. 丙犯某罪被判处有期徒刑6年，执行4年后发现应被判处拘役的漏罪。数罪并罚后，对丙只需再执行尚未执行的2年有期徒刑

D. 丁犯某罪被判处有期徒刑6年，执行4年后被假释，在假释考验期内犯应被判处1年管制的新罪。对丁再执行2年有期徒刑后，执行1年管制

【考点】数罪并罚

【解析】A、B项正确。根据《刑法修正案(九)》规定，判决宣告的数个主刑中有有期徒刑和拘役的，采取吸收原则，即执行有期徒刑，拘役不再执行。判决宣告的数个主刑中有判处有期徒刑和管制，或者拘役和管制的，采取并科原则，即有期徒刑、拘役执行完毕后，再执行管制。

C项正确。C项中，执行过程中发现漏罪，采取“先并后减”的方式并罚。将前罪的6年有期徒刑和漏罪的拘役并罚，执行6年，再减去已执行的4年，故并罚后对丙只需再执行尚未执行的2年有期徒刑。

D项正确。D项中，假释考验期内犯新罪，应撤销假释，以“先减后并”的方式数罪并罚，即将原罪的剩余刑期2年与后罪的1年管制并罚，因此，先执行2年有期徒刑，再执行1年管制。

【答案】ABCD

2. 关于缓刑的适用，下列哪些选项是错误的？(2017-2-56，多选)

A. 甲犯抢劫罪，所适用的是“三年以上十年以下有期徒刑”的法定刑，缓刑只适用于被判处拘役或者3年以下有期徒刑的罪犯，故对甲不得判处缓刑

B. 乙犯故意伤害罪与代替考试罪，分别被判处6个月拘役与1年管制。由于管制不适用缓刑，对乙所判处的拘役也不得适用缓刑

C. 丙犯为境外非法提供情报罪，被单处剥夺政治权利，执行完毕后又犯帮助恐怖活动罪，被判处拘役6个月。对丙不得宣告缓刑

D. 丁17周岁时犯抢劫罪被判处有期徒刑5年，刑满释放后的第4年又犯盗窃罪，应当判处有期徒刑2年。对丁不得适用缓刑

【考点】缓刑

【解析】A项错误。“三年以上”含3年本身。甲可以判处缓刑。

B项错误。缓刑的适用对象是被判处3年以下有期徒刑或拘役的犯罪人。判处管制的罪不适用缓刑，不意味着被判处拘役的罪不能适用缓刑。

C项正确。丙成立特殊累犯，不得适用缓刑。

D项错误。刑法第65条第1款规定，“被判处有期徒刑以上的犯罪分子，刑罚执行完毕或者赦免以后，在五年以内再犯应当判处有期徒刑以上刑罚之罪的，是累犯，应当从重处罚，但是过失犯罪和不满18周岁的人犯罪的除外。”丁犯前罪时未满18周岁，不成立累犯，对其新犯的盗窃罪可以适用缓刑。

【答案】ABD

3. 关于自首，下列哪一选项是正确的？(2017-2-9，单选)

A. 甲绑架他人作为人质并与警察对峙，经警察劝说放弃了犯罪。甲是在“犯罪过程

中”而不是“犯罪以后”自动投案，不符合自首条件

B. 乙交通肇事后留在现场救助伤员，并报告交管部门发生了事故。交警到达现场询问时，乙否认了自己的行为。乙不成立自首

C. 丙故意杀人后如实交代了自己的客观罪行，司法机关根据其交代认定其主观罪过为故意，丙辩称其为过失。丙不成立自首

D. 丁犯罪后，仅因形迹可疑而被盘问、教育，便交代了自己所犯罪行，但拒不交代真实身份。丁不属于如实供述，不成立自首

【考点】一般自首

【解析】A 项错误。绑架罪是行为犯，甲绑架他人作为人质，已成立绑架罪既遂，放弃犯罪，不成立犯罪中止，符合自首条件。

C 项错误。如实供述自己罪行后，自我辩护，即便存在法律认识错误，依然是自首。

D 项错误。如实供述自己的主要犯罪事实的，也属于“如实供述自己罪行”，成立自首。

【答案】B

4. 王某多次吸毒，某日下午在市区超市门口与同居女友沈某发生争吵。沈某欲离开，王某将其按倒在地，用菜刀砍死。后查明：王某案发时因吸毒出现精神病性障碍，导致辨认控制能力减弱。关于本案的刑罚裁量，下列哪一选项是错误的？（2017-2-10，单选）

A. 王某是偶犯，可酌情从轻处罚

B. 王某刑事责任能力降低，可从轻处罚

C. 王某在公众场合持刀行凶，社会影响恶劣，可从重处罚

D. 王某与被害人存在特殊身份关系，可酌情从轻处罚

【考点】量刑情节

【解析】B 项错误。不能从轻处罚，另外，刑事责任能力降低也不是一种规范的说法。A，C，D 项正确。

【答案】B

5. 判决宣告以前一人犯数罪，数罪中有判处(1)和(2)的，执行(3)；数罪中所判处的(4)，仍须执行。将下列哪些选项内容填入以上相应括号内是正确的？（2016-2-55，多选）

A. (1)死刑 (2)有期徒刑 (3)死刑 (4)罚金

B. (1)无期徒刑 (2)拘役 (3)无期徒刑 (4)没收财产

C. (1)有期徒刑 (2)拘役 (3)有期徒刑 (4)附加刑

D. (1)拘役 (2)管制 (3)拘役 (4)剥夺政治权利

【考点】数罪并罚

【解析】本题的关键在于，理解我国刑法中关于数罪并罚原则的规定。根据刑法第 69 条规定，“一人犯数罪，数罪中有死刑或无期徒刑的，则其他主刑则被吸收；数罪中

有判处有期徒刑和拘役的，执行有期徒刑。数罪中有判处有期徒刑和管制，或者拘役和管制的，有期徒刑、拘役执行完毕后，管制仍须执行；数罪中有判处附加刑的，附加刑仍须执行，其中附加刑种类相同的，合并执行，种类不同的，分别执行。”综上，A、B、C 项正确。D 项错误。

【答案】ABC

6. 关于累犯，下列哪一选项是正确的？（2015-2-10，单选）

A. 对累犯和犯罪集团的积极参加者，不适用缓刑

B. 对累犯，如假释后对所居住的社区无不良影响的，法院可决定假释

C. 对被判处无期徒刑的累犯，根据犯罪情节等情况，法院可同时决定对其限制减刑

D. 犯恐怖活动犯罪被判处有期徒刑 4 年，刑罚执行完毕后的第 12 年又犯黑社会性质的组织犯罪的，成立累犯

【考点】累犯

【解析】A 项错误。《刑法》第 74 条规定：“对于累犯和犯罪集团的首要分子，不适用缓刑。”对于犯罪集团的积极参加者，刑法并未禁止对其缓刑。

B 项错误。《刑法》第 81 条第 2 款规定，对于累犯，不得假释。

C 项错误。根据《刑法》第 50 条第 2 款规定，对被判处无期徒刑的累犯，人民法院不得对其限制减刑。

D 项正确。根据《刑法》第 66 条规定，危害国家安全犯罪、恐怖活动犯罪、黑社会性质的组织犯罪的犯罪分子，在刑罚执行完毕或者赦免以后，在任何时候再犯上述任一类罪的，都以累犯论处。

【答案】D

7. 下列哪一选项成立自首？（2015-2-11，单选）

A. 甲挪用公款后主动向单位领导承认了全部犯罪事实，并请求单位领导不要将自己移送司法机关

B. 乙涉嫌贪污被检察院讯问时，如实供述将该笔公款分给了国有单位职工，辩称其行为不是贪污

C. 丙参与共同盗窃后，主动投案并供述其参与盗窃的具体情况。后查明，系因分赃太少、得知举报有奖才投案

D. 丁因纠纷致程某轻伤后，报警说自己伤人了。报警后见程某举拳冲过来，丁以暴力致其死亡，并逃离现场

【考点】自首

【解析】A 项错误。所谓自动投案，是指犯罪分子于犯罪之后，被动归案之前，自行投于有关机关或个人，承认自己实施了犯罪，并自愿置于所投机关或个人的控制之下，等候交代犯罪事实，并最终接受司法机关的审理和裁判的行为。甲请求单位领导不要将自己移送司法机关，不愿意将自己置于司法机关的控制之下，这不符合自动投案的要件，不成立自首。

B 项错误。乙已经被检察院讯问，其交代的是检察机关已经掌握的罪行，故不成立自首。

C 项正确。参与盗窃的丙因分赃太少、得知举报有奖才投案，并主动投案并供述其参与盗窃的具体情况，成立自首。

D 项错误。丁虽然报警说自己伤人，但是，在报警之后再次实施新的犯罪(丁的行为起码属于应负刑事责任的防卫过当)，并且逃离现场，未将自己置于司法机关的控制之下，故丁的行为不成立自首。

【答案】C

8. 关于缓刑的适用，下列哪些选项是正确的？（2015-2-59，多选）

A. 甲犯重婚罪和虐待罪，数罪并罚后也可能适用缓刑

B. 乙犯遗弃罪被判处管制1年，即使犯罪情节轻微，也不能宣告缓刑

C. 丙犯绑架罪但有立功情节，即使该罪的法定最低刑为5年有期徒刑，也可能适用缓刑

D. 丁17岁时因犯放火罪被判处有期徒刑5年，23岁时又犯伪证罪，仍有可能适用缓刑

【考点】缓刑；立功；累犯

【解析】A 项正确。数罪并罚后，如犯罪分子仍符合缓刑条件的，对其有可能适用缓刑。

B 项正确。缓刑的适用对象为被判处拘役、3年以下有期徒刑的犯罪分子。B 选项中，乙被判处管制1年，不符合缓刑的对象条件，故即使犯罪情节轻微，也不能宣告缓刑。

C 项正确。对有立功情节的犯罪分子可以从轻或者减轻处罚。犯绑架罪但有立功情节的，即使该罪的法定最低刑为5年有期徒刑，如果法院决定对犯罪分子“减轻处罚”，即在5年以下有期徒刑量刑时，对绑架犯的宣告刑有可能为3年以下有期徒刑，如果符合缓刑的其他条件，对绑架犯有适用缓刑的余地。

D 项正确。丁犯放火罪时只有17周岁，根据《刑法》第65条第1款规定，即便其23岁时又犯伪证罪，也不构成累犯。只要丁伪证罪的宣告刑为拘役、3年以下有期徒刑时，仍有可能对丁适用缓刑。

【答案】ABCD

9. 甲(民营企业销售经理)因合同诈骗罪被捕。在侦查期间，甲主动供述曾向国家工作人员乙行贿9万元，司法机关遂对乙进行追诉。后查明，甲的行为属于单位行贿，行贿数额尚未达到单位行贿罪的定罪标准。甲的主动供述构成下列哪一量刑情节？(2014-2-12，单选)

A. 坦白　　B. 立功　　C. 自首　　D. 准自首

【考点】自首；立功

【解析】A 项错误。坦白是犯罪嫌疑人虽不具有自首情节，但是如实供述司法机关已经掌握的本人罪行的。甲供述的是行贿行为而非合同诈骗行为，就行贿行为而言，不

是坦白情节。

B项正确。立功，是指犯罪分子揭发他人的犯罪行为，查证属实的，或者提供重要线索，从而得以侦破其他案件等的行为。犯罪分子被羁押或者归案后，不仅如实交代了自己的犯罪，而且还主动地揭发了其他人犯罪的行为，包括揭发同案犯共同犯罪事实以外的其他犯罪行为，经司法机关查证属实成立立功。在本案中，甲主动向司法机关供述了其向乙行贿的犯罪事实。因此，甲的供述属于"揭发他人的犯罪行为"，成立立功。

C、D项错误。自首，是指犯罪嫌疑人犯罪后自动投案并如实交代自己的罪行。准自首，是指犯罪嫌疑人、被告人和正在服刑的罪犯在被采取强制措施期间又主动交代其他未被司法机关掌握的本人其他罪行的。自首和准自首都要求交代的行为构成犯罪。甲交代的行为不构成犯罪，所以不成立自首和准自首。

【答案】B

10. 关于刑罚的具体运用，下列哪些选项是错误的？（2014-2-55，多选）

A. 甲1998年因间谍罪被判处有期徒刑4年。2010年，甲因参加恐怖组织罪被判处有期徒刑8年。甲构成累犯

B. 乙因倒卖文物罪被判处有期徒刑1年，罚金5000元；因假冒专利罪被判处有期徒刑2年，罚金5000元。对乙数罪并罚，决定执行有期徒刑2年6个月，罚金1万元。此时，即使乙符合缓刑的其他条件，也不可对乙适用缓刑

C. 丙因无钱在网吧玩游戏而抢劫，被判处有期徒刑1年缓刑1年，并处罚金2000元，同时禁止丙在12个月内进入网吧。若在考验期限内，丙仍常进网吧，情节严重，则应对丙撤销缓刑

D. 丁系特殊领域专家，因贪污罪被判处有期徒刑8年。丁遵守监规，接受教育改造，有悔改表现，无再犯危险。1年后，因国家科研需要，经最高法院核准，可假释丁

【考点】缓刑；假释

【解析】A项错误。《刑法》第66条规定，"危害国家安全犯罪、恐怖活动犯罪、黑社会性质的组织犯罪的犯罪分子，在刑罚执行完毕或者赦免以后，在任何时候再犯上述任一类罪的，都以累犯论处。"该规定是2011年《刑法修正案八》的新规定，在其出台之前，只有前后罪都属于危害国家安全犯罪时，才构成特殊累犯。甲2010年因参加恐怖组织罪被判处有期徒刑8年，不成立特别累犯，也不满足一般累犯(5年)的条件。适用从旧兼从轻原则，甲不构成累犯。

B项错误。《刑法》第72条规定，对于被判处拘役、三年以下有期徒刑的犯罪分子，同时符合下列条件的，可以宣告缓刑，对其中不满十八周岁的人、怀孕的妇女和已满七十五周岁的人，应当宣告缓刑：(一)犯罪情节较轻；(二)有悔罪表现；(三)没有再犯罪的危险；(四)宣告缓刑对所居住社区没有重大不良影响。宣告缓刑，可以根据犯罪情况，同时禁止犯罪分子在缓刑考验期限内从事特定活动，进入特定区域、场所，接触特定的人。被宣告缓刑的犯罪分子，如果被判处附加刑，附加刑仍须执行。据此可知，一人犯数罪并不是缓刑禁止适用条件。因此，如果乙符合缓刑的条件，则可对其适用

缓刑。

C 项正确。《刑法》第 77 条第 2 款规定，“被宣告缓刑的犯罪分子，在缓刑考验期限内，违反法律、行政法规或者国务院有关部门关于缓刑的监督管理规定，或者违反人民法院判决中的禁止令，情节严重的，应当撤销缓刑，执行原判刑罚。”丙在考验期内违反禁止令的规定，常进入网吧，情节严重，应当撤销缓刑。

D 项正确。《刑法》第 81 条规定，“被判处有期徒刑的犯罪分子，执行原判刑期二分之一以上，被判处无期徒刑的犯罪分子，实际执行十三年以上，如果认真遵守监规，接受教育改造，确有悔改表现，没有再犯罪的危险的，可以假释。”如果有特殊情况，经最高人民法院核准，可以不受上述执行刑期的限制。按照相关司法解释，这里的“特殊情况”是指国家政治、国防、外交等方面的特殊需要。丁因贪污罪被判处有期徒刑 8 年，遵守监规，接受教育改造，有悔改表现，无再犯危险。1 年后，即使其刑罚未执行原判刑期二分之一以上，但因国家科研需要，可以由最高法院核准假释，不受执行刑期的限制。

【答案】AB

11. 1999 年 11 月，甲(17 周岁)因邻里纠纷，将邻居杀害后逃往外地。2004 年 7 月，甲诈骗他人 5000 元现金。2014 年 8 月，甲因扒窃 3000 元现金，被公安机关抓获。在讯问阶段，甲主动供述了杀人、诈骗罪行。关于本案的分析，下列哪些选项是错误的？(2014-2-56，多选)

A. 前罪的追诉期限从犯后罪之日起计算，甲所犯三罪均在追诉期限内

B. 对甲所犯的故意杀人罪、诈骗罪与盗窃罪应分别定罪量刑后，实行数罪并罚

C. 甲如实供述了公安机关尚未掌握的罪行，成立自首，故对盗窃罪可从轻或者减轻处罚

D. 甲审判时已满 18 周岁，虽可适用死刑，但鉴于其有自首表现，不应判处死刑

【考点】自首；追诉时效

【解析】A、B 项错误。根据《刑法》第 89 条规定，“追诉期限从犯罪之日起计算；犯罪行为有连续或者继续状态的，从犯罪行为终了之日起计算。”在追诉期限以内又犯罪的，前罪追诉的期限从犯后罪之日起计算。本题中，甲犯故意杀人罪、诈骗罪以及盗窃罪。其中故意杀人罪适用最长追诉时效 20 年(故意杀人罪法定最高刑为死刑)，即 1999 年至 2019 年；在 2004 年，甲又犯诈骗罪，由于在前罪的追诉时效内，前罪的追诉期从犯后罪之日起重新起算，故甲的故意杀人罪的追诉期至 2024 年结束。同理，2014 年甲又犯盗窃罪，故故意杀人罪的追诉期又再次重新起算，至 2034 年结束。诈骗 5000 元属于“数额较大”，法定最高刑为 3 年以下有期徒刑，故追诉期为 5 年，即至 2009 年结束。在 2014 年再犯盗窃罪时，诈骗罪已过追诉时效。因此，甲仅对故意杀人罪和盗窃罪负刑事责任，数罪并罚。

C 项错误。《刑法》第 67 条规定，“犯罪以后自动投案，如实供述自己的罪行的，是自首。对于自首的犯罪分子，可以从轻或者减轻处罚。”其中，犯罪较轻的，可以免除处罚。被采取强制措施的犯罪嫌疑人、被告人和正在服刑的罪犯，如实供述司法机关还未

掌握的本人其他罪行的，以自首论。据此可知，甲被公安机关抓获后，如实供述了公安机关尚未掌握的其杀人、诈骗罪行，以自首论，可给予从宽处理。甲在被采取强制措施期间，如实供述杀人和诈骗行为，成立自首，可以从轻或者减轻处罚。但是，盗窃罪并非甲自动如实供述的罪行，对此不成立自首。

D 项错误。《刑法》第 49 条规定，“犯罪的时候不满十八周岁的人和审判的时候怀孕的妇女，不适用死刑。审判的时候已满七十五周岁的人，不适用死刑，但以特别残忍手段致人死亡的除外。”据此可知，未成年人不适用死刑是以犯罪的时间为准。由于甲犯罪时不满 18 周岁，因而即使其审判时已满 18 周岁，对其仍不能适用死刑。

【答案】ABCD

12. 被宣告________的犯罪分子，在________考验期内犯新罪或者发现判决宣告以前还有其他罪没有判决的，应当撤销________，对新犯的罪或者新发现的罪作出判决，把前罪和后罪所判处的刑罚，依照《刑法》第 69 条规定，决定执行的刑罚。

关于三个空格的填充内容，下列哪一选项是正确的？（2013-2-11，单选）

A. 均应填“假释”

B. 均应填“缓刑”

C. 既可均填“假释”，也可均填“缓刑”

D. 既不能均填“假释”，也不能均填“缓刑”

【考点】缓刑；假释

【解析】《刑法》第 77 条第 1 款规定：“被宣告缓刑的犯罪分子，在缓刑考验期限内犯新罪或者发现判决宣告以前还有其他罪没有判决的，应当撤销缓刑，对新犯的罪或者新发现的罪作出判决，把前罪和后罪所判处的刑罚，依照本法第六十九条的规定，决定执行的刑罚。”第 2 款规定：“被宣告缓刑的犯罪分子，在缓刑考验期限内，违反法律、行政法规或者国务院有关部门关于缓刑的监督管理规定，或者违反人民法院判决中的禁止令，情节严重的，应当撤销缓刑，执行原判刑罚。”

《刑法》第 86 条第 1 款规定：“被假释的犯罪分子，在假释考验期限内犯新罪，应当撤销假释，依照本法第七十一条的规定实行数罪并罚。”第 2 款规定：“在假释考验期限内，发现被假释的犯罪分子在判决宣告以前还有规定其他罪没有判决的，应当撤销假释，依照本法第七十条的规定实行数罪并罚。”第 3 款规定：“被假释的犯罪分子，在假释考验期限内，有违反法律、行政法规或者国务院有关部门关于假释的监督管理规定的行为，尚未构成新的犯罪的，应当依照法定程序撤销假释，收监执行未执行完毕的刑罚。”

根据上述法条的规定，B 项正确，ACD 项错误。

【答案】B

13. 甲因走私武器被判处 15 年有期徒刑，剥夺政治权利 5 年；因组织他人偷越国境被判处 14 年有期徒刑，并处没收财产 5 万元，剥夺政治权利 3 年；因骗取出口退税被判处 10 年有期徒刑，并处罚金 20 万元。关于数罪并罚，下列哪一选项符合《刑法》规定？（2012-2-12，单选）

A. 决定判处甲有期徒刑 35 年，没收财产 25 万元，剥夺政治权利 8 年

B. 决定判处甲有期徒刑20年，罚金25万元，剥夺政治权利8年

C. 决定判处甲有期徒刑25年，没收财产5万元，罚金20万元，剥夺政治权利6年

D. 决定判处甲有期徒刑23年，没收财产5万元，罚金20万元，剥夺政治权利8年

【考点】数罪并罚

【解析】《刑法》第69条第1款规定，判决宣告以前一人犯数罪的，除判处死刑和无期徒刑的以外，应当在总和刑期以下、数刑中最高刑期以上，酌情决定执行的刑期，但是管制最高不能超过3年，拘役最高不能超过1年，有期徒刑总和刑期不满35年的，最高不能超过20年，总和刑期在35年以上的，最高不能超过25年。第三款规定，数罪中有判处附加刑的，附加刑仍须执行，其中附加刑种类相同的，合并执行，种类不同的，分别执行。

A项错误。有期徒刑并罚，最多不能超过25年。

B项错误。数罪中判处种类不同的附加刑的，应当分别执行，不能将罚金20万和没收财产5万合二为一。

C项错误。数罪中判有种类相同的附加刑的，合并执行。甲应当剥夺政治权利8年。

【答案】D

14. 下列哪些选项不构成立功？（2012-2-57，多选）

A. 甲是唯一知晓同案犯裴某手机号的人，其主动供述裴某手机号，侦查机关据此采用技术侦查手段将裴某抓获

B. 乙因购买境外人士赵某的海洛因被抓获后，按司法机关要求向赵某发短信“报平安”，并表示还要购买毒品，赵某因此未离境，等待乙时被抓获

C. 丙被抓获后，通过律师转告其父想办法协助司法机关抓捕同案犯，丙父最终找到同案犯藏匿地点，协助侦查机关将其抓获

D. 丁被抓获后，向侦查机关提供同案犯的体貌特征，同案犯由此被抓获

【考点】立功

【解析】A项不成立。《关于处理自首和立功若干具体问题的意见》第5条。A项甲提供同案犯裴某手机号，侦查机关据此采用技术侦查手段将裴某抓获，属于犯罪分子提供犯罪前、犯罪中掌握、使用的同案犯联络方式，不成立立功。

B项成立。乙按司法机关要求向赵某发短信“报平安”，并表示还要购买毒品，赵某在等待乙时被抓获的，乙属于按照司法机关的安排，以打电话、发信息等方式将同案犯约至指定地点，协助司法机关抓捕同案犯，因而成立立功。对此，2008年12月1日最高人民法院《全国部分法院审理毒品犯罪案件工作座谈会纪要》也规定，被告人交代了与同案犯的联系方式，又按要求与对方联络，积极协助公安机关抓获了同案犯等，属于协助司法机关抓获同案犯，应认定为立功。有关司法解释规定，被告人亲属为了使被告人得到从轻处罚，检举、揭发他人犯罪或者协助司法机关抓捕其他犯罪人的，不能视为被告人立功。

C 项不成立。丙的父亲找到同案犯藏匿地点，协助侦查机关将其抓获的，不能认为丙成立立功。

D 项不成立。丁被抓获后，向侦查机关提供同案犯的体貌特征，同案犯由此被抓获，按照前述司法解释的规定，不能成立立功。

【答案】ACD

15. 2009 年 1 月，甲（1993 年 4 月生）因抢劫罪被判处有期徒刑 1 年。2011 年 3 月 20 日，甲以特别残忍手段故意杀人后逃跑，6 月被抓获。关于本案，下列哪一选项是正确的？（2011-2-9，单选）

A. 根据从旧兼从轻原则，本案不适用《刑法修正案（八）》

B. 对甲故意杀人的行为，应当从轻或者减轻处罚

C. 甲在审判时已满 18 周岁，可以适用死刑

D. 甲构成累犯，应当从重处罚

【考点】累犯；刑法的时间效力

【解析】该题不仅主要考核刑法的溯及力，也考核一般累犯的成立条件及其法律效果。我国刑法的溯及力采取从旧兼从轻原则。一般累犯的成立条件：（1）前罪与后罪都必须是故意犯罪；（2）前罪和后罪都必须是被判处有期徒刑以上刑罚；（3）后罪发生的时间，必须是在前罪所判处的刑罚执行完毕或者赦免以后的 5 年之内；（4）犯前罪时未满 18 周岁的，不成立累犯。

A 项错误。《中华人民共和国刑法修正案（八）时间效力问题的解释》第 3 条第 1 款规定，被判处有期徒刑以上刑罚，刑罚执行完毕或者赦免以后，在 2011 年 4 月 30 日以前再犯应当判处有期徒刑以上刑罚之罪的，是否构成累犯，适用修正前刑法第 65 条的规定；但是，前罪实施时不满十八周岁的，是否构成累犯，适用修正后刑法第 65 条的规定。本题中，甲实施前罪时不满 18 周岁，其是否构成累犯，应适用修正后第 65 条的规定，即适用《刑法修正案（八）》的规定。即便不知道该《解释》，也可得出结论。在 2011 年 5 月《刑法修正案（八）》出台前，本题情形中，甲成立累犯，应从重处罚，但《刑法修正案（八）》出台后，依据修改后的《刑法》第 65 条第 1 款规定，犯前罪时不满 18 岁的，不成立累犯。相比原刑法条文，对行为人有利，根据从旧兼从轻原则，本案应适用《刑法修正案（八）》。

B 项正确。《刑法》第 17 条第 3 款规定，已满十四周岁不满十八周岁的人犯罪，应当从轻或者减轻处罚。

C 项错误。依据《刑法》第 49 条第 1 款规定，犯罪的时候（不是审判时）不满十八周岁的人和审判的时候怀孕的妇女，不适用死刑。本题中，甲犯罪时不满 18 周岁，不适用死刑。

D 项错误。本案适用《刑法修正案（八）》，甲犯前后罪时均未满 18 周岁，不成立累犯，不从重处罚。

【答案】B

16. 关于缓刑的适用，下列哪一选项是错误的？（2011-2-10，单选）

A. 被宣告缓刑的犯罪分子，在考验期内再犯罪的，应当数罪并罚，且不得再次宣告缓刑

B. 对于被宣告缓刑的犯罪分子，可以同时禁止其从事特定活动，进入特定区域、场所，接触特定的人

C. 对于黑社会性质组织的首要分子，不得适用缓刑

D. 被宣告缓刑的犯罪分子，在考验期内由公安机关考察，所在单位或者基层组织予以配合

【考点】缓刑

【解析】A 项正确。《刑法》第 77 条第 1 款规定，被宣告缓刑的犯罪分子，在缓刑考验期限内犯新罪或者发现判决宣告以前还有其他罪没有判决的，应当撤销缓刑，对新犯的罪或者新发现的罪作出判决，把前罪和后罪所判处的刑罚，依照本法第 69 条(数罪并罚)规定，决定执行的刑罚。此外，依据《刑法》第 72 条第 1 款规定，对于被判处拘役、三年以下有期徒刑的犯罪分子，同时符合下列条件的，可以宣告缓刑，对其中不满十八周岁的人、怀孕的妇女和已满七十五周岁的人，应当宣告缓刑：(一)犯罪情节较轻；(二)有悔罪表现；(三)没有再犯罪的危险；(四)宣告缓刑对所居住社区没有重大不良影响。可见，适用缓刑必须符合的条件之一是“没有再犯罪的危险”。A 项中，行为人被宣告缓刑后，在考验期内又犯罪，说明其人身危险性大，有再次犯罪的危险，故而不符合缓刑适用条件，不得再次宣告缓刑。

B 项正确。《刑法》第 72 条第 2 款规定，宣告缓刑，可以根据犯罪情况，同时适用禁制令，即禁止犯罪分子在缓刑考验期限内从事特定活动，进入特定区域、场所，接触特定的人。

C 项正确。《刑法》第 74 条规定，对于累犯和犯罪集团的首要分子，不适用缓刑。黑社会性质组织属于犯罪集团的一种。

D 项错误。《刑法》第 76 条规定，对宣告缓刑的犯罪分子，在缓刑考验期限内，依法实行社区矫正，如果没有本法第 77 条规定的情形，缓刑考验期满，原判的刑罚就不再执行，并公开予以宣告。

【答案】D

17. 关于数罪并罚，下列哪些选项是符合《刑法》规定的？（2011-2-57，多选）

A. 甲在判决宣告以前犯抢劫罪、盗窃罪与贩卖毒品罪，分别被判处 13 年、8 年、15 年有期徒刑。法院数罪并罚决定执行 18 年有期徒刑

B. 乙犯抢劫罪、盗窃罪分别被判处 13 年、6 年有期徒刑，数罪并罚决定执行 18 年有期徒刑。在执行 5 年后，发现乙在判决宣告前还犯有贩卖毒品罪，应当判处 15 年有期徒刑。法院数罪并罚决定应当执行 19 年有期徒刑，已经执行的刑期，计算在新判决决定的刑期之内

C. 丙犯抢劫罪、盗窃罪分别被判处 13 年、8 年有期徒刑，数罪并罚决定执行 18 年有期徒刑。在执行 5 年后，丙又犯故意伤害罪，被判处 15 年有期徒刑。法院在 15 年以

上 20 年以下决定应当判处 16 年有期徒刑，已经执行的刑期，不计算在新判决决定的刑期之内

D. 丁在判决宣告前犯有 3 罪，被分别并处罚金 3 万元、7 万元和没收全部财产。法院不仅要合并执行罚金 10 万元，而且要没收全部财产

【考点】数罪并罚

【解析】《刑法修正案(八)》第 10 条规定，将刑法第 69 条修改为："判决宣告以前一人犯数罪的，除判处死刑和无期徒刑的以外，应当在总和刑期以下、数刑中最高刑期以上，酌情决定执行的刑期，但是管制最高不能超过 3 年，拘役最高不能超过一年，有期徒刑总和刑期不满 35 年的，最高不能超过 20 年，总和刑期在 35 年以上的，最高不能超过 25 年。"

A 项正确。甲所犯的数罪分别被判处 13 年、8 年和 15 年，并罚后的总和刑期超过了 35 年，应该在 15 年以上，25 年以下判处刑罚。因此，法院最后决定判处甲 18 年有期徒刑是符合法律规定的。

B 项正确。《刑法》第 70 条规定，判决宣告以后，刑罚执行完毕以前，发现被判刑的犯罪分子在判决宣告以前还有其他罪没有判决的，应当对新发现的罪作出判决，把前后两个判决所判处的刑罚，依照本法第 69 条的规定，决定执行的刑罚。已经执行的刑期，应当计算在新判决决定的刑期以内。据此可知，对乙应采取"先并后减"的方式进行处罚，即将 13 年、6 年和 15 年进行并罚，因其总和刑期为 34 年，因此，应当在 15 年至 20 年之间确定宣告刑，最后法院判决对其执行 19 年有期徒刑是符合法律规定的。同时，已经执行的刑期 5 年应计算在新判决决定的刑期之内。

C 项正确。《刑法》第 70 条规定，判决宣告以后，刑罚执行完毕以前，被判刑的犯罪分子又犯罪的，应当对新犯的罪作出判决，把前罪没有执行的刑罚和后罪所判处的刑罚，依照本法第 69 条的规定，决定执行的刑罚。据此可知，对丙应采取"先减后并"的方式进行处罚，即用前次并罚后没有执行完的刑罚 13 年有期徒刑与新罪判处的 15 年有期徒刑进行并罚，二者相加的刑期为 28 年，因此，应当在 15 年至 20 年之间确定宣告刑，最后法院判决对其执行 16 年有期徒刑是符合法律规定的。同时，已经执行的刑期，不计算在新判决决定的刑期之内。

D 项正确。《刑法修正案(八)》将第 69 条第 2 款修改为：数罪中有判处附加刑的，附加刑仍须执行，其中附加刑种类相同的，合并执行，种类不同的，分别执行。

【答案】ABCD

第十二章　刑罚执行

1. 在符合"执行期间，认真遵守监规，接受教育改造"的前提下，关于减刑、假释的分析，下列哪一选项是正确的？(2017-2-11，单选)

A. 甲因爆炸罪被判处有期徒刑 12 年，已服刑 10 年，确有悔改表现，无再犯危险。

对甲可以假释

B. 乙因行贿罪被判处有期徒刑 9 年，已服刑 5 年，确有悔改表现，无再犯危险。对乙可优先适用假释

C. 丙犯贪污罪被判处无期徒刑，拒不交代贪污款去向，一直未退赃。丙已服刑 20 年，确有悔改表现，无再犯危险。对丙可假释

D. 丁因盗窃罪被判处有期徒刑 5 年，已服刑 3 年，一直未退赃。丁虽在服刑中有重大技术革新，成绩突出，对其也不得减刑

【考点】假释；减刑

【解析】假释的适用条件有四个，分别是：(一)前提条件：假释只适用被判处有期徒刑、无期徒刑的犯罪人。(二)执行刑期条件：假释只适用于已经执行一部分刑罚的犯罪人。具体而言，(1)刑法第 81 条规定，“被判处有期徒刑的犯罪人，执行原判刑期 1/2 以上，被判处无期徒刑的犯罪人，实际执行 13 年以上，才可以假释。”(2)刑法第 81 条规定，“如果有特殊情况，经最高人民法院核准，可以不受上述执行刑期的限制。”“特殊情况”是指国家政治、国防、外交等方面特殊需要的情况。(三)实质条件：假释只适用于在刑罚执行期间，认真遵守监规，接受教育改造，确有悔改表现，没有再犯罪危险的犯罪人。另根据监狱法的相关规定，如有重大立功表现的，应当假释。(四)消极条件：对累犯以及因故意杀人、强奸、抢劫、绑架、放火、爆炸、投放危险物质或有组织的暴力性犯罪被判处 10 年以上有期徒刑、无期徒刑的犯罪人，不得假释。

A 项错误。《刑法》第 81 条第 2 款规定，“对累犯以及因故意杀人、强奸、抢劫、绑架、放火、爆炸、投放危险物质或有组织的暴力性犯罪被判处 10 年以上有期徒刑、无期徒刑的犯罪人，不得假释。”甲因爆炸罪被判处 12 年有期徒刑，不得假释。

C 项错误。丙拒不交代贪污款去向，一直未退赃，不能视为“确有悔改表现”。

D 项错误。丁有重大立功表现，应当假释。

【答案】B

2. 关于假释的撤销，下列哪一选项是错误的？（2015-2-12，单选）

A. 被假释的犯罪分子，在假释考验期内犯新罪的，应撤销假释，按照先减后并的方法实行并罚

B. 被假释的犯罪分子，在假释考验期内严重违反假释监督管理规定，即使假释考验期满后才被发现，也应撤销假释

C. 在假释考验期内，发现被假释的犯罪分子在判决宣告前还有同种罪未判决的，应撤销假释

D. 在假释考验期满后，发现被假释的犯罪分子在判决宣告前有他罪未判决的，应撤销假释，数罪并罚

【考点】假释

【解析】A 项正确。被假释的犯罪分子，在假释考验期内犯新罪的，应撤销假释，把前罪没有执行的刑罚和后罪所判处的刑罚(先减后并)，按照《刑法》第 69 条规定的数罪并罚原则，决定执行的刑罚。被假释的犯罪分子，在假释考验期内严重违反假释监督

管理规定，即使假释考验期满后才被发现，也应撤销假释。

B、C项正确。在假释考验期内，发现被假释的犯罪分子在判决宣告前还有同种罪未判决的，应当撤销假释。BC的表述符合《刑法》第86条的规定。

【答案】D

3. 甲因在学校饭堂投毒被判处8年有期徒刑。服刑期间，甲认真遵守监规，接受教育改造，确有悔改表现。关于甲的假释，下列哪一说法是正确的？（2014-2-11，单选）

A. 可否假释，由检察机关决定

B. 可否假释，由执行机关决定

C. 服刑4年以上才可假释

D. 不得假释

【考点】假释

【解析】A、B项错误。根据《刑法》第82条规定，对于犯罪分子的假释，依照本法第79条规定的程序进行。非经法定程序不得假释。《刑法》第79条规定，对于犯罪分子的减刑，由执行机关向中级以上人民法院提出减刑建议书。人民法院应当组成合议庭进行审理，对确有悔改或者立功事实的，裁定予以减刑。非经法定程序不得减刑。据此可知，是否准予假释应由人民法院裁定。

C项正确。根据《刑法》第81条第1款规定，"被判处有期徒刑的犯罪分子，执行原判刑期二分之一以上，被判处无期徒刑的犯罪分子，实际执行十三年以上，如果认真遵守监规，接受教育改造，确有悔改表现，没有再犯罪的危险的，可以假释。如果有特殊情况，经最高人民法院核准，可以不受上述执行刑期的限制。"据此可知，甲须服刑4年以上才可假释。

D项错误。根据《刑法》第81条第2款规定，"对累犯以及因故意杀人、强奸、抢劫、绑架、放火、爆炸、投放危险物质或者有组织的暴力性犯罪被判处十年以上有期徒刑、无期徒刑的犯罪分子，不得假释。"据此可知。甲投毒被判处8年有期徒刑，不属于禁止适用假释的情形。

【答案】C

4. 关于减刑、假释的适用，下列哪些选项是错误的？（2013-2-57，多选）

A. 对所有未被判处死刑的犯罪分子，如认真遵守监规，接受教育改造，确有悔改表现，或者有立功表现的，均可减刑

B. 无期徒刑减为有期徒刑的刑期，从裁定被执行之日起计算

C. 被宣告缓刑的犯罪分子，不符合"认真遵守监规，接受教育改造"的减刑要件，不能减刑

D. 在假释考验期限内犯新罪，假释考验期满后才发现的，不得撤销假释

【考点】减刑；假释

【解析】A项错误。《刑法》第78条规定，"被判处管制、拘役、有期徒刑、无期徒刑的犯罪分子，在执行期间，如果认真遵守监规，接受教育改造，确有悔改表现的，或者有立功表现的，可以减刑。"但如果只判处附加刑（罚金或者没收财产等）的，不存在减刑的问题。

B项错误。《刑法》第80条规定，"无期徒刑减为有期徒刑的刑期，从裁定减刑之日

起计算。”

C 项错误。被宣告缓刑的犯罪分子并未被羁押和监管，不存在“认真遵守监规，接受教育改造”的问题，因此其减刑不受该条件的限制。

D 项错误。《刑法》第 86 条规定，被假释的犯罪分子，在假释考验期限内犯新罪的，应当撤销假释，依照本法第 71 条的规定实行数罪并罚。换言之，只要在假释考验期限内犯新罪，无论什么时候发现，都应当撤销假释。

【答案】ABCD

5. 犯罪分子没有法定减轻处罚情节，但根据案件特殊情况，经(　)核准，可在法定刑以下判处刑罚；被判处无期徒刑的犯人，如有特殊情况，经(　)核准，实际执行未达 13 年的，可以假释；在死刑缓期执行期间，如故意犯罪，查证属实，由(　)核准，执行死刑；犯罪已经经过 20 年，如果认为必须追诉的，须报(　)核准。(2012-2-13，单选)

下列哪一选项与题干空格内容相匹配?

A. 最高人民法院—最高人民法院—最高人民法院—最高人民法院

B. 最高人民法院—最高人民检察院—最高人民法院—最高人民法院

C. 最高人民法院—最高人民检察院—最高人民法院—最高人民检察院

D. 最高人民法院—最高人民法院—最高人民法院—最高人民检察院

【考点】减刑；假释

【解析】《刑法》第 63 条规定，犯罪分子没有法定减轻处罚情节，但根据案件特殊情况，经最高人民法院核准，可在法定刑以下判处刑罚。《刑法》第 81 条第 1 款规定，“被判处无期徒刑的犯人，如有特殊情况，经最高人民法院核准，实际执行未达十三年的，可以假释。”《刑法》第 50 条第 1 款规定，“在死刑缓期执行期间，如故意犯罪，查证属实，由最高人民法院核准，执行死刑。”《刑法》第 87 条第(4)项规定，“犯罪已经经过二十年，如果认为必须追诉的，须报最高人民检察院核准。”这是因为对犯罪的追诉，是启动刑事程序的权力，属于广义的求刑权的内容，应该由检察机关核准或者决定。因此，D 项正确。

【答案】D

第十三章　刑罚消灭

1. 关于追诉时效，下列哪一选项是正确的?(2016-2-10，单选)

A.《刑法》规定，法定最高刑为不满 5 年有期徒刑的，经过 5 年不再追诉。危险驾驶罪的法定刑为拘役，不能适用该规定计算危险驾驶罪的追诉时效

B. 在共同犯罪中，对主犯与从犯适用不同的法定刑时，应分别计算各自的追诉时效，不得按照主犯适用的法定刑计算从犯的追诉期限

C. 追诉时效实际上属于刑事诉讼的内容，刑事诉讼采取从新原则，故对刑法所规定的追诉时效，不适用从旧兼从轻原则

D. 刘某故意杀人后逃往国外 18 年，在国外因伪造私人印章(在我国不构成犯罪)被通缉时潜回国内。4 年后，其杀人案件被公安机关发现。因追诉时效中断，应追诉刘某故意杀人的罪行

【考点】追诉时效

【解析】A 项错误。“不满 5 年有期徒刑”当然包含拘役，因此，危险驾驶罪当然适用“经过 5 年不再追诉”的时效规定。

B 项正确。刑法之所以规定追诉时效的长短取决于法定刑的长短，是考虑到预防必要性的大小。换言之，重罪预防必要性大，因此时效也相对较长。共犯中的主从犯通常法定刑也不一，如果要求从犯按照主犯的法定刑计算时效，显然是对从犯的不公。

C 项错误。从旧兼从轻原则属于适用刑法的基本原则，因此时效制度的运用也不能违背该原则。

D 项错误。时效的中断指的是“追诉期限内又犯罪的”情形。这里的“又犯罪”指的是行为触犯我国刑法，或者既触犯我国刑法又触犯外国刑法。本选项中刘某的行为并未违反我国刑法，时效并不中断。

【答案】B

2. 关于追诉时效，下列哪些选项是正确的？(2015-2-60，多选)

A. 甲犯劫持航空器罪，即便经过 30 年，也可能被追诉

B. 乙于 2013 年 1 月 10 日挪用公款 5 万元用于结婚，2013 年 7 月 10 日归还。对乙的追诉期限应从 2013 年 1 月 10 日起计算

C. 丙于 2000 年故意轻伤李某，直到 2008 年李某才报案，但公安机关未立案。2014 年，丙因他事被抓。不能追诉丙故意伤害的刑事责任

D. 丁与王某共同实施合同诈骗犯罪。在合同诈骗罪的追诉期届满前，王某单独实施抢夺罪。对丁合同诈骗罪的追诉时效，应从王某犯抢夺罪之日起计算

【考点】追诉时效

【解析】A 项正确。根据《刑法》第 87 条第(4)项的规定，“犯罪经过 20 年后认为还必须追诉的，报最高人民检察院核准。”因此，甲犯劫持航空器罪，即便经过 30 年，只要报最高人民检察院且得到核准的，仍可以追诉甲劫持航空器犯罪的刑事责任。

B 项错误。挪用公款罪的追诉时效应从挪用公款犯罪成立之日起开始计算。2013 年 1 月 10 日，乙挪用公款 5 万元，该公款未用于非法活动与营利活动，故此时尚不构成挪用公款罪；只有超过 3 个月未还时，乙的挪用行为才构成挪用公款罪。在 2013 年 1 月 10 日，乙挪用 5 万元公款的行为既然尚未成立挪用公款罪，自然不应从该日开始计算挪用公款罪的追诉期限。

C 项正确。根据《刑法》第 88 条第 2 款，丙于 2000 年故意轻伤李某，故意轻伤的法定最高刑为 3 年有期徒刑，因此，对该伤害罪行的追诉期限为 5 年，李某应当在 2005 年之前提出控告，才属于在追诉期限内提出控告，丙的伤害罪行才不受追诉期限的限

制。但直到2008年李某才报案，已不属于“在追诉期限内提出控告”。因此，对丙的伤害罪行，应认定追诉期限已经届满。

D项错误。对于共同犯罪，追诉期限不具有连带性，应独立计算各个共犯人的追诉期限。在合同诈骗罪的追诉期届满前，王某单独实施抢夺罪，此时仅对王某适用“在追诉期限以内又犯罪的，前罪追诉的期限从犯后罪之日起计算”的规定，对丁不能适用该规定。

【答案】AC

第二编

刑法分则

第十四章 罪刑各论概说

1. 关于《刑法》分则条文的理解，下列哪些选项是错误的？（2011-2-58，多选）

A. 即使没有《刑法》第二百六十九条的规定，对于犯盗窃罪，为毁灭罪证而当场使用暴力的行为，也要认定为抢劫罪

B. 即使没有《刑法》第二百六十七条第二款的规定，对于携带凶器抢夺的行为也应认定为抢劫罪

C. 即使没有《刑法》第一百九十六条第三款的规定，对于盗窃信用卡并在 ATM 取款的行为，也能认定为盗窃罪

D. 即使没有《刑法》第一百九十八条第四款的规定，对于保险事故的鉴定人故意提供虚假的证明文件为他人实施保险诈骗提供条件的，也应当认定为保险诈骗罪的共犯

【考点】法律拟制；法律注意规定

【解析】A、B 项错误。《刑法》第 269 条和第 267 条第 2 款属于法律拟制。如果没有法律的特别规定，对于犯盗窃罪，为毁灭罪证而当场使用暴力的行为，对其暴力行为要单独评价，例如可能以盗窃罪与故意伤害罪数罪并罚；对于携带凶器抢夺的行为，也只认定为抢夺罪而非抢劫罪。

C 项正确。这属于“秘密窃取”他人财物，符合盗窃罪的特征，认定为盗窃罪。

D 项正确，因为该规定属于法律注意规定。对犯罪提供帮助的，成立共同犯罪。即使没有《刑法》第 198 条第 4 款的特别规定，对于保险事故的鉴定人故意提供虚假的证明文件为他人实施保险诈骗提供条件的，也应当认定为保险诈骗的共犯。

【答案】AB

第十五章 危害国家安全罪

1. 甲系海关工作人员，被派往某国考察。甲担心自己放纵走私被查处，拒不归国。为获得庇护，甲向某国难民署提供我国从未对外公布且影响我国经济安全的海关数据。关于本案，下列哪一选项是错误的？（2012-2-14，单选）

A. 甲构成叛逃罪

B. 甲构成为境外非法提供国家秘密、情报罪

C. 对甲不应数罪并罚

D. 即使《刑法》分则对叛逃罪未规定剥夺政治权利，也应对甲附加剥夺 1 年以上 5 年以下政治权利

【考点】叛逃罪；为境外非法提供国家秘密、情报罪

【解析】根据《刑法》第109条规定，“国家机关工作人员在履行公务期间，擅离岗位，叛逃境外或者在境外叛逃的，构成叛逃罪。叛逃后，又实施其他犯罪的，应当数罪并罚。”甲作为国家工作人员，在境外叛逃，并向境外机构提供我国从未对外公布且影响我国经济安全的海关数据，分别构成叛逃罪、为境外非法提供国家秘密、情报罪，应当数罪并罚，因此，A、B项正确。C项错误。根据《刑法》第55、56条的规定，“对于危害国家安全的犯罪分子应当附加剥夺政治权利。剥夺政治权利的期限，通常为1年以上5年以下。”因此，D项正确。

【答案】C

第十六章　危害公共安全罪

1. 关于危害公共安全罪的认定，下列哪一选项是正确的？（2017-2-12，单选）

A. 猎户甲合法持有猎枪，猎枪被盗后没有及时报告，造成严重后果。甲构成丢失枪支不报罪

B. 乙故意破坏旅游景点的缆车的关键设备，致数名游客从空中摔下。乙构成破坏交通设施罪

C. 丙吸毒后驾车将行人撞成重伤(负主要责任)，但毫无觉察，驾车离去。丙构成交通肇事罪

D. 丁被空姐告知“不得打开安全门”，仍拧开安全门，致飞机不能正点起飞。丁构成破坏交通工具罪

【考点】丢失枪支不报罪；破坏交通设施罪；交通肇事罪；破坏交通工具罪

【解析】A项错误。丢失枪支不报罪的犯罪主体是依法配备公务用枪的人员。甲是配置枪支而非配备公务用枪的人员。

B项错误。缆车不属于刑法第119条的交通工具或交通设施。应以以危险方法危害公共安全罪论处。

D项错误。飞机尚未起飞，丁打开飞机安全门的行为不会危害公共安全，不成立破坏交通工具罪。

【答案】C

2. 下列哪些行为构成投放危险物质罪？（2017-2-57，多选）

A. 甲故意非法开启实验室装有放射性物质的容器，致使多名实验人员遭受辐射

B. 乙投放毒害性、放射性、传染病病原体之外的其他有害物质，危害公共安全

C. 丙欲制造社会恐慌气氛，将食品干燥剂粉末冒充炭疽杆菌，大量邮寄给他人

D. 丁在食品中违法添加易使人形成瘾癖的罂粟壳粉末，食品在市场上极为畅销

【考点】投放危险物质罪

【解析】A项正确。投放危险物质不限于将危险物质放置于固定的容器、场所内，

还包括将危险物质投放(释放)于土地、大气中,因此,非法开启装有放射性物质的容器,危害公共安全的,也属于投放危险物质。

B 项正确。投放危险物质罪不限于毒害性、放射性、传染病病原体这三种有害物质。投放其他相当的有害物质危害公共安全的,也可成立该罪。

C 项错误。丙成立投放虚假危险物质罪而非投放危险物质罪。

D 项错误。易使人形成瘾癖的罂粟壳粉末并非毒害性、放射性、传染病病原体等有害物质。

【答案】AB

3. 甲对拆迁不满,在高速公路中间车道用树枝点燃一个焰高约 20 厘米的火堆,将其分成两堆后离开。火堆很快就被通行车辆轧灭。关于本案,下列哪一选项是正确的?(2016-2-12,单选)

A. 甲的行为成立放火罪

B. 甲的行为成立以危险方法危害公共安全罪

C. 如认为甲的行为不成立放火罪,那么其行为也不可能成立以危险方法危害公共安全罪

D. 甲的行为危害公共安全,但不构成放火、决水、爆炸等犯罪的,应以以危险方法危害公共安全罪论处

【考点】放火罪;以危险方法危害公共安全罪

【解析】放火罪属于理论上的“具体危险犯”,该危险需要法官根据行为时的客观情形予以判断。本案中,甲在高速路中间制造的火堆并没有导致火灾的危险。而且,其制造的 20 厘米火堆并不足以产生车辆倾覆的危险。因此,C 项正确。A、B、D 项均错误。

【答案】C

4. 陈某欲制造火车出轨事故,破坏轨道时将螺栓砸飞,击中在附近玩耍的幼童,致其死亡。陈某的行为被及时发现,未造成火车倾覆、毁坏事故。关于陈某的行为性质,下列哪一选项是正确的?(2016-2-13,单选)

A. 构成破坏交通设施罪的结果加重犯

B. 构成破坏交通设施罪的基本犯与故意杀人罪的想象竞合犯

C. 构成破坏交通设施罪的基本犯与过失致人死亡罪的想象竞合犯

D. 构成破坏交通设施罪的结果加重犯与过失致人死亡罪的想象竞合犯

【考点】破坏交通设施罪;罪数形态

【解析】本案中,陈某实施了破坏交通设施的行为,也造成了致人死亡的后果。但能否将该死亡结果归属于陈某的破坏交通设施的行为,从而认定为破坏交通设施罪的结果加重犯?答案是否定的。破坏交通设施罪的结果加重犯指的是由于交通工具的颠覆、倾覆而导致的人身伤亡或财产损失,而非一切损失。因此,陈某的行为触犯破坏交通设施罪(基本犯),适用“尚未造成严重后果”的法定刑。与此同时,陈某的行为也触犯过失致人死亡罪。因此,陈某的行为构成破坏交通设施罪的基本犯与过失致人死亡罪的想

象竞合犯。C 项正确。A、B、D 项均错误。

【答案】C

5. 乙成立恐怖组织并开展培训活动，甲为其提供资助。受培训的丙、丁为实施恐怖活动准备凶器。因案件被及时侦破，乙、丙、丁未能实施恐怖活动。关于本案，下列哪些选项是正确的？（2016-2-56，多选）

A. 甲构成帮助恐怖活动罪，不再适用《刑法》总则关于从犯的规定

B. 乙构成组织、领导恐怖组织罪

C. 丙、丁构成准备实施恐怖活动罪

D. 对丙、丁定罪量刑时，不再适用《刑法》总则关于预备犯的规定

【考点】恐怖活动犯罪

【解析】乙成立恐怖组织，构成组织、领导恐怖组织罪；甲为乙提供资助，成立帮助恐怖活动罪。本罪的设立属于帮助犯的正犯化，因此不再适用从犯的规定；丙丁为实施恐怖活动而准备凶器，成立准备实施恐怖活动罪。本罪的设立属于预备犯的实行犯化，因此不再适用预备犯的规定。A、B、C、D 项均正确。

【答案】ABCD

6. 下列哪一行为应以危险驾驶罪论处？（2015-2-13，单选）

A. 醉酒驾驶机动车，误将红灯看成绿灯，撞死 2 名行人

B. 吸毒后驾驶机动车，未造成人员伤亡，但危及交通安全

C. 在驾驶汽车前吃了大量荔枝，被交警以呼气式酒精检测仪测试到酒精含量达到醉酒程度

D. 将汽车误停在大型商场地下固定卸货车位，后在醉酒时将汽车从地下三层开到地下一层的停车位

【考点】危险驾驶罪

【解析】A 项错误。醉酒驾驶机动车，误将红灯看成绿灯，撞死 2 名行人，根据刑法的规定，应以交通肇事罪论处。

B 项错误。现行刑法并未将吸毒后驾驶机动车的行为规定为危险驾驶罪，因此，吸毒后驾驶机动车，未造成人员伤亡，但危及交通安全的，无法以危险驾驶罪追究刑事责任。

C 项错误。在驾驶汽车前吃了大量荔枝，被交警以呼气式酒精检测仪测试到酒精含量达到醉酒程度的，虽然这在客观上属于危险驾驶行为，但是，按照通说，《刑法》第 133 条之一规定的危险驾驶罪是故意犯罪，一般人都不知道不停地吃荔枝能在血液中产生大量酒精成分，故应认定行为人并无危险驾驶的犯罪故意，故对此不能以危险驾驶罪论处。

D 项正确。根据《道路交通安全法》第 119 条规定，“道路”是指公路、城市道路和虽在单位管辖范围但允许社会机动车通行的地方，包括广场、公共停车场等用于公众通行的场所。选项 D 的场景为“大型商场”的地下停车场，属于《道路交通安全法》所规定的“道路”。将汽车停在大型商场地下停车位，因为停错位置，在醉酒状态下将汽车从

地下三层开到地下一层的停车位，这属于在道路上醉酒驾驶机动车，应以危险驾驶罪论处。

【答案】D

7. 乙(15周岁)在乡村公路驾驶机动车时过失将吴某撞成重伤。乙正要下车救人，坐在车上的甲(乙父)说："别下车！前面来了许多村民，下车会有麻烦。"乙便驾车逃走，吴某因流血过多而亡。关于本案，下列哪一选项是正确的？(2014-2-13，单选)

A. 因乙不成立交通肇事罪，甲也不成立交通肇事罪

B. 对甲应按交通肇事罪的间接正犯论处

C. 根据司法实践，对甲应以交通肇事罪论处

D. 根据刑法规定，甲、乙均不成立犯罪

【考点】交通肇事罪

【解析】根据《刑法》第133条的规定，交通肇事后因逃逸而致人死亡的行为是交通肇事罪的情节加重犯，不满16周岁的行为人不必为此负刑事责任，所以乙依法不构成犯罪。

根据《关于审理交通肇事刑事案件具体应用法律若干问题的解释》第5条第2款的规定："交通肇事后，单位主管人员、机动车辆所有人、承包人或者乘车人指使肇事人逃逸，致使被害人因得不到救助而死亡的，以交通肇事罪的共犯论处。"但因乙没有达到刑事责任年龄，不承担刑事责任，而甲要为其行为承担刑事责任。综上，C项正确，ABD项错误。

【答案】C

8. 关于危害公共安全罪的论述，下列哪些选项是正确的？(2014-2-57，多选)

A. 甲持有大量毒害性物质，乙持有大量放射性物质，甲用部分毒害性物质与乙交换了部分放射性物质。甲、乙的行为属于非法买卖危险物质

B. 吸毒者甲用毒害性物质与贩毒者乙交换毒品。甲、乙的行为属于非法买卖危险物质，乙的行为另触犯贩卖毒品罪

C. 依法配备公务用枪的甲，将枪赠与他人。甲的行为构成非法出借枪支罪

D. 甲父去世前告诉甲"咱家院墙内埋着5支枪"，甲说"知道了"，但此后甲什么也没做。甲的行为构成非法持有枪支罪

【考点】危害公共安全罪

【解析】A项正确。对于非法买卖危险物质罪中的"买卖"，不仅包括获取金钱，也包括获取其他物质性利益。本题中，甲和乙名为交换危险物质，实际上是买卖(以物易物也属于买卖的范畴)。故甲、乙均构成非法买卖危险物质罪。

B项正确。贩卖毒品，是指明知是毒品而非法销售或者以贩卖为目的而非法收买毒品的行为。在这里，出卖人交付毒品既可能是获取金钱，也可能是获取其他物质利益。本题中，甲、乙的行为属于非法买卖危险物质，构成非法买卖危险物质罪，另外乙将毒品卖与他人，所以乙又构成贩卖毒品罪。

C 项正确。《刑法》第 128 条第 2 款规定，“依法配备公务用枪的人员，非法出租、出借枪支的，依照前款的规定处罚。”虽然仅规定了非法出租、出借枪支罪，没有规定非法赠与枪支罪。但依法配备公务用枪的甲将枪支赠与给他人，比出租、出借枪支的危害性更大，也更具有可罚性，依据当然解释，对甲应以非法出租出借枪支罪定罪处罚。

D 项正确。《最高人民法院关于审理非法制造、买卖、运输枪支、弹药、爆炸物等刑事案件具体应用法律若干问题的解释》第八条规定，刑法第 128 条第 1 款规定的“非法持有”是指不符合配备、配置枪支、弹药条件的人员，违反枪支管理法律、法规的规定，擅自持有枪支、弹药的行为。“持有”表现为实际的支配和控制。故甲主观上知道自家院墙内埋藏有枪支，客观上支配、控制了枪支，其行为构成非法持有枪支罪。

【答案】ABCD

9. 甲在建筑工地开翻斗车。某夜，甲开车时未注意路况，当场将工友乙撞死、丙撞伤。甲背丙去医院，想到会坐牢，遂将丙弃至路沟后逃跑。丙不得救治而亡。关于本案，下列哪一选项是错误的？（2013-2-12，单选）

A. 甲违反交通运输管理法规，因而发生重大事故，致人死伤，触犯交通肇事罪

B. 甲在作业中违反安全管理规定，发生重大伤亡事故，触犯重大责任事故罪

C. 甲不构成交通肇事罪与重大责任事故罪的想象竞合犯

D. 甲为逃避法律责任，将丙带离事故现场后遗弃，致丙不得救治而亡，还触犯故意杀人罪

【考点】重大责任事故罪

【解析】A 项错误，BC 项正确。建筑工地并不属于公共交通运输领域，因此，甲开车不小心将工友撞伤的行为不成立交通肇事罪，而是成立重大责任事故罪。

D 项正确。甲为逃避法律责任，将丙带离事故现场后遗弃，这一行为将丙置于更危险的境地，最终丙不得救治而亡。因此，甲的行为还成立故意杀人罪。

【答案】A

10. 下列哪一行为成立以危险方法危害公共安全罪？（2012-2-15，单选）

A. 甲驾车在公路转弯处高速行驶，撞翻相向行驶车辆，致 2 人死亡

B. 乙驾驶越野车在道路上横冲直撞，撞翻数辆他人所驾汽车，致 2 人死亡

C. 丙醉酒后驾车，刚开出 10 米就撞死 2 人

D. 丁在繁华路段飙车，2 名老妇受到惊吓致心脏病发作死亡

【考点】以危险方法危害公共安全罪

【解析】以危险方法危害公共安全罪为故意犯罪，且其危害程度与 114 条其他的犯罪如放火罪、决水罪、爆炸罪、投放危险物质罪相当。

A 项错误。甲构成交通肇事罪。

B 项正确。乙驾驶越野车在道路上横冲直撞，放任他人死亡的后果发生，属于以危险方法危害公共安全的情形，成立以危险方法危害公共安全罪。

C 项错误。丙涉嫌危险驾驶罪和交通肇事罪，实务中择一重以交通肇事罪论处。

D 项错误。丁在繁华路段飙车，构成危险驾驶罪。刑法设定危险驾驶罪禁止“飙

车”，是为了防止行为人在道路上追逐竞驶造成车祸，2名老妇受到惊吓致心脏病发作死亡的后果，就不在危险驾驶罪的规范保护目的之内，丁不对该结果负责，也不能成立以危险方法危害公共安全罪。

【答案】B

11. 警察甲为讨好妻弟乙，将公务用枪私自送乙把玩，丙乘乙在人前炫耀枪支时，偷取枪支送交派出所，揭发乙持枪的犯罪事实。关于本案，下列哪些选项是正确的？（2012-2-58，多选）

A. 甲私自出借枪支，构成非法出借枪支罪

B. 乙非法持有枪支，构成非法持有枪支罪

C. 丙构成盗窃枪支罪

D. 丙揭发乙持枪的犯罪事实，构成刑法上的立功

【考点】非法出借枪支罪

【解析】A项正确。根据《刑法》第128条第2款的规定，依法配备公务用枪的人员，非法出租、出借枪支的，即构成犯罪。

B项正确。乙没有法律依据非法持有枪支，也构成犯罪。

C项错误。丙为检举、控告乙非法持有枪支的犯罪事实而偷拿枪支的行为，不具有非法占有目的，不构成盗窃枪支罪。

D项错误。刑法意义上立功的成立，以行为人自身构成犯罪为前提。如果行为人的行为自身不构成犯罪，其检举揭发他人的犯罪行为的，属于合法行使宪法赋予公民的控告、举报权利，丙的行为不构成犯罪，就谈不上对其送交枪支到派出所是否要成立立功的问题。

【答案】AB

第十七章　破坏社会主义市场经济秩序罪

第一节　生产、销售伪劣商品罪

1. 关于生产、销售伪劣商品罪，下列哪些选项是正确的？（2016-2-57，多选）

A. 甲既生产、销售劣药，对人体健康造成严重危害，同时又生产、销售假药的，应实行数罪并罚

B. 乙为提高猪肉的瘦肉率，在饲料中添加“瘦肉精”。由于生猪本身不是食品，故乙不构成生产有毒、有害食品罪

C. 丙销售不符合安全标准的饼干，足以造成严重食物中毒事故，但销售金额仅有500元。对丙应以销售不符合安全标准的食品罪论处

D. 丁明知香肠不符合安全标准，足以造成严重食源性疾患，但误以为没有毒害而销售，事实上香肠中掺有有毒的非食品原料。对丁应以销售不符合安全标准的食品罪论处

【考点】生产、销售伪劣商品罪

【解析】A 项正确。生产销售劣药罪属于结果犯，其犯罪的成立需要危害后果的出现；生产销售假药罪属于行为犯，行为实施即成立。甲实施了两个行为，应成立数罪，并罚。

B 项错误。“生猪”是否为“食品”取决于是否会进入生产、销售环节。换言之，此处“食品”的理解要结合本罪的法益。

C 项正确。丙的行为成立生产销售不符合安全标准的食品罪，由于其销售金额只有500 元，因此不成立销售生产伪劣产品罪。

D 项正确。丁主观上以为是不符合安全标准的食品，客观上销售的是有毒有害食品，属于抽象的事实认识错误，应在主客观一致的范围内认定为犯罪。生产销售有毒有害食品罪是生产销售不符合安全标准罪的特殊法条，因此二者在生产销售不符合安全标准罪的主客观范围内是一致。因此，丁成立销售不符合安全标准的食品罪。

【答案】ACD

2. 下列哪一犯罪属抽象危险犯？（2015-2-14，单选）

A. 污染环境罪　　B. 投放危险物质罪

C. 破坏电力设备罪　　D. 生产、销售假药罪

【考点】生产、销售假药罪；抽象危险犯

【解析】D 项正确。根据《刑法》第 338 条，既然构成污染环境罪要求出现“严重污染环境”这一结果，污染环境罪就不属于危险犯。构成投放危险物质罪是具体危险犯，不是抽象危险犯，因为行为人所投放物质的毒害性、放射性、传染性程度如何、是否足以危害公共安全，需要法官根据案件事实进行具体判断。同理，破坏电力设备罪也是具体危险犯，因为行为人对电力设备的破坏情况是否足以危害公共安全，也需要法官根据案件事实进行具体判断。《刑法修正案（八）》对生产、销售假药罪作了重大修改，取消了“足以严重危害人体健康”的要求。这意味着构成生产、销售假药罪，不再需要法官在案件中具体判断药品是否具有足以严重危害人体健康的危险。因此，生产、销售假药罪是抽象的危险犯。

【答案】D

3. 关于生产、销售伪劣商品罪，下列哪些判决是正确的？（2014-2-58，多选）

A. 甲销售的假药无批准文号，但颇有疗效，销售金额达 500 万元，如按销售假药罪处理会导致处罚较轻，法院以销售伪劣产品罪定罪处罚

B. 甲明知病死猪肉有害，仍将大量收购的病死猪肉，冒充合格猪肉在市场上销售。法院以销售有毒、有害食品罪定罪处罚

C. 甲明知贮存的苹果上使用了禁用农药，仍将苹果批发给零售商。法院以销售有毒、有害食品罪定罪处罚

D. 甲以为是劣药而销售，但实际上销售了假药，且对人体健康造成严重危害。法院以销售劣药罪定罪处罚

【考点】生产、销售伪劣商品罪

【解析】A 项正确。《刑法》第 149 条第 2 款规定，“生产、销售本节第 141 条至第 148 所列产品，构成各该条规定的犯罪，同时又构成本节第 140 条规定之罪的，依照处罚较重的规定处罚。”本项中，甲销售的假药未对人体健康造成严重危害，只能处 3 年以下有期徒刑或者拘役，并处罚金。但其销售金额已达 500 万，按照销售、生产伪劣商品罪定罪的，则要判处 15 年以上有期徒刑或者无期徒刑，并处销售金额 50% 以上 2 倍以下罚金或者没收财产。甲的行为属于想象竞合犯，择一重处断，应以销售伪劣产品罪定罪处罚。

B 项错误。生产、销售有毒、有害食品罪是指在生产、销售的食品中掺入有毒、有害的非食品原料，或者销售明知掺有有毒、有害的非食品原料的食品的行为。本罪的客观方面表现为三种行为：一是在生产的食品中掺入有毒、有害的非食品原料；二是在销售的食品中掺入有毒、有害的非食品原料；三是明知是掺有有毒、有害的非食品原料的食品而销售。概括起来说，行为人生产、销售了有毒、有害的非食品原料的食品。生产、销售有毒、有害食品罪与生产、销售不符合安全标准的食品罪是特殊法条与一般法条的关系，生产、销售不符合安全标准的食品罪是指生产、销售不符合安全标准的食品，足以造成严重食物中毒事故或者其他严重食源性疾病的行为。在生产、销售的食品中掺入非食品原料，未达到有毒、有害的程度，但该食品不符合食品安全标准，足以造成严重食物中毒事故或者其他严重食源性疾病的，应以本罪论。本项中，甲销售的是明知有害的病死猪肉，而非在销售食品中掺入有毒、有害的非食品原料，或者销售明知掺有有毒、有害的非食品原料的食品，故应构成销售不符合安全标准的食品罪。

C 项正确。《最高人民法院、最高人民检察院关于办理危害食品安全刑事案件适用法律若干问题的解释》第 9 条第 2 款规定，“在食用农产品种植、养殖、销售、运输、贮存等过程中，使用禁用农药、兽药等禁用物质或者其他有毒、有害物质的，适用前款的规定定罪处罚。”以生产、销售有毒、有害食品罪定罪处罚。本项中，甲明知苹果上使用了禁用农药，仍将苹果批发给零售商，对销售有毒、有害食品持放任态度，构成销售有毒、有害食品罪。

D 项正确。甲以为是劣药而销售，实际上销售了假药且对人体健康造成了严重危害，属于抽象的事实认识错误，在定罪时必须坚持主客观相一致的原则。由于甲主观上是销售劣药的故意，客观上销售了假药，二者在销售劣药罪的范围内重合，应认定为销售劣药罪。

【答案】**ACD**

4. 关于生产、销售伪劣商品罪，下列哪些选项是正确的？（2013-2-58，多选）

A. 甲未经批准进口一批药品销售给医院。虽该药品质量合格，甲的行为仍构成销售假药罪

B. 甲大量使用禁用农药种植大豆。甲的行为属于“在生产的食品中掺入有毒、有害的非食品原料”，构成生产有毒、有害食品罪

C. 甲将纯净水掺入到工业酒精中，冒充白酒销售。甲的行为不属于“在生产、销售的食品中掺入有毒、有害的非食品原料”，不成立生产、销售有毒、有害食品罪

D. 甲利用“地沟油”大量生产“食用油”后销售。因不能查明“地沟油”的具体毒害成分，对甲的行为不能以生产、销售有毒、有害食品罪论处

【考点】生产、销售假药罪和生产、销售有毒、有害食品罪

【解析】A 项正确。根据《药品管理法》的规定，必须经过批准而未经批准生产、进口的药品，按假药论处。

B 项正确，C 项错误。2013 年 5 月 2 日最高人民法院、最高人民检察院《关于办理危害食品安全刑事案件适用法律若干问题的解释》第 9 条规定：“在食品加工、销售、运输、贮存等过程中，掺入有毒、有害的非食品原料，或者使用有毒、有害的非食品原料加工食品的，依照刑法第 144 条的规定以生产、销售有毒、有害食品罪定罪处罚。在食用农产品种植、养殖、销售、运输、贮存等过程中，使用禁用农药、兽药等禁用物质或者其他有毒、有害物质的，适用前款的规定定罪处罚。”

D 项错误。2012 年 1 月 9 日最高人民法院、最高人民检察院、公安部《关于依法严惩“地沟油”犯罪活动的通知》指出，对于利用“地沟油”生产“食用油”的，依照刑法第 144 条生产有毒、有害食品罪的规定追究刑事责任。只要能确定属于有毒、有害食品，其具体毒害成分不要求能准确查明。

【答案】AB

第二节　走私罪

1. 下列哪些行为(不考虑数量)，应以走私普通货物、物品罪论处？(2015-2-61，多选)

A. 将白银从境外走私进入中国境内

B. 走私国家禁止进出口的旧机动车

C. 走私淫秽物品，有传播目的但无牟利目的

D. 走私无法组装并使用(不属于废物)的弹头、弹壳

【考点】走私犯罪

【解析】A 项正确。根据《刑法》第 151 条第 2 款，走私国家禁止出口的黄金、白银和其他贵重金属的，构成走私贵重金属罪。这意味着将黄金、白银和其他贵重金属走私进境而不是出境的，不构成走私贵重金属罪，但这并不意味着该行为无罪；此时，可将黄金、白银等贵重金属评价为“普通货物、物品”，对此以走私普通货物、物品罪论处。

B 项错误。根据《刑法》第 151 条第 3 款，走私珍稀植物及其制品等国家禁止进出口的其他货物、物品的，构成走私国家禁止进出口的货物、物品罪，走私国家禁上进出口的旧机动车的，应以走私国家禁止进出口的货物罪论处，而不能以走私普通货物、物品

罪论处。

C 项错误。根据《刑法》第 152 条第 1 款，以牟利或者传播为目的，走私淫秽物品的，构成走私淫秽物品罪，走私淫秽物品，有传播目的但无牟利目的的，应以走私淫秽物品罪论处。

D 项正确。根据《刑法》第 151 条第 1 款，走私武器、弹药的，构成走私武器、弹药罪。如果走私的是无法组装并使用的弹头、弹壳，由于弹头、弹壳无法发挥其作为武器的性能，故不属于走私武器、弹药罪的犯罪对象。2014 年 8 月 12 日最高人民法院、最高人民检察院《关于办理走私刑事案件适用法律若干问题的解释》第 4 条规定：走私报废或者无法组装并使用的各种弹药的弹头、弹壳，构成犯罪的，依照刑法第 153 条，以走私普通货物、物品罪定罪处罚；属于废物的，依照刑法第 152 条第 2 款，以走私废物罪定罪处罚，走私无法组装并使用（不属于废物）的弹头、弹壳，应以走私普通货物、物品罪论处。

【答案】AD

2. 关于走私犯罪，下列哪一选项是正确的？（2011-2-11，单选）

A. 甲误将淫秽光盘当作普通光盘走私入境。虽不构成走私淫秽物品罪，但如按照普通光盘计算，其偷逃应缴税额较大时，应认定为走私普通货物、物品罪

B. 乙走私大量弹头、弹壳。由于弹头、弹壳不等于弹药，故乙不成立走私弹药罪

C. 丙走私枪支入境后非法出卖。此情形属于吸收犯，按重罪吸收轻罪的原则论处

D. 丁走私武器时以暴力抗拒缉私。此情形属于牵连犯，从一重罪论处

【考点】走私犯罪

【解析】A 项正确。走私淫秽物品罪要求行为人对其走私的是淫秽物品必须存在明知，否则不成立该罪。因此，甲不成立走私淫秽物品罪。但如果其偷逃应缴数额较大的，可成立走私普通货物、物品罪。

B 项错误。最高法《关于审理走私刑事案件具体应用法律若干问题的解释（二）》第 2 条第 1 款规定，“走私各种弹药的弹头、弹壳，构成犯罪的，以走私弹药罪定罪处罚。”

C 项错误。走私武器入境后又非法出卖的，以走私武器罪与非法买卖枪支、弹药、爆炸物罪数罪并罚。

D 项错误。走私武器时又暴力抗拒缉私，以走私武器罪和妨害公务罪数罪并罚。注意：走私毒品又抗拒缉私的，只成立走私毒品罪。

【答案】A

第三节　妨害对公司、企业的管理秩序罪

1. 甲向乙借款 50 万元注册成立 A 公司，乙与甲约定在 A 公司取得营业执照的第二天，乙的 B 公司向 A 公司借款 50 万元。A 公司取得营业执照后，由甲经手将 A 公司 50 万元借给 B 公司。关于甲的行为性质，下列哪一选项是正确的？（2013-2-13，单选）

A. 虚报注册资本罪　　B. 虚假出资罪

C. 抽逃出资罪　　　　　　　　　　　D. 无罪

【考点】虚报注册资本罪；虚假出资罪；抽逃出资罪

【解析】A 项错误。虚报注册资本罪是指申请公司登记使用虚假证明文件或者采取其他欺诈手段虚报注册资本，欺骗公司登记主管部门，取得公司登记，虚报注册资本数额巨大、后果严重或者有其他严重情节的行为。本案中，甲不存在使用虚假证明文件或者其他欺诈手段的行为，故不成立虚报注册资本罪。

B、C 项错误。虚假出资、抽逃出资罪是指公司发起人、股东违反公司法的规定未交付货币、实物或者未转移财产权，虚假出资，或者在公司成立后又抽逃其出资，数额巨大、后果严重或者有其他严重情节的行为。本案中，甲实际上已经出资，不存在虚假出资的行为；成立公司之后，甲将公司资金借给其他公司的行为也不属于抽逃出资的行为。故甲的行为不成立虚假出资、抽逃出资罪。

D 项正确。本案中，A 公司取得营业执照后，由甲经手将 A 公司 50 万元借给 B 公司，这一行为并没导致公司资金丧失。实际上，该行为不过是单位向单位借款的行为，不成立抽逃出资罪，也不构成挪用资金罪等，属于无罪行为。

需要注意的是，按照《公司法》最新规定，只有涉及注册资本未采取实缴登记制的公司，才有可能成立虚报注册资本罪、虚假出资、抽逃出资罪。

【答案】D

第四节　破坏金融管理秩序罪

1. 下列哪一行为不成立使用假币罪(不考虑数额)？(2015-2-15，单选)

A. 用假币缴纳罚款

B. 用假币兑换外币

C. 在朋友结婚时，将假币塞进红包送给朋友

D. 与网友见面时，显示假币以证明经济实力

【考点】使用假币罪

【解析】D 项正确。无论是用假币缴纳罚款，还是用假币兑换外币，或者在朋友结婚时将假币塞进红包送给朋友，都是将假币作为一般等价物置于流通领域，破坏金融管理秩序，因而都属于“使用”假币。与网友见面时，显示假币以证明经济实力，该行为并未将假币作为一般等价物置于流通领域，客观上也不会破坏金融管理秩序，故不属于“使用”假币。

【答案】D

2. 关于破坏社会主义市场经济秩序罪的认定，下列哪一选项是错误的？(2014-2-14，单选)

A. 采用运输方式将大量假币运到国外的，应以走私假币罪定罪量刑

B. 以暴力、胁迫手段强迫他人借贷，情节严重的，触犯强迫交易罪

C. 未经批准，擅自发行、销售彩票的，应以非法经营罪定罪处罚

D. 为项目筹集资金，向亲戚宣称有高息理财产品，以委托理财方式吸收 10 名亲戚 300 万元资金的，构成非法吸收公众存款罪

【考点】走私假币罪；强迫交易罪；非法经营罪；非法吸收公众存款罪

【解析】A 项正确。根据《刑法》第 151 条的规定，“走私伪造货币的，成立走私假币罪。走私假币罪的客观表现为违反海关法律、法规，逃避海关监督管理，非法运输、携带、邮寄假币进出境的行为。”行为人将大量假币运到国外，应当以走私假币罪定罪量刑。

B 项正确。《最高人民检察院关于强迫借贷行为适用法律问题的批复》规定，以暴力、胁迫手段强迫他人借贷，属于刑法第 226 条第 2 项规定的“强迫他人提供或者接受服务”情节严重的，以强迫交易罪追究刑事责任；同时构成故意伤害罪等其他犯罪的，依照处罚较重的规定定罪处罚。以非法占有为目的，以借贷为名采用暴力、胁迫手段获取他人财物，符合刑法第 263 条或者第 274 条规定的，以抢劫罪或者敲诈勒索罪追究刑事责任。

C 项正确。《最高人民法院、最高人民检察院关于办理赌博刑事案件具体应用法律若干问题的解释》第六条规定，未经国家批准擅自发行、销售彩票，构成犯罪的，依照刑法第 225 条第 4 项的规定，以非法经营罪定罪处罚。

D 项错误。《最高人民法院关于审理非法集资刑事案件具体应用法律若干问题的解释》第 1 条第 2 款规定，未向社会公开宣传，在亲友或者单位内部针对特定对象吸收资金的，不属于非法吸收或者变相吸收公众存款。据此可知，向亲戚吸收资金的，因为对象是特定的，不认为是针对不特定公众，因此不构成非法吸收公众存款罪。

【答案】D

3. 关于货币犯罪，下列哪一选项是错误的？（2013-2-14，单选）

A. 伪造货币罪中的“货币”，包括在国内流通的人民币、在国内可兑换的境外货币，以及正在流通的境外货币

B. 根据《刑法》规定，伪造货币并出售或者运输伪造的货币的，依照伪造货币罪从重处罚。据此，行为人伪造美元，并运输他人伪造的欧元的，应按伪造货币罪从重处罚

C. 将低额美元的纸币加工成高额英镑的纸币的，属于伪造货币

D. 对人民币真币加工处理，使 100 元面额变为 50 元面额的，属于变造货币

【考点】伪造货币罪；变造货币罪

【解析】A 项正确。伪造货币包括伪造正在流通的中国货币、外国货币及中国香港、澳门、台湾地区的货币，包括硬币（含普通纪念币和贵金属纪念币）与纸币。基于世界主义的立场，伪造正在流通的境外货币，即使该境外货币不可在国内市场流通或者兑换，同样构成本罪。

B 项错误。根据《刑法》规定，伪造货币并出售或者运输伪造的货币的，依照伪造货币罪从重处罚。但适用这一规定的前提是伪造的货币与出售或者运输的假币之间具有同一性，否则应当数罪并罚。行为人伪造美元，并运输他人伪造的欧元的，应当数罪

并罚。

C 项正确。将此种货币加工成彼种货币，属于伪造货币的行为。

D 项正确。将真货币的材料改变其面值或者数量的行为都属于变造货币的行为。

【答案】B

4. 关于洗钱罪的认定，下列哪一选项是错误的？（2011-2-12，单选）

A.《刑法》第 191 条虽未明文规定侵犯财产罪是洗钱罪的上游犯罪，但是，黑社会性质组织实施的侵犯财产罪，依然是洗钱罪的上游犯罪

B. 将上游的毒品犯罪所得误认为是贪污犯罪所得而实施洗钱行为的，不影响洗钱罪的成立

C. 上游犯罪事实上可以确认，因上游犯罪人死亡依法不能追究刑事责任的，不影响洗钱罪的认定

D. 单位贷款诈骗应以合同诈骗罪论处，合同诈骗罪不是洗钱罪的上游犯罪。为单位贷款诈骗所得实施洗钱行为的，不成立洗钱罪

【考点】洗钱罪

【解析】洗钱罪，是指明知是毒品犯罪、黑社会性质犯罪、恐怖活动犯罪、走私犯罪、贪污贿赂犯罪、破坏金融管理秩序犯罪、金融诈骗犯罪七种犯罪的所得及其收益，而掩饰、隐瞒其来源与性质的行为。

A 项正确。黑社会性质犯罪是洗钱罪的七种上游犯罪之一，而黑社会性质犯罪就包含了黑社会性质组织实施的侵犯财产的犯罪。

B 项正确。毒品犯罪和贪污犯罪都是洗钱罪的上游犯罪，这种认识错误，不影响洗钱罪的成立。

C 项正确。最高法《关于审理洗钱等刑事案件具体应用法律若干问题的解释》第 4 条第 2 款规定，上游犯罪事实可以确认，因行为人死亡等原因依法不予追究刑事责任的，不影响洗钱犯罪的认定。

D 项错误。虽然刑事立法并没有将单位设定为贷款诈骗罪的主体，但根据 2014 年全国人大常委会《关于〈中华人民共和国刑法〉第三十条的解释》规定，单位实施刑法规定的危害社会的行为，刑法分则和其他法律未规定追究单位的刑事责任的，对组织、策划、实施该危害社会行为的人依法追究刑事责任。因此单位贷款诈骗罪不再定合同诈骗罪，而是成立个人的贷款诈骗罪。为其所得实施洗钱行为的，成立洗钱罪。

【答案】D

5. 关于货币犯罪的认定，下列哪些选项是正确的？（2011-2-59，多选）

A. 以使用为目的，大量印制停止流通的第三版人民币的，不成立伪造货币罪

B. 伪造正在流通但在我国尚无法兑换的境外货币的，成立伪造货币罪

C. 将白纸冒充假币卖给他人的，构成诈骗罪，不成立出售假币罪

D. 将一半真币与一半假币拼接，制造大量半真半假面额 100 元纸币的，成立变造货币罪

【考点】伪造货币罪；变造货币罪；出售货币罪

【解析】A 项正确。伪造货币罪所伪造的必须是正在流通的货币。

B 项正确。伪造正在流通中的货币，即构成伪造货币罪。

C 项正确。假币是可以假乱真的假币，白纸不能称之为假币。以白纸冒充假币的，定诈骗罪。

D 项错误。变造货币罪是指非法对真币进行各种方式的加工，改变真币的价值或者形态，数额较大的行为。变造是对真币的加工行为，故变造的货币与变造前的货币具有同一性。如果加工的程度导致其与真币丧失同一性，则属于伪造货币。将一半真币与一半假币进行拼接，制造大量半真半假面额 100 元纸币的行为，成立伪造货币罪，而非变造货币罪。

【答案】**ABC**

第五节 金融诈骗罪

1. 关于诈骗犯罪的论述，下列哪一选项是正确的(不考虑数额)？（2017-2-14，单选)

A. 与银行工作人员相勾结，使用伪造的银行存单，骗取银行巨额存款的，只能构成票据诈骗罪，不构成金融凭证诈骗罪

B. 单位以非法占有目的骗取银行贷款的，不能以贷款诈骗罪追究单位的刑事责任，但可以该罪追究策划人员的刑事责任

C. 购买意外伤害保险，制造自己意外受重伤假象，骗取保险公司巨额保险金的，仅构成保险诈骗罪，不构成合同诈骗罪

D. 签订合同时并无非法占有目的，履行合同过程中才产生非法占有目的，后收受被害人货款逃匿的，不构成合同诈骗罪

【考点】金融凭证诈骗罪；贷款诈骗罪；合同诈骗罪

【解析】A 项错误。票据诈骗中的票据包括汇票、本票、支票，而银行存单属于金融凭证。

B 项正确。虽然刑法规定贷款诈骗罪的主体只能是自然人而非单位，但单位以非法占有目的骗取银行贷款的，可以该罪追究策划人员的刑事责任。

C 项错误。该情形既符合保险诈骗罪的犯罪构成，也符合合同诈骗罪的犯罪构成，原则上采用“特殊优于一般原则”以保险诈骗罪论处，但不排除例外采用“从一重原则”以合同诈骗罪论处的情形。

D 项错误。合同诈骗罪是指以非法占有为目的，在签订、履行合同过程中，以虚构事实或隐瞒真相的方法，骗取对方当事人数额较大财物的行为。履行合同过程中产生非法占有目的进行诈骗，一样可以成立合同诈骗罪。

【答案】**B**

2. 关于信用卡诈骗罪，下列哪些选项是错误的？（2017-2-58，多选）

A. 以非法占有目的，用虚假身份证明骗领信用卡后又使用该卡的，应以妨害信用卡管理罪与信用卡诈骗罪并罚

B. 根据司法解释，在自动柜员机（ATM 机）上擅自使用他人信用卡的，属于冒用他人信用卡的行为，构成信用卡诈骗罪

C. 透支时具有归还意思，透支后经发卡银行两次催收，超过 3 个月仍不归还的，属于恶意透支，成立信用卡诈骗罪

D.《刑法》规定，盗窃信用卡并使用的，以盗窃罪论处。与此相应，拾得信用卡并使用的，就应以侵占罪论处

【考点】信用卡诈骗罪

【解析】A 项错误。刑法第 196 条规定，以非法占有目的，用虚假身份证明骗领信用卡后并使用该卡的，以信用卡诈骗罪论处，而非以妨害信用卡管理罪与信用卡诈骗罪并罚。

B 项正确。2008 年最高检《关于拾得他人信用卡并在自动柜员机（ATM 机）上使用的行为如何定性问题的批复》中规定，"拾得他人信用卡并在自动柜员机上使用的行为，以信用卡诈骗罪追究刑事责任。"

C 项错误。恶意透支必须透支时具有非法占有的目的，否则，不能认定为恶意透支以信用卡诈骗罪论处，否则有客观归罪之嫌。

D 项错误。盗窃信用卡并使用的，以盗窃罪论处。拾得信用卡并使用的，以信用卡诈骗罪论处。

【答案】ACD

3. 甲急需 20 万元从事养殖，向农村信用社贷款时被信用社主任乙告知，一个身份证只能贷款 5 万元，再借几个身份证可多贷。甲用自己的名义贷款 5 万元，另借用 4 个身份证贷款 20 万元，但由于经营不善，不能归还本息。关于本案，下列哪一选项是正确的？（2016-2-14，单选）

A. 甲构成贷款诈骗罪，乙不构成犯罪

B. 甲构成骗取贷款罪，乙不构成犯罪

C. 甲构成骗取贷款罪，乙构成违法发放贷款罪

D. 甲不构成骗取贷款罪，乙构成违法发放贷款罪

【考点】贷款诈骗罪；骗取贷款罪

【解析】甲的贷款行为虽采用了虚假手段，但是提供贷款一方乙对这一点是完全知情的（甚至是其授意的）。因此，乙并没有认识错误而发放贷款。所以，甲的行为不成立骗取贷款罪。相反，乙明知甲不符合贷款的条件而予以发放，成立违法发放贷款罪。因此，D 项正确，A、B、C 项均错误。

【答案】D

4. 甲和女友乙在网吧上网时，捡到一张背后写有密码的银行卡。甲持卡去 ATM 机取款，前两次取出 5000 元。在准备再次取款时，乙走过来说："注意，别出事"，甲答："马上就好。"甲又分两次取出 6000 元，并将该 6000 元递给乙。乙接过钱后站了一会儿说："我走了，小心点。"甲接着又取出 7000 元。关于本案，下列哪些选项是正确的？（2015-2-57，多选）

A. 甲拾得他人银行卡并在 ATM 机上使用，根据司法解释，成立信用卡诈骗罪

B. 对甲前两次取出 5000 元的行为，乙不负刑事责任

C. 乙接过甲取出的 6000 元，构成掩饰、隐瞒犯罪所得罪

D. 乙虽未持银行卡取款，也构成犯罪，犯罪数额是 1.3 万元

【考点】信用卡诈骗罪；掩饰、隐瞒犯罪所得罪

【解析】A 项正确。根据立法解释，具有消费支付、信用贷款、转账结算、存取现金等全部功能或者部分功能的银行卡，在刑法上属于信用卡。本题属于甲在网吧捡到他人的信用卡，并在 ATM 使用该卡取款。最高人民检察院《关于拾得他人信用卡并在自动柜员机（ATM）上使用的行为如何定性问题的批复》规定，拾得他人信用卡并在自动柜员机（ATM）上使用的行为，属于《刑法》第 196 条第 1 款第（3）项规定的"冒用他人信用卡"的情形，构成犯罪的，以信用卡诈骗罪追究刑事责任。

B 项正确、C 项错误。对于前两次取出 5000 元的行为，甲、乙之间不存在共同犯罪的故意，对此乙自然不负刑事责任。在甲准备再次取款时，乙走过来说："注意，别出事"，该行为在刑法上具有重要的意义——甲在犯罪的过程中，乙强化甲继续犯罪的决心，对继续利用银行卡非法取款这一点，二人达成了共识，甲、乙成立共同犯罪（乙属于承继的共犯）。此后，甲分两次取出 6000 元，并将该 6000 元递给乙，二人相互协作，共同实施犯罪。因此，乙也成立信用卡诈骗罪，而非构成掩饰、隐瞒犯罪所得罪。

D 项正确。乙接过钱后站了一会儿说："我走了，小心点。"这句话意味着乙同意甲继续犯罪，仅是要求甲自己小心点。甲认识到自己继续取款的行为获得了乙的赞同，乙在维持、强化甲继续犯罪的决心，故应认定共同犯罪行为并未因乙的离开而结束。甲接着又取出 7000 元，仍属于甲、乙共同犯罪的所得，对此乙也应负刑事责任。乙虽未持银行卡取款，但因与甲构成共同犯罪，故对其参与之后的 6000 元+7000 元=1.3 万元承担刑事责任。

【答案】ABD

5. 甲、乙为朋友。乙出国前，将自己的借记卡（背面写有密码）交甲保管。后甲持卡购物，将卡中 1.3 万元用完。乙回国后发现卡里没钱，便问甲是否用过此卡，甲否认。关于甲的行为性质，下列哪一选项是正确的？（2013-2-15，单选）

A. 侵占罪　　B. 信用卡诈骗罪

C. 诈骗罪　　D. 盗窃罪

【考点】信用卡诈骗罪；侵占罪

【解析】A 项错误，B 项正确。乙将借记卡交给甲保管，只意味着将借记卡本身交由甲保管，并不意味着将卡里的 1.3 万元钱也交给甲保管，因为钱属于银行特定工作人

员占有。因此，甲冒用乙的信用卡进行刷卡消费的行为成立信用卡诈骗罪，而不成立侵占罪。

C 项错误。甲的行为符合信用卡诈骗罪的构成要件，成立信用卡诈骗罪，不再认定为诈骗罪，因为诈骗罪条文明文规定：“本法另有规定的，依照规定。”

D 项错误。甲的行为也不成立盗窃罪，因为甲是通过欺骗收银员的方式骗得了财物，理应成立诈骗罪。

【答案】B

第六节　危害税收征管罪

1. 甲系外贸公司总经理，在公司会议上拍板：为物尽其用，将公司以来料加工方式申报进口的原材料剩料在境内销售。该行为未经海关许可，应缴税款 90 万元，公司亦未补缴。关于本案，下列哪一选项是正确的？（2017-2-13，单选）

A. 虽未经海关许可，但外贸公司擅自销售原材料剩料的行为发生在我国境内，不属于走私行为

B. 外贸公司的销售行为有利于物尽其用，从利益衡量出发，应认定存在超法规的犯罪排除事由

C. 外贸公司采取隐瞒手段不进行纳税申报，逃避缴纳税款数额较大且占应纳税额的 10%以上，构成逃税罪

D. 如海关下达补缴通知后，外贸公司补缴应纳税款，缴纳滞纳金，接受行政处罚，则不再追究外贸公司的刑事责任

【考点】逃税罪

【解析】此题容易被选的是 D。D 项错误在不是由海关下达补缴通知，而是应由税务机关下达补缴通知。

【答案】C

2. ①纳税人逃税，经税务机关依法下达追缴通知后，补缴应纳税款，缴纳滞纳金，已受行政处罚的，一律不予追究刑事责任

②纳税人逃避追缴欠税，经税务机关依法下达追缴通知后，补缴应纳税款，缴纳滞纳金，已受行政处罚的，应减轻或者免除处罚

③纳税人以暴力方法拒不缴纳税款，后主动补缴应纳税款，缴纳滞纳金，已受行政处罚的，不予追究刑事责任

④扣缴义务人逃税，经税务机关依法下达追缴通知后，补缴应纳税款，缴纳滞纳金，已受行政处罚的，不予追究刑事责任

关于上述观点的正误判断，下列哪些选项是错误的？（2011-2-61，多选）

A. 第①句正确，第②③④句错误　　B. 第①②句正确，第③④句错误

C. 第①③句正确，第②④句错误　　D. 第①②③句正确，第④句错误

【考点】逃税罪

【解析】《刑法》第201条第1款规定，“纳税人采取欺骗、隐瞒手段进行虚假纳税申报或者不申报，逃避缴纳税款数额较大并且占应纳税额百分之十以上的，构成逃税罪。”该条第4款规定，有第1款行为，经税务机关依法下达追缴通知后，补缴应纳税款，缴纳滞纳金，已受行政处罚的，不予追究刑事责任；但是，五年内因逃避缴纳税款受过刑事处罚或者被税务机关给予二次以上行政处罚的除外。故纳税人逃税，经税务机关依法下达追缴通知后，补缴应纳税款，缴纳滞纳金，已受行政处罚的，并非一律不予追究刑事责任。同时，刑法对逃税的纳税人不追究刑事责任的规定，其效力不能延伸到逃避追缴欠税罪、抗税罪等其他税收犯罪。对扣缴义务人而言，即便其经税务机关依法下达追缴通知后，补缴应纳税款，缴纳滞纳金，已受行政处罚的，亦应追究刑事责任。因此，ABCD项的说法均错误。

刑法对逃税者不予追究刑事责任的规定极其特殊，其适用对象有限(只能适用于纳税人，不能适用于扣缴义务人)，且不能适用于多次逃税者。同时，除逃税罪外，其他涉税犯罪人，即便经税务机关依法下达追缴通知后，补缴应纳税款，缴纳滞纳金，已受行政处罚的，也应追究刑事责任。

【答案】ABCD

第七节 侵犯知识产权罪

2011—2017年本节无题目。

第八节 扰乱市场秩序罪

2011—2017年本节无题目。

第十八章 侵犯公民人身权利、民主权利罪

1. 关于侵犯公民人身权利的犯罪，下列哪一选项是正确的？（2017-2-15，单选）

A. 甲对家庭成员负有扶养义务而拒绝扶养，故意造成家庭成员死亡。甲不构成遗弃罪，成立不作为的故意杀人罪

B. 乙闯入银行营业厅挟持客户王某，以杀害王某相要挟，迫使银行职员交给自己20万元。乙不构成抢劫罪，仅成立绑架罪

C. 丙为报复周某，花5000元路费将周某12岁的孩子带至外地，以2000元的价格卖给他人。丙虽无获利目的，也构成拐卖儿童罪

D. 丁明知工厂主熊某强迫工人劳动，仍招募苏某等人前往熊某工厂做工。丁未亲自强迫苏某等人劳动，不构成强迫劳动罪

【考点】故意杀人罪；遗弃罪；绑架罪；拐卖儿童罪；强迫劳动罪

【解析】A 项错误。视具体情形而定，不能排除成立遗弃罪的情形。

B 项错误。乙成立抢劫罪。

C 项正确。拐走儿童当成商品一样买卖，无论出于什么动机，无论是否获利，都成立拐卖儿童罪。

D 项错误。丁与熊某构成强迫劳动罪共犯。

【答案】C

2. 关于诬告陷害罪的认定，下列哪一选项是正确的(不考虑情节)？(2017-2-16，单选)

A. 意图使他人受刑事追究，向司法机关诬告他人介绍卖淫的，不仅触犯诬告陷害罪，而且触犯侮辱罪

B. 法官明知被告人系被诬告，仍判决被告人有罪的，法官不仅触犯徇私枉法罪，而且触犯诬告陷害罪

C. 诬告陷害罪虽是侵犯公民人身权利的犯罪，但诬告企业犯逃税罪的，也能追究其诬告陷害罪的刑事责任

D. 15 周岁的人不对盗窃负刑事责任，故诬告 15 周岁的人犯盗窃罪的，不能追究行为人诬告陷害罪的刑事责任

【考点】诬告陷害罪

【解析】A 项错误。诬告他人介绍卖淫，不成立侮辱罪。

B 项错误。只成立徇私枉法罪。

C 项正确。虽然是诬告企业，但逃税罪单位犯罪采用双罚制，会使该企业直接负责的主管人员和其他直接责任人员因诬告而受到刑事追究。

D 项错误。诬告未达刑事责任年龄人犯罪的，同样可成立诬告陷害罪。

【答案】C

3. 下列哪些行为构成侵犯公民个人信息罪(不考虑情节)？(2017-2-59，多选)

A. 甲长期用高倍望远镜偷窥邻居的日常生活

B. 乙将单位数据库中病人的姓名、血型、DNA 等资料，卖给某生物制药公司

C. 丙将捡到的几本通讯簿在网上卖给他人，通讯簿被他人用于电信诈骗犯罪

D. 丁将收藏的多封 50 年代的信封(上有收件人姓名、单位或住址等信息)高价转让他人

【考点】侵犯公民个人信息罪

【解析】A 项错误，B、C 项正确。侵犯公民个人信息罪是指违反国家有关规定，向他人出售或提供公民个人信息，窃取或者以其他方法非法获取公民个人信息，情节严重的行为。

D 项错误。信封上的信息限于姓名地址，且 50 年代的信封，距今 60 多年，地址应该早有变化，不能以本罪论处。

【答案】BC

4. 关于侵犯公民人身权利罪的认定，下列哪些选项是正确的？（2016-2-58，多选）

A. 甲征得17周岁的夏某同意，摘其一个肾脏后卖给他人，所获3万元全部交给夏某。甲的行为构成故意伤害罪

B. 乙将自己1岁的女儿出卖，获利6万元用于赌博。对乙出卖女儿的行为，应以遗弃罪追究刑事责任

C. 丙为索债将吴某绑于地下室。吴某挣脱后，驾车离开途中发生交通事故死亡。丙的行为不属于非法拘禁致人死亡

D. 丁和朋友为寻求刺激，在大街上追逐、拦截两位女生。丁的行为构成强制侮辱罪

【考点】故意伤害罪；遗弃罪；非法拘禁罪；强制侮辱罪

【解析】A项正确。根据刑法第234条规定，未经本人同意摘取其器官，或者摘取不满十八周岁的人的器官，或者强迫、欺骗他人捐献器官的，依照故意伤害罪、故意杀人罪的规定定罪处罚。

B项错误。乙将女儿出卖的行为，成立遗弃罪与拐卖儿童罪的想象竞合犯，最终成立拐卖儿童罪。

C项正确。“非法拘禁致人死亡”指的是拘禁行为本身致人死亡，而本案中在丙的拘禁行为与吴某的死亡之间介入了吴某自身的行为，且该行为独立导致了结果，因此，吴某的死亡结果不应归责于非法拘禁行为。

D项错误。丁为寻求刺激在大街上追逐、拦截女生的行为成立寻衅滋事罪，不成立强制侮辱罪。

【答案】AC

5. 甲以伤害故意砍乙两刀，随即心生杀意又砍两刀，但四刀中只有一刀砍中乙并致其死亡，且无法查明由前后四刀中的哪一刀造成死亡。关于本案，下列哪一选项是正确的？（2015-2-16，单选）

A. 不管是哪一刀造成致命伤，都应认定为一个故意杀人罪既遂

B. 不管是哪一刀造成致命伤，只能分别认定为故意伤害罪既遂与故意杀人罪未遂

C. 根据日常生活经验，应推定是后两刀中的一刀造成致命伤，故应认定为故意伤害罪未遂与故意杀人罪既遂

D. 根据存疑时有利于被告人的原则，虽可分别认定为故意伤害罪未遂与故意杀人罪未遂，但杀人与伤害不是对立关系，故可按故意伤害(致死)罪处理本案

【考点】故意伤害罪；故意杀人罪

【解析】A项错误。仅在行为人有杀人故意，且系杀人行为造成死亡结果时，才能认定行为人构成故意杀人既遂。如果出于伤害故意的前两刀造成致命伤，出于杀人故意的后两刀不是致命伤时，因为后两刀不足以杀死被害人，死亡结果不是故意杀人行为造成的，而是前面的故意伤害行为造成的，则对后两刀的行为就只能以故意杀人未遂论处。

B项错误。如果是心生杀意后又砍两刀的行为造成了致命伤，对此应当按照故意杀

人罪既遂处理。

C项错误。哪一刀造成了致命伤，对定罪量刑具有重要影响，涉及行为人的实际利益。因此，应尽可能地通过鉴定制度来查明到底是哪一刀造成了致命伤，不可以简单推定哪一刀造成了致命伤。“根据日常生活经验，应推定是后两刀中的一刀造成致命伤”，这一推定过于随意，缺乏科学根据。

D项正确。如果无法查清哪一刀造成了致命伤，根据存疑时有利于被告人的原则，不能认定前两刀造成伤害致死的结果，故对前两刀甲成立故意伤害罪未遂；同理，不能认定后两刀造成死亡结果，故对后两刀甲只能成立故意杀人罪未遂。不过，将这一案件认定为犯罪未遂，在情理上难以说通。故意杀人罪是在故意伤害的基础上进一步断绝他人的生命，杀人与伤害不是对立关系，可将后面的杀人故意降格评价为伤害故意，由此可认定本案系行为人在伤害故意之下砍了被害人四刀，造成了死亡结果。这样，对本案即可按故意伤害(致死)罪处理。

【答案】D

6. 甲与乙(女)2012年开始同居，生有一子丙。甲、乙虽未办理结婚登记，但以夫妻名义自居，周围群众公认二人是夫妻。对甲的行为，下列哪些分析是正确的？(2015-2-62，多选)

A. 甲长期虐待乙的，构成虐待罪

B. 甲伤害丙(致丙轻伤)时，乙不阻止的，乙构成不作为的故意伤害罪

C. 甲如与丁(女)领取结婚证后，不再与乙同居，也不抚养丙的，可能构成遗弃罪

D. 甲如与丁领取结婚证后，不再与乙同居，某日采用暴力强行与乙性交的，构成强奸罪

【考点】虐待罪；故意伤害罪；强奸罪；遗弃罪

【解析】A项正确。甲、乙虽未在民政部门进行结婚登记，但二人以夫妻名义自居，周围群众公认二人是夫妻，应当认定甲、乙形成事实婚姻关系，属于存在婚姻关系，故甲、乙属于家庭成员。因此，甲长期虐待乙的，构成虐待罪(如在刑法上否认事实婚姻是婚姻关系，则事实婚姻中一方虐待另一方的将无法按照虐待罪处理，就会出现处罚上的空隙)。

B项正确。不论事实婚姻是否属于婚姻关系，乙都是丙的母亲。在儿子丙遭受伤害时，乙作为母亲在法律上负有保护子女安全的义务，但乙未履行义务，不阻止甲的伤害行为，致使丙被轻伤，乙构成不作为的故意伤害罪。

C项正确。甲如与丁女领取结婚证后，不再与乙同居，也不抚养丙，因为丙尚未成年，没有独立生活能力，甲作为父亲对于没有独立生活能力的子女，负有扶养义务而拒绝扶养，起码对丙构成遗弃罪。

D项正确。甲如与丁女领取结婚证后，不再与乙同居，可以认为甲、乙之间的婚姻合意不复存在，因而事实婚姻关系已不复存在。此时，甲采用暴力强行与乙性交的，属于强奸妇女，甲应当构成强奸罪。即便认为甲、乙的事实婚姻关系仍然存在，甲的行为属于婚内强奸，司法实务上也主张，在婚姻关系非正常存续期间，丈夫可以构成强奸罪

的主体，因而甲的行为同样构成强奸罪。

【答案】ABCD

7. 关于故意杀人罪、故意伤害罪的判断，下列哪一选项是正确的？（2014-2-15，单选）

A. 甲的父亲乙身患绝症，痛苦不堪。甲根据乙的请求，给乙注射过量镇定剂致乙死亡。乙的同意是真实的，对甲的行为不应以故意杀人罪论处

B. 甲因口角，捅乙数刀，乙死亡。如甲不顾乙的死伤，则应按实际造成的死亡结果认定甲构成故意杀人罪，因为死亡与伤害结果都在甲的犯意之内

C. 甲谎称乙的女儿丙需要移植肾脏，让乙捐肾给丙。乙同意，但甲将乙的肾脏摘出后移植给丁。因乙同意捐献肾脏，甲的行为不成立故意伤害罪

D. 甲征得乙(17周岁)的同意，将乙的左肾摘出，移植给乙崇拜的歌星。乙的同意有效，甲的行为不成立故意伤害罪

【考点】故意杀人罪；故意伤害罪

【解析】A项错误。被害人的承诺在符合一定条件时，可以排除损害被害人法益行为的违法性。经被害人承诺的行为符合下列条件时，才能排除犯罪的成立：(1)承诺者对被侵害的法益具有处分权限(生命和重大健康不可处分)；(2)承诺者必须对所承诺的事项的意义、范围具有理解能力；(3)承诺必须出于被害人的真实意志，戏言性的承诺、基于强制或者威压作出的承诺，不排除犯罪的成立；(4)必须存在现实的承诺；(5)承诺至迟必须存在于结果发生时，被害人在结果发生前变更承诺的，则原来的承诺无效；(6)经承诺所实施的行为不得超出承诺的范围。A项中，乙对生命权的承诺是无效的，甲的行为仍然构成故意杀人罪。

B项正确。故意伤害罪与故意杀人罪的区别，要看行为人主观上是否具有杀人故意。区别故意杀人与故意伤害的因素之一即为行为人适用何种之犯罪工具，该犯罪工具杀伤力如何。对于故意内容不很确定或者不顾被害人死亡的，应按实际造成的结果确定犯罪行为的性质。对于使用枪支、匕首等凶器行凶，打击他人致命部位，放任他人死亡并造成死亡结果的，通常可以认定为故意杀人罪。因此，如甲不顾乙的死伤，使用刀具行凶，可以认为死亡与伤害的结果都是在甲的犯意之内，甲成立故意杀人罪。

C、D项错误。《刑法》第234条第2款规定，未经本人同意摘取其器官，或者摘取不满十八周岁的人的器官，或者强迫、欺骗他人捐献器官的，依照本法第234条、第232条的规定定罪处罚。据此可知，C项中的甲欺骗乙捐献器官，构成故意伤害罪。D项中的甲摘取未成年人的器官，也构成故意伤害罪。

【答案】B

8. 甲男(15周岁)与乙女(16周岁)因缺钱，共同绑架富商之子丙，成功索得50万元赎金。甲担心丙将来可能认出他们，提议杀丙，乙同意。乙给甲一根绳子，甲用绳子勒死丙。关于本案的分析，下列哪一选项是错误的？（2014-2-16，单选）

A. 甲、乙均触犯故意杀人罪，因而对故意杀人罪成立共同犯罪

B. 甲、乙均触犯故意杀人罪，对甲以故意杀人罪论处，但对乙应以绑架罪论处

C. 丙系死于甲之手，乙未杀害丙，故对乙虽以绑架罪定罪，但对乙不能适用“杀害被绑架人”的规定

D. 对甲以故意杀人罪论处，对乙以绑架罪论处，与二人成立故意杀人罪的共同犯罪并不矛盾

【考点】故意杀人罪；绑架罪；共同犯罪

【解析】A 项正确，C 项错误。甲、乙共同绑架。在共同犯罪中，按照部分实行全部责任原则，乙虽然没有亲自动手杀丙，但帮助甲实现了杀人行为，甲、乙构成故意杀人行为的共犯。根据《刑法》第 17 条的规定，不满 16 周岁的人对绑架行为不负刑事责任，但须对故意杀人行为负刑事责任。

B、D 项正确。根据《刑法》第 17 条第 2 款规定，已满十四周岁不满十六周岁的人，犯故意杀人、故意伤害致人重伤或者死亡、强奸、抢劫、贩卖毒品、放火、爆炸、投毒罪的，应当负刑事责任。在本案中，甲乙共谋绑架并杀害被害人，二人在故意杀人罪的范围内成立共犯。但甲只对其故意杀人的行为负刑事责任，对绑架不负刑事责任，因此只成立故意杀人罪；对乙则以绑架罪论处，按照“绑架并杀害被绑架人”的规定处罚，二者并不矛盾。

【答案】C

9. 甲为要回 30 万元赌债，将乙扣押，但 2 天后乙仍无还款意思。甲等 5 人将乙押到一处山崖上，对乙说：“3 天内让你家人送钱来，如今天不答应，就摔死你。”乙勉强说只有能力还 5 万元。甲刚说完“一分都不能少”，乙便跳崖。众人慌忙下山找乙，发现乙已坠亡。关于甲的行为定性，下列哪些选项是错误的？（2014-2-59，多选）

A. 属于绑架致使被绑架人死亡

B. 属于抢劫致人死亡

C. 属于不作为的故意杀人

D. 成立非法拘禁，但不属于非法拘禁致人死亡

【考点】绑架罪

【解析】A、B 项错误。根据《最高人民法院关于对为索取法律不予保护的债务，非法拘禁他人行为如何定罪问题的解释》，行为人为索取高利贷、赌债等法律不予保护的债务，非法扣押、拘禁他人的，依照非法拘禁罪定罪处罚。据此可知，甲的行为构成非法拘禁罪，不可能成立抢劫罪或者绑架罪。

C 项错误。“乙跳崖”致乙死亡属于被害人自杀。乙跳崖后，甲等人还慌忙下山找乙，表明甲并无杀人故意。因此甲的行为不成立不作为的故意杀人。

D 项正确。甲对乙说：“如今天不答应就摔死你”，只是一句恐吓的话。乙在甲刚说完“一分都不能少”就立即跳崖，属于非常异常的行为，中断了非法拘禁行为与乙的死亡之间的因果关系。因此，甲不必对乙的死亡负责，甲不属非法拘禁致人死亡。

【答案】ABC

10. 关于侮辱罪与诽谤罪的论述，下列哪一选项是正确的？（2013-2-16，单选）

A. 为寻求刺激在车站扒光妇女衣服，引起他人围观的，触犯强制猥亵、侮辱妇女罪，未触犯侮辱罪

B. 为报复妇女，在大街上边打妇女边骂“狐狸精”，情节严重的，应以侮辱罪论处，不以诽谤罪论处

C. 捏造他人强奸妇女的犯罪事实，向公安局和媒体告发，意图使他人受刑事追究，情节严重的，触犯诬告陷害罪，未触犯诽谤罪

D. 侮辱罪、诽谤罪属于亲告罪，未经当事人告诉，一律不得追究被告人的刑事责任

【考点】侮辱罪；诽谤罪

【解析】A项错误。强制猥亵、侮辱妇女罪（当前罪名为强制猥亵、侮辱罪）是侵犯广义的性的自主决定权的犯罪，而侮辱罪是侵犯名誉的犯罪。强制猥亵、侮辱妇女的行为如果同时触犯侮辱罪，属于想象竞合犯。故为寻求刺激在车站扒光妇女衣服，引起他人围观的，既触犯强制猥亵、侮辱妇女罪，又触犯侮辱罪，属于想象竞合犯。

B项正确。侮辱罪是指以暴力或者其他方法公然侮辱他人，情节严重的行为；诽谤罪是指捏造事实诽谤他人，情节严重的行为。二者的界限在于：诽谤罪必须有捏造并散布有损于他人名誉的虚假事实的行为；侮辱罪既可以不用具体事实，也可以用真实事实损害他人名誉。因此，在大街上打骂妇女“狐狸精”的行为，并不属于捏造事实的行为，不成立诽谤罪，而成立侮辱罪。

C项错误。捏造他人强奸妇女的犯罪事实，向公安局告发，意图使他人受刑事追究的，成立诬告陷害罪；将该虚假事实向媒体告发，损坏他人名誉，情节严重的，成立诽谤罪。

D项错误。侮辱罪、诽谤罪都是告诉才处理的犯罪，属于亲告罪。如果被害人受到强制、威吓进而无法告诉的，人民检察院或者被害人的近亲属可以告诉。所以，对于侮辱罪、诽谤罪，“未经当事人告诉，一律不得追究被告人的刑事责任”这一说法是错误的。

【答案】B

11. 关于侵犯人身权利罪，下列哪些选项是错误的？（2013-2-59，多选）

A. 医生甲征得乙（15周岁）同意，将其肾脏摘出后移植给乙的叔叔丙。甲的行为不成立故意伤害罪

B. 丈夫甲拒绝扶养因吸毒而缺乏生活能力的妻子乙，致乙死亡。因吸毒行为违法，乙的死亡只能由其本人负责，甲的行为不成立遗弃罪

C. 乙盗窃甲价值4000余元财物，甲向派出所报案被拒后，向县公安局告发乙抢劫价值4000余元财物。公安局立案后查明了乙的盗窃事实。对甲的行为不应以诬告陷害罪论处

D. 成年妇女甲与13周岁男孩乙性交，因性交不属于猥亵行为，甲的行为不成立猥亵儿童罪

【考点】故意伤害罪；遗弃罪；诬告陷害罪；猥亵儿童罪

【解析】A 项错误。甲虽然征得乙同意，但乙只有 15 周岁，其承诺无效，甲的行为成立故意伤害罪。

B 项错误。乙没有独立生活能力（导致其没有独立生活能力的原因在所不问），其丈夫甲负有扶养义务，甲能扶养而不扶养的，成立遗弃罪。

C 项正确。公民检举揭发他人犯罪的，不要求行为定性准确，只要犯罪事实存在即可。本案中虽然甲将盗窃行为告发为抢劫行为，但其告发的基本事实属实，故甲的行为不成立犯罪。

D 项错误。与幼女性交的，法律将其规定为强奸罪；与男性幼童性交的，成立猥亵儿童罪。换言之，猥亵儿童罪中，针对男童和女童，猥亵行为的内容存在不同要求和表现。

【答案】ABD

12. 下列哪一行为不应以故意伤害罪论处？（2012-2-16，单选）

A. 监狱监管人员吊打被监管人，致其骨折

B. 非法拘禁被害人，大力反扭被害人胳膊，致其胳膊折断

C. 经本人同意，摘取 17 周岁少年的肾脏 1 只，支付少年 5 万元补偿费

D. 黑社会成员因违反帮规，在其同意之下，被截断 1 截小指头

【考点】故意伤害罪；被害人承诺

【解析】A 项，根据《刑法》第 248 条规定，“殴打或体罚虐待被监管人员，致人伤残、死亡的，构成故意伤害或者故意杀人罪。”监狱监管人员吊打被监管人，致其骨折的，应以故意伤害罪论处。

B 项，根据《刑法》第 238 条第 2 款规定，“非法拘禁罪致人重伤的或致人死亡的，仍为非法拘禁罪，为非法拘禁罪的结果加重犯。使用暴力致人伤残、死亡的，以故意伤害罪或故意杀人罪定罪处罚。”虽然这两种情形都会涉及使用暴力，但前者是非法拘禁罪本身的暴力，后者是非法拘禁行为之外的暴力。从主观上来说，故意伤害罪或故意杀人罪，行为人对重伤、死亡是一种故意的心理态度。而非法拘禁罪致人重伤、死亡，虽然非法拘禁行为是故意的，但对重伤、死亡的结果却是过失的心理态度。本项中，行为人大力反扭被害人胳膊致其折断，客观上超出了拘禁行为的范畴，主观上对重伤形成存在放任的心理态度，应转化为故意伤害罪。

C 项，根据《刑法》第 234 条之一第 2 款规定，摘取不满十八周岁的人的器官，即使经其同意，也构成故意伤害罪或故意杀人罪。行为人成立故意伤害罪。

D 项，行为得到被害人承诺，根据《人体轻伤鉴定标准》截断一截小指头属于轻伤，不属于重伤害以上，该结果在被害人承诺权限之内，因而对行为人不能以故意伤害罪论处。

【答案】D

13. 关于侵犯人身权利罪的论述，下列哪一选项是错误的？（2012-2-17，单选）

A. 强行与卖淫幼女发生性关系，事后给幼女 500 元的，构成强奸罪

B. 使用暴力强迫单位职工以外的其他人员在采石场劳动的，构成强迫劳动罪

C. 雇用16周岁未成年人从事高空、井下作业的，构成雇用童工从事危重劳动罪

D. 收留流浪儿童后，因儿童不听话将其出卖的，构成拐卖儿童罪

【考点】强奸罪；强迫劳动罪；雇用童工从事危重劳动罪；拐卖儿童罪

【解析】A项正确。强行与卖淫幼女发生性行为，即便在《刑法修正案(九)》之前，该行为也成立强奸罪。强奸既遂后的给付财物行为，并不影响强奸罪的成立。

B项正确。根据《刑法》第244条规定，以暴力、威胁或者限制人身自由的方法强迫"他人"劳动的，构成强迫劳动罪。被强迫者未必是本单位职工，使用暴力强迫单位职工以外的其他人员在采石场劳动的，也构成强迫劳动罪。

C项错误。根据《刑法》第244条之一规定，雇用不满16周岁的未成年人从事高空、井下作业的，才构成雇用童工从事危重劳动罪。

D项正确。收留儿童后又将其出卖的，成立拐卖儿童罪。

【答案】C

14. 关于刑讯逼供罪的认定，下列哪些选项是错误的？（2012-2-60，多选）

A. 甲系机关保卫处长，采用多日不让小偷睡觉的方式，迫其承认偷盗事实。甲构成刑讯逼供罪

B. 乙系教师，受聘为法院人民陪审员，因庭审时被告人刘某气焰嚣张，乙气愤不过，一拳致其轻伤。乙不构成刑讯逼供罪

C. 丙系检察官，为逼取口供殴打犯罪嫌疑人郭某，致其重伤。对丙应以刑讯逼供罪论处

D. 丁系警察，讯问时佯装要实施酷刑，犯罪嫌疑人因害怕承认犯罪事实。丁构成刑讯逼供罪

【考点】刑讯逼供罪

【解析】A项错误。甲系机关保卫处长，但不是司法工作人员，不构成刑讯逼供罪，有非法拘禁之嫌。

B项正确。人民陪审员在参与庭审，履行职责期间是司法工作人员，但其殴打刘某的行为，是为了泄愤，而不是逼取口供，不构成刑讯逼供罪。

C项错误。按照《刑法》第247条关于法律拟制的规定，司法工作人员对犯罪嫌疑人、被告人实行刑讯逼供或者暴力逼取证人证言的，处三年以下有期徒刑或者拘役。致人伤残、死亡的，依照本法第234条、第232条规定定罪从重处罚。据此，丙构成故意伤害罪，而不构成刑讯逼供罪。

D项错误。丁并未使用暴力进行刑讯逼供，也没有其他变相刑讯逼供的行为，而只有取证过程中的欺骗行为，不构成刑讯逼供罪。

【答案】ACD

15. 关于自伤，下列哪一选项是错误的？（2011-2-13，单选）

A. 军人在战时自伤身体、逃避军事义务的，成立战时自伤罪

B. 帮助有责任能力成年人自伤的，不成立故意伤害罪

C. 受益人唆使60周岁的被保险人自伤、骗取保险金的，成立故意伤害罪与保险诈骗罪

D. 父母故意不救助自伤的12周岁儿子而致其死亡的，视具体情形成立故意杀人罪或者遗弃罪

【考点】自伤行为性质认定

【解析】A项正确。《刑法》第434条规定，“战时自伤身体，逃避军事义务的，处3年以下有期徒刑；情节严重的，处3年以上7年以下有期徒刑。”

B项正确。帮助有责任能力成年人自伤的，不成立犯罪。

C项错误。投保人、受益人故意造成被保险人死亡、伤残或者疾病，骗取保险金，同时构成其他犯罪的，依照数罪并罚的规定处罚。即，只有在受益人故意造成被保险人死亡、伤残或者疾病，才以故意杀人罪或故意伤害罪与保险诈骗罪并罚。本项中，被唆使人自伤，不成立故意伤害罪，而只成立保险诈骗罪一罪。唆使人成立保险诈骗罪的共犯。

D项正确。父母对于未成年人子女有法定的救助义务，对自伤的子女能救而不救助的，成立不作为的犯罪，视具体情形，可成立故意杀人罪或遗弃罪。

【答案】C

16. 关于故意伤害罪与组织出卖人体器官罪，下列哪一选项是正确的？（2011-2-14，单选）

A. 非法经营尸体器官买卖的，成立组织出卖人体器官罪

B. 医生明知是未成年人，虽征得其同意而摘取其器官的，成立故意伤害罪

C. 组织他人出卖人体器官并不从中牟利的，不成立组织出卖人体器官罪

D. 组织者出卖一个肾脏获15万元，欺骗提供者说只卖了5万元的，应认定为故意伤害罪

【考点】组织出卖人体器官罪；故意伤害罪

【解析】A项错误。组织出卖人体器官罪中，被组织出卖的必须是活体器官。

B项正确。未经本人同意摘取其器官，或者摘取不满十八周岁的人的器官，或者强迫、欺骗他人捐献器官的，以故意伤害罪或故意杀人罪定罪处罚。

C项错误。组织他人出卖人体器官罪不以牟利目的为必要。

D项错误。经活体器官提供者同意组织出卖人体器官，仍成立组织出卖人体器官罪。如果骗取其提供活动器官，才会成立故意伤害罪。隐瞒侵吞其余应付的钱，不改变组织出卖人体器官罪性质，但可视具体情形考虑与侵占罪并罚。

【答案】B

17.《刑法》第238条第1款与第2款分别规定：“非法拘禁他人或者以其他方法非法剥夺他人人身自由的，处三年以下有期徒刑、拘役、管制或者剥夺政治权利。具有殴打、侮辱情节的，从重处罚。”“犯前款罪，致人重伤的，处三年以上十年以下有期徒刑；致人死亡的，处十年以上有期徒刑。使用暴力致人伤残、死亡的，依照本法第234条、第232条的规定定罪处罚。”关于该条款的理解，下列哪些选项是正确的？（2011-

2-60，多选）

A. 第一款所称“殴打、侮辱”属于法定量刑情节

B. 第二款所称“犯前款罪，致人重伤”属于结果加重犯

C. 非法拘禁致人重伤并具有侮辱情节的，适用第2款的规定，侮辱情节不再是法定的从重处罚情节

D. 第2款规定的“使用暴力致人伤残、死亡”，是指非法拘禁行为之外的暴力致人伤残、死亡

【考点】非法拘禁罪

【解析】A项正确。法定量刑情节，指刑法明文规定的、量刑时应当或者可以据以从严、从宽或者免除刑罚处罚的事实情况。因为《刑法》第238条对行为人非法拘禁他人时实施“殴打、侮辱”行为如何处断作了明文规定，因此，这种情形属于法定从重量刑情节。

B项正确。属于法定加重事由，为结果加重犯，适用升格的法定刑。

C项错误。虽然适用了加重的法定刑，但作为法定从重情节的侮辱在量刑时应必须予以考虑。

D项正确。该暴力是指非法拘禁行为之外的暴力。如果是非法拘禁行为导致伤残、死亡，仍成立非法拘禁罪，为非法拘禁罪的结果加重犯。

【答案】ABD

第十九章　侵犯财产罪

1. 郑某冒充银行客服发送短信，称张某手机银行即将失效，需重新验证。张某信以为真，按短信提示输入银行卡号、密码等信息后，又将收到的编号为135423的“验证码”输入手机页面。后张某发现，其实是将135423元汇入了郑某账户。关于本案的分析，下列哪一选项是正确的？（2017-2-17，单选）

A. 郑某将张某作为工具加以利用，实现转移张某财产的目的，应以盗窃罪论处

B. 郑某虚构事实，对张某实施欺骗并导致张某处分财产，应以诈骗罪论处

C. 郑某骗取张某的银行卡号、密码等个人信息，应以侵犯公民个人信息罪论处

D. 郑某利用电信网络，为实施诈骗而发布信息，应以非法利用信息网络罪论处

【考点】盗窃罪；诈骗罪

【解析】该题最疑难的问题在于：是定盗窃罪还是诈骗罪？行为人已骗取了被害人的交付，应认定为诈骗。从民众理解及实务操作来看，这就是一种电信诈骗。答案应为B而非A。

【答案】B（司法部给出的答案是A）

2. 下列哪一行为成立侵占罪？（2017-2-18，单选）

A. 张某欲向县长钱某行贿，委托甲代为将5万元贿赂款转交钱某。甲假意答应，拿到钱后据为己有

B. 乙将自己的房屋出售给赵某，虽收取房款却未进行所有权转移登记，后又将房屋出售给李某

C. 丙发现洪灾灾区的居民已全部转移，遂进入居民房屋，取走居民来不及带走的贵重财物

D. 丁分期付款购买汽车，约定车款付清前汽车由丁使用，所有权归卖方。丁在车款付清前，车另售他人

【考点】侵占罪

【解析】就A项而言，关于基于不法原因而委托给付的财物能否成为侵占罪的对象之一即代为保管的财物，观点不一。肯定说认为，张某虽然在民法上没有返还请求权，但并没有因此丧失财物的所有权，相对于甲来说，该财物仍然属于自己占有的他人财物；刑法与民法的目的不同，即使上述委托关系在民法上不受保护，也不影响侵占罪的成立。否定说认为，张某没有财物返还请求权，不能认定甲侵占了张某的财物；由于财物由甲占有，也不能认为该财产已经属于国家财产。另外，该题中所涉及的还不是赃物，而是钱，在刑法传统理论中，侵占代为保管的他人现金，不以侵占罪论处。A项错误。B项属于一房二卖，但所有权未转移时又卖，不属于侵占他人所有的财物，不是侵占罪。B项错。C项中，该贵重财物算不上被遗忘的物品，成立盗窃。D项虽有一定问题，因为，如果丁是真心实意地想买该车，也愿意付清所有款项，现在只是提前将车卖给他人，不应认定为侵占罪。D的说法有些绝对，但相对而言，D项靠谱点。

【答案】D

3. 关于抢劫罪的认定，下列哪些选项是正确的？（2017-2-60，多选）

A. 甲欲进王某家盗窃，正撬门时，路人李某经过。甲误以为李某是王某，会阻止自己盗窃，将李某打昏，再从王某家窃走财物。甲不构成抢劫既遂

B. 乙潜入周某家盗窃，正欲离开时，周某回家，进屋将乙堵在卧室内。乙掏出凶器对周某进行恐吓，迫使周某让其携带财物离开。乙构成入户抢劫

C. 丙窃取刘某汽车时被发现，驾刘某的汽车逃跑，刘某乘出租车追赶。途遇路人陈某过马路，丙也未减速，将陈某撞成重伤。丙构成抢劫致人重伤

D. 丁抢夺张某财物后逃跑，为阻止张某追赶，出于杀害故意向张某开枪射击。子弹未击中张某，但击中路人汪某，致其死亡。丁构成抢劫致人死亡

【考点】抢劫罪

【解析】A项正确。甲成立故意伤害罪与盗窃罪，而非准抢劫。

B项正确。乙在盗窃时未抗拒抓捕，使用暴力威胁，已由盗窃转化为抢劫罪。且行为发生在户内，入户具有非法性，构成入户抢劫。

C项错误。这不属于转化抢劫。转化抢劫为抗拒抓捕使用暴力，所针对的是抓捕他的人，或正对抓捕人关注的人。本项中，陈某只是个路人。不成立转化抢劫。

D 项正确。

【答案】ABD

4. 甲为勒索财物，打算绑架富商之子吴某(5 岁)。甲欺骗乙、丙说：“富商欠我 100 万元不还，你们帮我扣押其子，成功后给你们每人 10 万元。”乙、丙将吴某扣押，但甲无法联系上富商，未能进行勒索。三天后，甲让乙、丙将吴某释放。吴某一人在回家路上溺水身亡。关于本案，下列哪一选项是正确的？（2016-2-15，单选）

A. 甲、乙、丙构成绑架罪的共同犯罪，但对乙、丙只能适用非法拘禁罪的法定刑

B. 甲未能实施勒索行为，属绑架未遂；甲主动让乙、丙放人，属绑架中止

C. 吴某的死亡结果应归责于甲的行为，甲成立绑架致人死亡的结果加重犯

D. 不管甲是绑架未遂、绑架中止还是绑架既遂，乙、丙均成立犯罪既遂

【考点】绑架罪

【解析】本案涉及到的问题在于：第一，甲的行为构成绑架罪，且已经成功控制人质，绑架罪既遂；即使之后将人质释放，也不成立中止。

第二，乙丙二人实施了控制人身自由的行为，但主观上没有绑架的故意，因此成立非法拘禁罪，且犯罪已既遂。

第三，根据“部分犯罪共同说”，甲乙丙在“非法拘禁罪”的范围内成立共犯。

第四，对于吴某的死亡结果，既无法归责于甲的绑架行为，也无法归责于乙丙的非法拘禁行为，因为该结果并非该行为直接导致的。

综上所述，D 项正确，A、B、C 项均为错误。

【答案】D

5. 贾某在路边将马某打倒在地，劫取其财物。离开时贾某为报复马某之前的反抗，往其胸口轻踢了一脚，不料造成马某心脏骤停死亡。设定贾某对马某的死亡具有过失，下列哪一分析是正确的？（2016-2-16，单选）

A. 贾某踢马某一脚，是抢劫行为的延续，构成抢劫致人死亡

B. 贾某踢马某一脚，成立事后抢劫，构成抢劫致人死亡

C. 贾某构成抢劫罪的基本犯，应与过失致人死亡罪数罪并罚

D. 贾某构成抢劫罪的基本犯与故意伤害(致死)罪的想象竞合犯

【考点】抢劫罪；罪数形态

【解析】贾某实施了两个行为，第一个是抢劫行为，第二个是伤害行为，且之所以实施伤害行为，是因为贾某为了报复，而非为了“抗拒抓捕、毁灭罪证、窝藏赃物”，更不是为了“压制对方反抗”。因此，两个行为之间并不存在任何关系，应独立评价，成立抢劫罪(基本犯)与过失致人死亡罪，数罪并罚。因此，C 项正确。A、B、D 项错误。

【答案】C

6. 关于诈骗罪的认定，下列哪一选项是正确的(不考虑数额)？（2016-2-17，单选）

A. 甲利用信息网络，诱骗他人点击虚假链接，通过预先植入的木马程序取得他人财物。即使他人不知点击链接会转移财产，甲也成立诈骗罪

B. 乙虚构可供交易的商品，欺骗他人点击付款链接，取得他人财物的，由于他人知道自己付款，故乙触犯诈骗罪

C. 丙将钱某门前停放的摩托车谎称是自己的，卖给孙某，让其骑走。丙就钱某的摩托车成立诈骗罪

D. 丁侵入银行计算机信息系统，将刘某存折中的 5 万元存款转入自己的账户。对丁应以诈骗罪论处

【考点】诈骗罪

【解析】A 项错误。被害人在不知情的前提下点击链接，其财物丧失并非源于被害人的处分，因此甲的行为应成立盗窃罪。

B 项正确。当被害人点击付款链接时，其对自己财产上的处分这一点是有意识的，只不过该意识是有瑕疵的，这恰好符合诈骗罪的特征。

C 项错误。如果将钱某作为被害人，则其摩托车的丧失是源于丙的转移占有行为，因此成立盗窃罪。

D 项错误。丁的行为属于违背被害人意志，将他人财物转移占有的盗窃行为，只不过丁运用了侵入计算机系统这一手段，这并未改变该行为盗窃的性质。

【答案】B

7. 乙女在路上被铁丝绊倒，受伤不能动，手中的钱包(内有现金 5000 元)摔出七八米外。路过的甲捡起钱包时，乙大喊“我的钱包不要拿”，甲说“你不要喊，我拿给你”，乙信以为真没有再喊。甲捡起钱包后立即逃走。关于本案，下列哪一选项是正确的？(2016-2-18，单选)

A. 甲以其他方法抢劫他人财物，成立抢劫罪

B. 甲以欺骗方法使乙信以为真，成立诈骗罪

C. 甲将乙的遗忘物据为己有，成立侵占罪

D. 只能在盗窃罪或者抢夺罪中，择一定性甲的行为

【考点】抢劫罪；诈骗罪；侵占罪；盗窃罪

【解析】A 项错误。甲未实施任何压制乙女反抗的行为，只是利用其无法反抗的情势而取财，因此，不成立抢劫罪。

B 项错误。甲虽实施了欺骗行为，但乙并未基于认识错误“处分财物”，因此，也不成立诈骗罪。

C 项错误。钱包虽离乙有七八米远，但根据社会一般观念，此时钱包依然属于乙“占有”，而非甲占有，也不属于遗忘物，因此，甲不成立侵占罪。

D 项正确。甲转移占有的行为涉嫌抢夺罪或盗窃罪，最终的认定取决于抢夺与盗窃的区分标准：根据“公然还是秘密”的标准，甲成立抢夺罪；根据“手段是否暴力”的标准，甲成立盗窃罪。

【答案】D

8. 下列哪些行为构成盗窃罪(不考虑数额)？(2016-2-59，多选)

A. 酒店服务员甲在帮客人拎包时，将包中的手机放入自己的口袋据为己有

B. 客人在小饭馆吃饭时，将手机放在收银台边上充电，请服务员乙帮忙照看。乙假意答应，却将手机据为己有

C. 旅客将行李放在托运柜台旁，到相距20余米的另一柜台问事时，机场清洁工丙将该行李拿走据为己有

D. 顾客购物时将车钥匙遗忘在收银台，收银员问是谁的，丁谎称是自己的，然后持该钥匙将顾客的车开走

【考点】盗窃罪

【解析】A项正确。服务员甲在帮人拎包时，只是他人财物的占有辅助者，换言之。此时财物仍然属于他人占有，因此其取走手机的行为成立盗窃罪。

B项正确。虽然客人请乙帮忙照看手机，但按照社会一般观念，此时手机依然属于客人占有，因此将手机据为己有的行为属于转移占有，成立盗窃罪。

C项正确。旅客到距离财物20余米的地方咨询，其财物依然属于旅客占有，丙的行为属于转移占有，成立盗窃罪。

D项正确。丁通过欺骗收银员的方式，最终取得了顾客的财物(注意，这里的财物指的是汽车，而不是钥匙)，但收银员并无处分顾客财物的权限，也并无社会一般观念理解的处分财物事实上的地位，因此丁不成立三角诈骗，而是通过收银员的盗窃罪(间接正犯)。

【答案】ABCD

9. 李某乘正在遛狗的老妇人王某不备，抢下王某装有4000元现金的手包就跑。王某让名贵的宠物狗追咬李某。李某见状在距王某50米处转身将狗踢死后逃离。王某眼见一切，因激愤致心脏病发作而亡。关于本案，下列哪一选项是正确的？（2015-2-17，单选）

A. 李某将狗踢死，属事后抢劫中的暴力行为

B. 李某将狗踢死，属对王某以暴力相威胁

C. 李某的行为满足事后抢劫的当场性要件

D. 对李某的行为应整体上评价为抢劫罪

【考点】抢劫罪

【解析】C项正确。《刑法》第269条规定："犯盗窃、诈骗、抢夺罪，为窝藏赃物、抗拒抓捕或者毁灭罪证而当场使用暴力或者以暴力相威胁的，依照抢劫罪的规定定罪处罚。"上述行为之所以能够按照抢劫罪定罪处罚，是因为该行为具备抢劫的本质，即通过当场使用暴力或者以暴力相威胁的方法，压制被害人的反抗，来维护盗窃、诈骗、抢夺罪的犯罪成果。仅在"当场使用暴力或者以暴力相威胁"具备危及人身安全的属性时，才能认定上述行为压制了被害人的反抗，因而具备抢劫罪的本质。李某的行为属于"当场"使用暴力或者以暴力相威胁，但因缺乏危及人身安全的属性，故不构成事后抢劫。

【答案】C

10. 乙全家外出数月，邻居甲主动帮乙照看房屋。某日，甲谎称乙家门口的一对石狮为自家所有，将石狮卖给外地人，得款1万元据为己有。关于甲的行为定性，下列哪一选项是错误的？（2015-2-18，单选）

A. 甲同时触犯侵占罪与诈骗罪

B. 如认为购买者无财产损失，则甲仅触犯盗窃罪

C. 如认为购买者有财产损失，则甲同时触犯盗窃罪与诈骗罪

D. 不管购买者是否存在财产损失，甲都触犯盗窃罪

【考点】盗窃罪；诈骗罪

【解析】A项错误。邻居甲虽然主动帮乙照看房屋，但石狮不属于甲代为保管的财物，在社会观念上石狮仍为屋主乙所占有，故甲将石狮卖出的行为不构成侵占罪。

B项正确。甲属于采取不为乙所知的方法秘密窃取了乙的石狮，故甲的行为构成盗窃罪。如认为购买者没有财产损失（因为其已经得到了石狮），甲的行为就不符合诈骗罪“被害人遭受财产损失”的构造，从而不构成诈骗罪，只能以盗窃罪追究甲的刑事责任。

C、D项正确。如认为购买者有财产损失（因为乙可能要求甲返还石狮），甲属于欺骗购买者，使其基于认识错误交付财物，从而给购买者造成了财产损失，故甲的行为对购买者而言成立诈骗罪，同时对乙而言成立盗窃罪。可见，不管购买者是否存在财产损失，甲都触犯盗窃罪。

【答案】A

11. 菜贩刘某将蔬菜装入袋中，放在居民小区路旁长条桌上，写明“每袋20元，请将钱放在铁盒内”。然后，刘某去3公里外的市场卖菜。小区理发店的店员经常好奇地出来看看是否有人偷菜。甲数次公开拿走蔬菜时假装往铁盒里放钱。关于甲的行为定性（不考虑数额），下列哪一选项是正确的？（2015-2-19，单选）

A. 甲乘人不备，公然拿走刘某所有的蔬菜，构成抢夺罪

B. 蔬菜为经常出来查看的店员占有，甲构成盗窃罪

C. 甲假装放钱而实际未放钱，属诈骗行为，构成诈骗罪

D. 刘某虽距现场3公里，但仍占有蔬菜，甲构成盗窃罪

【考点】盗窃罪

【解析】甲属于采取不为刘某所知的方法秘密窃取了刘某的蔬菜，在不考虑数额的前提下，该行为构成盗窃罪。甲并未以对财物实施强力（暴力）的手段取得蔬菜，故其行为不构成抢夺罪。甲的行为也不属于使刘某产生认识错误，进而基于认识错误交付蔬菜，故其行为不构成诈骗罪。

【答案】D

12. 下列哪些行为触犯诈骗罪（不考虑数额）？（2015-2-63，多选）

A. 甲对李某家的保姆说：“李某现在使用的手提电脑是我的，你还给我吧。”保姆信以为真，将电脑交给甲

B. 甲对持有外币的乙说："你手上拿的是假币，得扔掉，否则要坐牢。"乙将外币扔掉，甲乘机将外币捡走

C. 甲为灾民募捐，一般人捐款几百元。富商经过募捐地点时，甲称："不少人都捐一、二万元，您多捐点吧。"富商信以为真，捐款2万元

D. 乙窃取摩托车，准备骑走。甲觉其可疑，装成摩托车主人的样子说："你想把我的车骑走啊？"乙弃车逃走，甲将摩托车据为己有

【考点】诈骗罪

【解析】A项正确。保姆到底在什么范围内对主人的财产享有处分权限，这是个难以说清楚的问题。根据何种标准认定被骗人具有处分被害人财产的权限或地位，对此若无明确的标准，争议将会永无休止。对该问题，存在数种学说。其中，阵营说认为，应以被骗人是与行为人的关系密切还是与被害人的关系密切为标准，换言之，以被骗人属于行为人阵营还是属于被害人阵营为标准，如果属于被害人阵营，就应认定被骗人具有处分被害人财产的权限或地位。只要被骗人与被害人之间存在一种事实上的接近关系，就可以把被骗人看作属于被害人的阵营。德国的多数法院判决和相当一部分主流文献支持阵营说。按照阵营说，保姆更贴近被害人李某这一方的阵营，而与行骗者甲没有关系，因而应当认定保姆具有处分李某手提电脑的权限或者地位，所以甲的行为构成诈骗罪(三角诈骗)，而不构成盗窃罪。必须承认，A选项的题干设计不够严密，导致难以完全否认甲构成盗窃罪。

B项正确。甲欺骗乙外币是假币，使乙产生认识错误，并基于认识错误处分了外币(将外币扔掉)，甲趁机取得了这些外币。甲的行为符合诈骗罪的构造，成立诈骗罪。

C项错误。甲说："不少人都捐一、二万元，您多捐点吧。"这一劝说行为虽然存在虚假成分，但是，富商对于自己捐款的数额、捐款的用途存在正确的认识，并且实现了捐款的目的。因此，应认定富商的同意是其真实意思的表示，其捐款2万元不属于基于认识错误交付财物，故甲的行为不构成诈骗罪。

D项正确。"乙窃取摩托车，准备骑走"，表明乙的行为已经破坏了车主对摩托车的占有，乙事实上已经占有摩托车。甲觉得乙可疑，装成摩托车主人的样子说："你想把我的车骑走啊？"乙弃车逃走。甲的行为属于以欺诈的手段使乙产生认识错误，乙基于认识错误放弃了已经盗窃到手、准备骑走的摩托车(这属于乙的处分行为)。可见，甲的行为符合诈骗罪的构造，触犯诈骗罪。

【答案】ABD

13. 公司保安甲在休假期内，以"第二天晚上要去医院看望病人"为由，欺骗保安乙，成功和乙换岗。当晚，甲将其看管的公司仓库内价值5万元的财物运走变卖。甲的行为构成下列哪一犯罪？（2014-2-17，单选）

A. 盗窃罪　　B. 诈骗罪

C. 职务侵占罪　　D. 侵占罪

【考点】盗窃罪；诈骗罪；职务侵占罪；侵占罪

【解析】《刑法》第271条第1款规定，公司、企业或者其他单位的人员，利用职务

上的便利，将本单位财物非法占为己有，数额较大的，处五年以下有期徒刑或者拘役；数额巨大的，处五年以上有期徒刑，可以并处没收财产。职务侵占罪的客观方面表现为行为人必须将单位财务非法占位已有。这种行为除了将基于职务管理的单位财务非法占为己有的侵占外，还包括利用职务之便的窃取、骗取等行为。公司保安甲的职责是看管仓库中的财物。故甲利用自己看管仓库的职务便利，将价值5万元的财物运走变卖的行为，构成职务侵占罪。C项正确，ABD项错误。

【答案】C

14. 乙(16周岁)进城打工，用人单位要求乙提供银行卡号以便发放工资。乙忘带身份证，借用老乡甲的身份证以甲的名义办理了银行卡。乙将银行卡号提供给用人单位后，请甲保管银行卡。数月后，甲持该卡到银行柜台办理密码挂失，取出1万余元现金，拒不退还。甲的行为构成下列哪一犯罪？（2014-2-18，单选）

A. 信用卡诈骗罪　　B. 诈骗罪

C. 盗窃罪(间接正犯)　　D. 侵占罪

【考点】侵占罪

【解析】A项错误。根据《刑法》第196条规定，信用卡诈骗罪的行为方式包括：(一)使用伪造的信用卡的；(二)使用作废的信用卡的；(三)冒用他人信用卡的；(四)恶意透支的。本题中，甲使用的是以本人的名义开设的信用卡，不属冒用他人信用卡，也不属以另外三种方式使用信用卡的情况。因此，不构成信用卡诈骗罪。

B项错误。成立诈骗罪，要求行为人以非法占有为目的实施欺诈行为，使对方产生或继续维持错误认识，并基于该错误认识而处分了财产，从而行为人取得了财物、被害人遭受财产损失。本题中，是乙主动将信用卡交给甲保管的，对于乙来讲，甲不存在欺诈。另外，该信用卡是以甲的名义开设的，银行柜台向甲交付钱款的行为完全符合相关业务规则，也不存在受骗的因素。因此，甲不构成诈骗罪。

C项错误。乙借用甲的名义办理银行卡，那么甲在法律上就占有了乙的财物，对于自己在法律上占有的财物，不成立盗窃罪。

D项正确。《刑法》第270条第1款规定，将代为保管的他人财物非法占为己有，数额较大，拒不退还的，处二年以下有期徒刑、拘役或者罚金；数额巨大或者有其他严重情节的，处二年以上五年以下有期徒刑，并处罚金。本题中，乙将信用卡交给甲保管后，信用卡以及信用卡中的财产都在甲的保管之下。这些钱实际上是乙的，致使请甲代为保管。甲将信用卡中的钱财据为己有，拒不退还，构成侵占罪。

【答案】D

15. 乙购物后，将购物小票随手扔在超市门口。甲捡到小票，立即拦住乙说：“你怎么把我购买的东西拿走?”乙莫名其妙，甲便向乙出示小票，两人发生争执。适逢交警丙路过，乙请丙判断是非，丙让乙将商品还给甲，有口难辩的乙只好照办。关于本案的分析(不考虑数额)，下列哪一选项是错误的？（2014-2-19，单选）

A. 如认为交警丙没有处分权限，则甲的行为不成立诈骗罪

B. 如认为盗窃必须表现为秘密窃取，则甲的行为不成立盗窃罪

C. 如认为抢夺必须表现为乘人不备公然夺取，则甲的行为不成立抢夺罪

D. 甲虽未实施恐吓行为，但如乙心生恐惧而交出商品的，甲的行为构成敲诈勒索罪

【考点】诈骗罪；盗窃罪；抢夺罪；敲诈勒索罪

【解析】A 项正确。本题中，商品的主人乙并没有陷入错误认识并据此处分财产。他请过路的交警丙判断是非，实际上是把财物的处分权交给了丙。也就是说，财物的处分人与被害人不是同一人，该情形被称为三角诈骗。甲通过欺骗交警丙取得乙的财产，如果认为交警丙有处分权，那么甲的行为成立三角诈骗，构成诈骗罪；如果认为交警丙没有处分权，那么甲的行为就不成立三角诈骗，不构成诈骗罪。

B 项正确。秘密窃取，即在被害人不明知的情况下平和地侵夺被害人的财产权。本题中，被害人乙明知自己的财产权受到侵害，甲没有采取秘密窃取的方式夺取财物，不能认定为盗窃罪。

C 项正确。抢夺罪，是指以非法占有为目的，乘人不备，公开夺取数额较大的公私财物的行为。本题中，甲没有采取乘人不备，公开夺取财物的行为，不能认定为抢夺罪。

D 项错误。敲诈勒索的行为结构为：行为人对他人实行威胁，造成对方产生恐惧心理，并基于此恐惧心理处分财产，使行为人或者第三人取得财产，被害人遭受损失。且威胁是以恶性相通告迫使被害人处分财产。本题中，甲没有实施恐吓行为，即使被害人乙是因为心生恐惧而交付财产，也不能认为构成敲诈勒索罪。

【答案】D

16. 甲的下列哪些行为属于盗窃(不考虑数额)？(2014-2-60，多选)

A. 某大学的学生进食堂吃饭时习惯于用手机、钱包等物占座后，再去购买饭菜。甲将学生乙用于占座的钱包拿走

B. 乙进入面馆，将手机放在大厅 6 号桌的空位上，表示占座，然后到靠近窗户的地方看看有没有更合适的座位。在 7 号桌吃面的甲将手机拿走

C. 乙将手提箱忘在出租车的后备箱。后甲搭乘该出租车时，将自己的手提箱也放进后备箱，并在下车时将乙的手提箱一并拿走

D. 乙全家外出打工，委托邻居甲照看房屋。有人来村里购树，甲将乙家山头上的树谎称为自家的树，卖给购树人，得款 3 万元

【考点】盗窃罪

【解析】盗窃罪，是指以非法占有为目的，窃取公私财物数额较大，或者多次盗窃、入户盗窃、携带凶器盗窃、扒窃的行为。盗窃罪的对象必须是他人占有的财物，从客观上说，占有是指事实上的支配，不仅包括物理支配范围内的支配，而且包括社会观念上可以推知财物的支配人的状态。首先，只要是在他人事实支配领域内的财物，即使他人没有现实地握有或监视，也属于他人占有。其次，虽然处于他人支配领域之外，但存在可以推知由他人事实上支配的状态时，也属于他人占有的财物。最后，即使原占有者丧失了占有，但当该财物转移为建筑物的管理者或者第三者占有时，也应认定为他人占有

的财物。

A 项正确。学生进食堂吃饭时用手机、钱包等物占座，虽然手机、钱包与物主存在一段距离，但存在可以推知由他人事实上支配之状态，仍认为在其占有下。甲明知别人的钱包、手机用来占座的，而以非法占有为目的据为己有，这种非法获取他人占有的财物的行为，构成盗窃罪。

B 项正确。乙将手机放在面馆大厅餐桌的空位上占座，手机仍在乙实际控制范围内，仍认为在其占有下，甲将手机拿走的，成立盗窃罪。

C 项正确。乙虽然将自己的手提箱遗忘至出租车的后备箱，但是，该手提箱已经转归出租车司机占有。甲的取财行为仍然是以非法占有为目的，窃取有主物的行为，构成盗窃罪。

D 项正确。乙全家外出打工，仅委托邻居甲照看房屋，而对于山头上的树，根据社会一般观念，可以推知乙在占有树，而不是甲在占有这些树，但甲背着乙将其树木盗卖给他人的，构成盗窃罪。

【答案】ABCD

17. 乙驾车带甲去海边游玩。到达后，乙欲游泳。甲骗乙说："我在车里休息，把车钥匙给我。"趁乙游泳，甲将该车开往外地卖给他人。甲构成何罪？（2013-2-17，单选）

A. 侵占罪　　B. 盗窃罪

C. 诈骗罪　　D. 盗窃罪与诈骗罪的竞合

【考点】侵占罪；盗窃罪；诈骗罪

【解析】A 项错误。尽管乙下车游泳，而且甲拿着车钥匙并在车里休息，但该车仍然属于车主乙占有，因为车主乙还在附近，并没有转移车辆占有的行为和意思，故甲不可能构成侵占罪。

B 项正确。C、D 项错误。甲欺骗乙的行为并不是为了让乙将该车的占有转移给自己，而是为了方便自己更容易地取得乙占有的车辆，其行为属于通过"调虎离山"式的欺骗进而取得他人占有财物的行为，成立盗窃罪，而非诈骗罪。

【答案】B

18. 甲潜入他人房间欲盗窃，忽见床上坐起一老妪，哀求其不要拿她的东西。甲不理睬而继续翻找，拿走一条银项链(价值400元)。关于本案的分析，下列哪些选项是正确的？（2013-2-60，多选）

A. 甲并未采取足以压制老妪反抗的方法取得财物，不构成抢劫罪

B. 如认为区分盗窃罪与抢夺罪的关键在于是秘密取得财物还是公然取得财物，则甲的行为属于抢夺行为；如甲作案时携带了凶器，则对甲应以抢劫罪论处

C. 如采取 B 选项的观点，因甲作案时未携带凶器，也未秘密窃取财物，又不符合抢夺罪"数额较大"的要件，无法以侵犯财产罪追究甲的刑事责任

D. 如认为盗窃行为并不限于秘密窃取，则甲的行为属于入户盗窃，可按盗窃罪追究甲的刑事责任

【考点】抢劫罪；盗窃罪

【解析】A 项正确。抢劫罪的行为结构表现为行为人实施足以压制对方反抗的手段行为，进而强行取得财物。甲没有实施足以压制对方反抗的手段行为，故不可能成立抢劫罪。

B 项正确。有观点认为，盗窃罪的成立要求行为人秘密窃取他人财物，故公然取得财物的，成立抢夺罪。按照该观点，甲当着被害人之面取得被害人财物，成立抢夺罪；如果甲携带凶器实施该行为，则属于"携带凶器抢夺"，成立抢劫罪。

C 项正确。按照 B 项的理解，甲未携带凶器，不属于"携带凶器抢夺"的情形，不成立抢劫罪；甲公然取得财物的行为属于抢夺，但没有达到"数额较大"的程度，不成立抢夺罪；甲的行为也不属于秘密窃取他人财物，不成立盗窃罪。据此，甲的行为无法评价为财产犯罪。

D 项正确。如果认为盗窃罪并不要求秘密窃取，只要采取平和方式转移财物占有的行为，都属于盗窃行为，则本案中甲的行为属于入户盗窃他人财物的情形，不要求数额较大，即可认定为犯罪。

【答案】**ABCD**

19. 关于诈骗罪的理解和认定，下列哪些选项是错误的？（2013-2-61，多选）

A. 甲曾借给好友乙 1 万元。乙还款时未要回借条。一年后，甲故意拿借条要乙还款。乙明知但碍于情面，又给甲 1 万元。甲虽获得 1 万元，但不能认定为诈骗既遂

B. 甲发现乙出国后其房屋无人居住，便伪造房产证，将该房租给丙住了一年，收取租金 2 万元。甲的行为构成诈骗罪

C. 甲请客(餐费 1 万元)后，发现未带钱，便向餐厅经理谎称送走客人后再付款。经理信以为真，甲趁机逃走。不管怎样理解处分意识，对甲的行为都应以诈骗罪论处

D. 乙花 2 万元向甲购买假币，后发现是一堆白纸。由于购买假币的行为是违法的，乙不是诈骗罪的受害人，甲不成立诈骗罪

【考点】诈骗罪

【解析】A 项正确。甲欺骗乙，要求乙还钱，但乙虽然已经识破骗局，知道真相，但碍于情面，仍然给予了甲 1 万元。显然，甲通过其欺骗行为没有骗到钱，欺骗行为与取得财物之间没有因果关系，故甲只成立诈骗罪未遂，不成立既遂。

B 项错误。甲伪造证件，将乙的房屋谎称属于自己，而出租给丙。虽然甲的行为具有欺骗性质，但丙不可能存在财产损失，因为丙实际上获取了相应的利益。甲的行为不成立诈骗罪。当然，甲的行为至少可以成立伪造国家机关证件罪。

C 项错误。甲用餐后才产生非法占有目的，故对食物本身不成立诈骗罪。之后虽然欺骗餐厅经理，但其欺骗内容并非是使对方陷入错误认识而处分财产，而是为了逃债创造机会，故甲的行为不成立诈骗罪。当然，诈骗罪中对被骗人处分意识的理解不同，成立诈骗罪的范围也会不同。

D 项错误。甲以白纸冒充假币，欺骗乙，骗取乙 2 万元，甲的行为成立诈骗罪。至于乙购买假币的行为是否违法，并不影响对甲诈骗行为的认定。

【答案】**BCD**

20. 不计数额，下列哪一选项构成侵占罪？（2012-2-18，单选）

A. 甲是个体干洗店老板，洗衣时发现衣袋内有钱，将钱藏匿

B. 乙受公司委托外出收取货款，隐匿收取的部分货款

C. 丙下飞机时发现乘客钱包掉在座位底下，捡起钱包离去

D. 丁是宾馆前台服务员，客人将礼品存于前台让朋友自取。丁见久无人取，私吞礼品

【考点】侵占罪；盗窃罪；职务侵占罪

【解析】A 项正确，甲作为个体干洗店老板，受他人委托，在洗衣期间代为保管他人财物，发现衣袋内有钱时将钱藏匿，属于侵占代为保管的他人财物，构成侵占罪。

B 项错误，乙利用职务之便，将自己占有但公司所有的财物隐匿，成立职务侵占罪。

C 项有一定的争议，有人认为，钱包属于他人的遗忘物，应成立侵占罪。也有人认为，航空器相对封闭，旅客人数有限，不同于人员流动性大、开放性较强的火车、公共汽车等，且空乘人员对航空器的控制、监视力度大，因此，如果失主还在飞机上，该财物由失主占有；如果失主已经下飞机，该财物由空乘人员占有，因此，丙从他人占有下把钱包拿走，构成盗窃罪。2012 年司法考试命题人持第二种观点。

D 项错误，客人将礼品存于前台让朋友自取，该财物是主人特别声明或者故意放置在特定场所的财物。根据一般的社会观念，在其他客人来领取财物之间，该财物由放置者占有，丁窃取了他人占有的财物，成立盗窃罪。

【答案】A

21. 甲、乙等人佯装乘客登上长途车。甲用枪控制司机，令司机将车开到偏僻路段；乙等人用刀控制乘客，命乘客交出随身财物。一乘客反抗，被乙捅成重伤。财物到手下车时，甲打死司机。关于本案，下列哪些选项是正确的？（2012-2-59，多选）

A. 甲等人劫持汽车，构成劫持汽车罪

B. 甲等人构成抢劫罪，属于在公共交通工具上抢劫

C. 乙重伤乘客，无需以故意伤害罪另行追究刑事责任

D. 甲开枪打死司机，需以故意杀人罪另行追究刑事责任

【考点】抢劫罪

【解析】A 项正确，甲用枪控制司机，令司机将车开到偏僻路段的，其侵害的法益是公共安全，构成劫持汽车罪。

B 项正确，刑法第 263 条第 2 项规定的“在公共交通工具上抢劫”，既包括在从事旅客运输的各种公共汽车，大、中型出租车，火车，船只，飞机等正在运营中的机动公共交通工具上对旅客、司售、乘务人员实施的抢劫，也包括对运行途中的机动公共交通工具加以拦截后，对公共交通工具上的人员实施的抢劫。

C 项正确，乙等人用刀控制乘客，命乘客交出随身财物的，其侵害的法益是他人的财产权和人身权，构成抢劫罪(共犯)。在乘客反抗时，乙将其捅成重伤，属于为消除抢劫的障碍而实施的暴力行为，构成抢劫罪，无需以故意伤害罪另行追究刑事责任。

D项正确，在财物到手下车时，抢劫罪已经既遂，甲打死司机，是在抢劫既遂后杀人灭口的性质，应以故意杀人罪另行追究刑事责任。

【答案】ABCD

22. 甲预谋拍摄乙与卖淫女的裸照，迫使乙交付财物。一日，甲请乙吃饭，叫卖淫女丙相陪。饭后，甲将乙、丙送上车。乙、丙刚到乙宅，乙便被老板电话叫走，丙亦离开。半小时后，甲持相机闯入乙宅发现无人，遂拿走了乙的3万元现金。关于甲的行为性质，下列哪一选项是正确的？（2011-2-15，单选）

A. 抢劫未遂与盗窃既遂

B. 抢劫既遂与盗窃既遂的想象竞合

C. 敲诈勒索预备与盗窃既遂

D. 敲诈勒索未遂与盗窃既遂的想象竞合

【考点】抢劫罪；盗窃罪；敲诈勒索罪；犯罪停止形态；罪数

【解析】C项正确。行为人实施了敲诈勒索的预备行为，还没有着手实施威胁、要挟，成立敲诈勒索罪犯罪预备。到住宅后，见没人，又另起犯意实施了盗窃。

【答案】C

23. 关于盗窃罪的理解，下列哪一选项是正确的？（2011-2-16，单选）

A. 扒窃成立盗窃罪的，以携带凶器为前提

B. 扒窃仅限于窃取他人衣服口袋内体积较小的财物

C. 扒窃时无论窃取数额大小，即使窃得一张白纸，也成立盗窃罪既遂

D. 入户盗窃成立盗窃罪的，既不要求数额较大，也不要求多次盗窃

【考点】盗窃罪

【解析】盗窃罪是指以非法占有为目的，秘密窃取公私财物，数额较大，或者多次盗窃、入户盗窃、携带凶器盗窃、扒窃公私财物的行为。

A项错误。扒窃和携带凶器盗窃是立法中并列的两种情形，扒窃不以携带凶器为必要。通常认为，认定扒窃需要具备三个特征：一是秘密窃取，二是发生在比较特定的空间即公共场所、公共交通工具中，三是窃取的对象通常为被害人贴身放置的财物。

B项错误。扒窃对象不限于衣服口袋内的物品，例如窃取被害人随身携带的提包、背包内的物品，也是扒窃。

C项错误。盗窃一张白纸，情节显著轻微，不会以犯罪论处。甚至连治安管理处罚都用不到。

D项正确。《刑法》第264条所列的入户盗窃、扒窃、携带凶器盗窃实际上是对原刑法条文所规定的窃取数额较大财物情形及多次盗窃情形之外的补充，即，凡是属于这几种情形的，虽然所窃取的财物没有数额较大标准，也没有多次盗窃，但一样成立盗窃罪。

【答案】D

24. 下列哪些选项的行为人具有非法占有目的？（2011-2-61，多选）

A. 男性基于癖好入户窃取女士内衣

B. 为了燃柴取暖而窃取他人木质家具

C. 骗取他人钢材后作为废品卖给废品回收公司

D. 杀人后为避免公安机关识别被害人身份，将被害人钱包等物丢弃

【考点】非法占有目的的认定

【解析】D 项错误。行为人主观上无将财物据为己有的目的。

【答案】ABC

25. 关于侵占罪的认定(不考虑数额)，下列哪些选项是错误的？（2011-2-62，多选）

A. 甲将他人停放在车棚内未上锁的自行车骑走卖掉。甲行为构成侵占罪

B. 乙下车取自己行李时将后备厢内乘客遗忘的行李箱一并拿走变卖。乙行为构成侵占罪

C. 丙在某大学食堂将学生用于占座的手机拿走卖掉。丙行为成立侵占罪

D. 丁受托为外出邻居看房，将邻居锁在柜里的手提电脑拿走变卖。丁行为成立侵占罪

【考点】侵占罪

【解析】A 项错误。停放在车棚内的自行车虽然没有上锁，但不属于遗忘物，甲也非自行车保管人。自行车视为他人控制下的财物。甲成立盗窃罪。

B 项错误。遗忘在后备厢内的行李箱，应属于由司机或运输公司占有的财物，而非占有人不明的财物，不属于侵占罪对象之一的遗忘物。乙成立盗窃罪。

C 项错误。在大学食堂用于占座的手机，属于他人特意放置的财物，归主人占有，丙将其取走，构成盗窃罪。

D 项错误。邻居仅委托丁看管房子，并没有委托其保管手提电脑，且上了锁，手提电脑并非代为保管的财物。丁成立盗窃罪。

【答案】ABCD

第二十章　妨害社会管理秩序罪

第一节　扰乱公共秩序罪

1. 根据有关司法解释，关于利用互联网实施的犯罪行为，下列哪些说法是正确的？（2017-2-51，多选）

A. 在网络上建立赌博网站的，属于开设赌场

B. 通过网络传播淫秽视频的，属于传播淫秽物品

C. 在网络上传播电子盗版书的，属于复制发行他人文字作品

D. 盗用他人网络账号、密码上网，造成他人电信资费损失的，属于盗窃他人财物

【考点】互联网实施的妨害社会管理秩序犯罪

A 项正确。2005 年 5 月 13 日双高《办理赌博刑案解释》第 2 条规定："以营利为目的，在计算机网络上建立赌博网站，或者为赌博网站担任代理，接受投注的，属于刑法第 303 条规定的'开设赌场'。"

B 项正确。《办理淫秽电子信息刑案解释》第 1 条规定，"利用互联网、移动通讯终端传播淫秽电子信息的，属于传播淫秽物品。"

C 项正确。《办理知识产权刑案解释(二)》规定，"通过信息网络向公众传播他人文字作品、音乐、电影、电视、录像作品、计算机软件及其他作品的行为，视为'复制发行'。"

D 项正确。2000 年 5 月 24 日最高法《电信市场案解释》第 8 条规定，盗用他人公共信息网络上网账号、密码上网，造成他人电信资费损失数额较大的，以盗窃罪论处。

【答案】**ABCD**

2. 下列哪一行为应以妨害公务罪论处？（2016-2-19，单选）

A. 甲与傅某相互斗殴，警察处理完毕后让各自回家。傅某当即离开，甲认为警察的处理不公平，朝警察小腿踢一脚后逃走

B. 乙夜间入户盗窃时，发现户主戴某是警察，窃得财物后正要离开时被戴某发现。为摆脱抓捕，乙对戴某使用暴力致其轻微伤

C. 丙为使其弟逃跑，将前来实施行政拘留的警察打倒在地，其弟顺利逃走

D. 丁在组织他人偷越国(边)境的过程中，以暴力方法抗拒警察检查

【考点】妨害公务罪

【解析】A 项错误。妨害公务罪成立的时间条件为"执行公务过程中"，该项中警察的公务已实施完毕，不存在妨害公务罪成立的空间。

B 项错误。乙入户盗窃后为了抗拒抓捕而对戴某实施暴力，属于《刑法》第 269 条规定的"事后抢劫"，应将行为整体评价为抢劫罪。另外，本案中作为被害人的戴某刚好具有警察的身份，但并不意味着其抓捕行为是执行公务的行为。

C 项正确。丙以暴力的方式妨害警察的公务行使，成立妨害公务罪。

D 项错误。根据《刑法》第 318 条规定，在组织他人偷越国边境过程中，以暴力、威胁方法抗拒检查的，认定为组织他人偷越国边境罪(七年以上有期徒刑或无期徒刑)。

【答案】**C**

3. 2016 年 4 月，甲利用乙提供的作弊器材，安排大学生丙在地方公务员考试中代替自己参加考试。但丙考试成绩不佳，甲未能进入复试。关于本案，下列哪些选项是正确的？（2016-2-60，单选）

A. 甲组织他人考试作弊，应以组织考试作弊罪论处

B. 乙为他人考试作弊提供作弊器材，应按组织考试作弊罪论处

C. 丙考试成绩虽不佳，仍构成代替考试罪

D. 甲让丙代替自己参加考试，构成代替考试罪

【考点】组织考试作弊罪；代替考试罪

【解析】组织考试作弊罪中的“组织”行为指的是，组织、策划、指挥多人实施考试作弊，或者是从事考试作弊的经营行为。本案中甲的行为不属于“组织”，而应成立代替考试罪；乙为他人考试作弊提供作弊器材，应成立代替考试罪（帮助犯）；丙在甲的授意下代替考试的行为也成立代替考试罪。综上，A、B项错误，C、D项正确。

【答案】CD

4. 甲在公园游玩时遇见仇人胡某，顿生杀死胡某的念头，便欺骗随行的朋友乙、丙说：“我们追逐胡某，让他出洋相。”三人捡起木棒追逐胡某，致公园秩序严重混乱。将胡某追到公园后门偏僻处后，乙、丙因故离开。随后甲追上胡某，用木棒重击其头部，致其死亡。关于本案，下列哪些选项是正确的？（2015-2-58，多选）

A. 甲触犯故意杀人罪与寻衅滋事罪

B. 乙、丙的追逐行为是否构成寻衅滋事罪，与该行为能否产生救助胡某的义务是不同的问题

C. 乙、丙的追逐行为使胡某处于孤立无援的境地，但无法预见甲会杀害胡某，不成立过失致人死亡罪

D. 乙、丙属寻衅滋事致人死亡，应从重处罚

【考点】寻衅滋事罪；故意杀人罪；因果关系

【解析】A项正确。就甲基于杀人故意将胡某追赶到偏僻处杀人而言，甲触犯故意杀人罪；就甲在公园和乙、丙一起持木棒追逐胡某，致公园秩序严重混乱而言，属于“在公共场所起哄闹事，造成公共场所秩序严重混乱”，对此甲在主观上也存在认识，符合寻衅滋事罪的构成要件。因此，甲的行为同时触犯故意杀人罪与寻衅滋事罪。故意杀人罪和寻衅滋事罪有时能够形成竞合关系。错误地认为故意杀人罪和寻衅滋事罪是对立的关系。

B项正确。乙、丙的追逐行为是否构成寻衅滋事罪，涉及的是追逐行为是否符合寻衅滋事罪的构成要件问题，解决的是对乙、丙的行为导致公园秩序严重混乱应如何评价的问题。乙、丙二人和甲将胡某追到公园后门偏僻处，致使胡某被甲杀害的危险剧增，此时讨论乙、丙是否负有避免胡某被甲杀死的义务的问题，涉及的是乙、丙是否另行成立不作为犯的问题，解决的是乙、丙对胡某的死亡应否负责的问题。因此，乙、丙的追逐行为是否构成寻衅滋事罪，与该行为能否产生救助胡某的义务是不同的问题。

C项正确。乙、丙只有寻衅滋事的故意，没有杀人的故意。在将胡某追到公园后门偏僻处、但尚未追上胡某之时，乙、丙因故离开，此时应认定寻衅滋事共同犯罪已经结束，对于此后甲基于杀意的行为不负刑事责任。甲说“我们追逐胡某，让他出洋相。”据此，离开现场的乙、丙难以预见其追逐行为实际上具有致胡某于死地的危险，二人对胡

某的死亡不存在过失，故不成立过失致人死亡罪。

D 项错误。胡某是在乙、丙离开之后被甲基于杀人故意用木棒打死的，胡某的死亡与乙、丙的寻衅滋事行为之间没有因果关系，因此，乙、丙不属于寻衅滋事致人死亡。

【答案】ABC

5. 首要分子甲通过手机指令所有参与者“和对方打斗时，下手重一点”。在聚众斗殴过程中，被害人被谁的行为重伤致死这一关键事实已无法查明。关于本案的分析，下列哪一选项是正确的？（2014-2-20，单选）

A. 对甲应以故意杀人罪定罪量刑

B. 甲是教唆犯，未参与打斗，应认定为从犯

C. 所有在现场斗殴者都构成故意杀人罪

D. 对积极参加者按故意杀人罪定罪，对其他参加者按聚众斗殴罪定罪

【考点】聚众斗殴罪

【解析】A 项正确。《刑法》第 292 条第 1 款规定：“聚众斗殴的，对首要分子和其他积极参加的，处三年以下有期徒刑、拘役或者管制；有以下情形之一的，对首要分子和其他积极参加的，处三年以上十年以下有期徒刑：（一）多次聚众斗殴的；（二）聚众斗殴人数多，规模大，社会影响恶劣的；（三）在公共场所或者交通要道聚众斗殴，造成社会秩序严重混乱的；（四）持械聚众斗殴的。”第二款规定：“聚众斗殴，致人重伤、死亡的，依照本法第二百三十四条（故意伤害罪）、第二百三十二条（故意杀人罪）的规定定罪处罚。”综上可知，聚众斗殴致人死亡的，法律拟制为故意杀人罪。聚众斗殴中，只有首要分子和积极参加者的行为才被规定为犯罪，而一般参加者的行为没有被规定为聚众斗殴罪。因此，甲作为首要分子，应该对被害人被重伤致死的后果承担刑事责任，即甲构成故意杀人罪。

B 项错误。本题中，甲是教唆犯，虽其没有实际参与打斗，但其在共同犯罪中起了主要作用。因此，对甲应认定为主犯，而非从犯。

C、D 项错误。在不能查明死亡原因的情况下，按照疑罪从无的精神，不宜将所有的斗殴者均认定为故意杀人罪，仅应对首要分子以故意杀人罪定罪处罚。

【答案】A

6. 甲、乙两村因水源发生纠纷。甲村 20 名村民手持铁锹等农具，在两村交界处强行修建引水设施。乙村 18 名村民随即赶到，手持木棍、铁锹等与甲村村民互相谩骂、互扔石块，甲村 3 人被砸成重伤。因警察及时疏导，两村村民才逐渐散去。关于本案，下列哪些选项是正确的？（2013-2-62，多选）

A. 村民为争水源而斗殴，符合聚众斗殴罪的主观要件

B. 不分一般参加斗殴还是积极参加斗殴，甲、乙两村村民均触犯聚众斗殴罪

C. 因警察及时疏导，两村未发生持械斗殴，属于聚众斗殴未遂

D. 对扔石块将甲村 3 人砸成重伤的乙村村民，应以故意伤害罪论处

【考点】聚众斗殴罪

【解析】《刑法》第 292 条第 1 款规定："聚众斗殴的，对首要分子和其他积极参加的，处三年以下有期徒刑、拘役或者管制；有下列情形之一的，对首要分子和其他积极参加的，处三年以上十年以下有期徒刑：（一）多次聚众斗殴的；（二）聚众斗殴人数多，规模大，社会影响恶劣的；（三）在公共场所或者交通要道聚众斗殴，造成社会秩序严重混乱的；（四）持械聚众斗殴的。"第 2 款规定："聚众斗殴，致人重伤、死亡的，依照本法第二百三十四条（故意伤害罪）、第二百三十二条（故意杀人罪）的规定定罪处罚。"

A 项正确。聚众斗殴的动机不影响犯罪的成立，只要对聚众斗殴行为存在认识，并希望、放任其发生，就满足该罪的主观构成要件。

B 项错误。根据刑法规定，聚众斗殴中，只有首要分子和积极参加者的行为才被规定为犯罪，而一般参加者的行为没有被规定为聚众斗殴罪。

C 项错误。本案中，两村村民互相谩骂、互扔石块，已经实施了斗殴的行为，并严重扰乱社会秩序，成立聚众斗殴罪既遂。

D 项正确。聚众斗殴致人重伤的，法律将其拟制为故意伤害罪。因此，对扔石块将甲村 3 人砸成重伤的乙村村民，应以故意伤害罪论处。

【答案】AD

第二节　妨害司法罪

1.《刑法》第 310 条第 1 款规定了窝藏、包庇罪，第 2 款规定："犯前款罪，事前通谋的，以共同犯罪论处。"《刑法》第 312 条规定了掩饰、隐瞒犯罪所得罪，但没有规定"事前通谋的，以共同犯罪论处。"关于上述规定，下列哪一说法是正确的？（2017-2-19，单选）

A. 若事前通谋之罪的法定刑低于窝藏、包庇罪的法定刑，即使事前通谋的，也应以窝藏、包庇罪论处

B. 即使《刑法》第 310 条没有第 2 款的规定，对于事前通谋事后窝藏、包庇的，也应以共同犯罪论处

C. 因缺乏明文规定，事前通谋事后掩饰、隐瞒犯罪所得的，不能以共同犯罪论处

D. 事前通谋事后掩饰、隐瞒犯罪所得的，属于想象竞合，应从一重罪处罚

【考点】窝藏、包庇罪

【解析】事前通谋，为共同犯罪，只是分工不同而已。《刑法》第 310 条第 1 款只是一种提示性条款。

【答案】B

2. 甲杀丙后潜逃。为干扰侦查，甲打电话让乙将一把未留有指纹的斧头粘上丙的鲜血放到现场。乙照办后报案称，自己看到"凶手"杀害了丙，并描述了与甲相貌特征完全不同的"凶手"情况，导致公安机关长期未将甲列为嫌疑人。关于本案，下列哪一

选项是错误的？（2016-2-20，单选）

A. 乙将未留有指纹的斧头放到现场，成立帮助伪造证据罪

B. 对乙伪造证据的行为，甲不负刑事责任

C. 乙捏造事实诬告陷害他人，成立诬告陷害罪

D. 乙向公安机关虚假描述“凶手”的相貌特征，成立包庇罪

【考点】伪造证据罪；诬告陷害罪；包庇罪

【解析】A 项正确。本案中的乙实施了两个行为，分别为“将一把未留有指纹的斧头粘上被害人的鲜血放到现场”与“向公安机关宣称自己看到真凶，并描述了与甲相貌特征完全不同的真凶的情况”。对于前者，应成立帮助伪造证据罪；对于后者，应成立向司法机关作假证明的包庇罪。

B 项正确。本案中的甲实施了指使乙“将一把未留有指纹的斧头粘上被害人的鲜血放到现场”的行为，但该行为并不成立帮助伪造证据罪，因为对于本犯而言，该行为并不具有期待可能性。

C 项错误。乙的行为不成立诬告陷害罪，首先，乙没有“意图使他人受到刑事追究”的目的，而是为了“包庇”真凶；其次，诬告陷害罪是侵害个人法益的犯罪，乙的行为并不会使得任何人受到司法机关的追究。

D 项正确。乙为作假证包庇。

【答案】C

3. 甲杀人后将凶器忘在现场，打电话告诉乙真相，请乙帮助扔掉凶器。乙随即把凶器藏在自家地窖里。数月后，甲生活无着落准备投案自首时，乙向甲汇款 2 万元，使其继续在外生活。关于本案，下列哪一选项是正确的？（2015-2-20，单选）

A. 乙藏匿凶器的行为不属毁灭证据，不成立帮助毁灭证据罪

B. 乙向甲汇款 2 万元不属帮助甲逃匿，不成立窝藏罪

C. 乙的行为既不成立帮助毁灭证据罪，也不成立窝藏罪

D. 甲虽唆使乙毁灭证据，但不能认定为帮助毁灭证据罪的教唆犯

【考点】帮助毁灭证据罪；窝藏罪

【解析】A 项错误。乙将甲的杀人凶器藏在自家地窖里，妨碍证据显现，属于“毁灭”证据，故乙成立帮助毁灭证据罪。

B 项错误。窝藏罪，是指明知是犯罪的人而为其提供隐藏处所、财物，帮助其逃匿的行为。甲生活无着落准备投案自首时，乙向甲汇款 2 万元，使其继续在外生活，不利于司法机关抓捕甲，故属于帮助甲逃匿，成立窝藏罪。

C 项错误。帮助毁灭证据罪是指帮助他人作为诉讼活动的当事人毁灭证据，情节严重的行为。毁灭证据，并不限于从物理上使证据消失，包括妨碍证据显现、使证据的价值减少、消失的一切行为。

D 项正确。犯罪人犯罪后毁灭犯罪证据，这可谓是一种本能，法律无法期待犯罪人不去毁灭自己的犯罪证据。因此，帮助毁灭证据罪中帮助毁灭的对象仅为“他人”的犯罪证据，而不含犯罪人本人的犯罪证据。甲虽唆使乙扔掉凶器，但该凶器是甲本人的杀

人工具，换言之，乙帮助毁灭的证据是犯罪人本人的犯罪证据，而不是他人的犯罪证据，故乙的行为不构成帮助毁灭证据罪，自然也就没有成立教唆犯的余地。

【答案】D

4. 甲的下列哪些行为成立帮助毁灭证据罪(不考虑情节)？(2014-2-61，多选)

A. 甲、乙共同盗窃了丙的财物。为防止公安人员提取指纹，甲在丙报案前擦掉了两人留在现场的指纹

B. 甲、乙是好友。乙的重大贪污罪行被丙发现。甲是丙的上司，为防止丙作证，将丙派往境外工作

C. 甲得知乙放火致人死亡后未清理现场痕迹，便劝说乙回到现场毁灭证据

D. 甲经过犯罪嫌疑人乙的同意，毁灭了对乙有利的无罪证据

【考点】帮助毁灭、伪造证据罪

【解析】A项错误。帮助毁灭、伪造证据罪属事后帮助犯，犯罪主体必须是犯罪分子以外的人，甲、乙共同盗窃丙的财物，甲自己毁灭证据，不成立帮助毁灭证据罪。

B项错误。帮助毁灭、伪造证据罪针对的对象必须是实物性证据，甲将丙派往境外工作，阻止公安司法机关收集丙提供的言词证据的，不符合帮助毁灭、伪造证据罪的对象要求，因而不构成帮助毁灭证据罪。

C项正确。甲得知乙放火致人死亡后未清理现场痕迹，便劝说乙回到现场毁灭证据，乙作为放火案件的当事人，不成立帮助毁灭证据罪，但甲成立帮助毁灭证据罪的间接正犯。

D项正确。在刑事诉讼中，即使经过当事人(犯罪嫌疑人、被告人)同意，帮助其毁灭无罪证据，由于妨害了刑事司法客观公正性，也构成帮助毁灭证据罪。因此，甲经过犯罪嫌疑人乙的同意，毁灭了对乙有利的无罪证据，成立帮助毁灭证据罪。

【答案】CD

5. 甲路过偏僻路段，看到其友乙强奸丙的犯罪事实。甲的下列哪一行为构成包庇罪？(2012-2-19，单选)

A. 用手机向乙通报公安机关抓捕乙的消息

B. 对侦查人员的询问沉默不语

C. 对侦查人员声称乙、丙系恋人，因乙另有新欢遭丙报案诬陷

D. 经法院通知，无正当理由，拒绝出庭作证

【考点】窝藏、包庇罪

【解析】窝藏、包庇罪是指明知是犯罪的人，而为其提供隐藏处所、财物，帮助其逃匿或者作假证明包庇的行为。A项构成窝藏罪。B项证人始终保持沉默，拒绝作证，不属于作假证明包庇。C项对侦查人员声称乙、丙系恋人，因乙另有新欢遭丙报案诬陷，构成包庇罪和伪证罪的竞合，该项正确。D项经法院通知，无正当理由，拒绝出庭作证的，按照《刑事诉讼法》的相关规定，法院可以对其进行训诫，情节严重的，可以拘留，但行为人不构成包庇罪。

【答案】C

6. 下列哪一选项的行为应以掩饰、隐瞒犯罪所得罪论处？（2011-2-17，单选）

A. 甲用受贿所得1000万元购买了一处别墅

B. 乙明知是他人用于抢劫的汽车而更改车身颜色

C. 丙与抢劫犯事前通谋后代为销售抢劫财物

D. 丁明知是他人盗窃的汽车而为其提供伪造的机动车来历凭证

【考点】掩饰、隐瞒犯罪所得罪

【解析】掩饰、隐瞒犯罪所得、犯罪所得收益罪是指指明知是犯罪所得及其产生的收益而予以窝藏、转移、收购、代为销售或者以其他方法掩饰、隐瞒的行为。该罪与洗钱罪、窝藏、包庇罪一样，都属于事后提供帮助，而非事前有通谋或犯罪过程中达成合意的共犯。

A项错误。掩饰、隐瞒犯罪所得、犯罪所得收益罪是替别人掩饰、隐瞒，而非自己。且甲受贿后使用赃款的行为属于事后不可罚行为，不另行评价为犯罪。

B项错误。车是他人犯罪的工具，而非犯罪所得及其收益。

C项错误。二人事先有通谋，只不过分工不同而已，丙的行为应成立抢劫罪的共犯，为帮助犯。再次提示：掩饰、隐瞒犯罪所得、犯罪所得收益罪、洗钱罪、窝藏、包庇罪这三个罪均仅为事后提供帮助，而非事先约好的帮助，否则就成立上游犯罪的共犯。

D项正确。为他人犯罪提供事后帮助，为其犯罪所得掩饰其来源，成立本罪。双高《关于办理与盗窃、抢劫、诈骗、抢夺机动车相关刑事案件具体应用法律若干问题的解释》第1条第(6)项也曾明确规定，明知是盗窃、抢劫、诈骗、抢夺的机动车，而为其提供或者出售伪造、变造的机动车来历凭证、整车合格证、号牌以及有关机动车的其他证明和凭证的，以掩饰、隐瞒犯罪所得、犯罪所得收益罪定罪。

【答案】D

第三节 妨害国(边)境管理罪

2011—2017年本节无题目。

第四节 妨害文物管理罪

2011—2017年本节无题目。

第五节 危害公共卫生罪

医生甲退休后，擅自为人看病2年多。某日，甲为乙治疗，需注射青霉素。乙自述以前曾注射过青霉素，甲便未做皮试就给乙注射青霉素，乙因青霉素过敏而死亡。关于本案，下列哪一选项是正确的？（2013-2-18，单选）

A. 以非法行医罪的结果加重犯论处　　B. 以非法行医罪的基本犯论处

C. 以过失致人死亡罪论处　　D. 以医疗事故罪论处

【考点】非法行医罪

【解析】非法行医罪的主体是“未取得医生执业资格的人”，既包括未取得执业医师资格的人，也包括取得了职业医师资格但没有取得执业证书的人。在具有集体执业资格的医院行医的人如果没有取得个人行医执业许可证而从事个体行医的，仍然可能成立非法行医罪。

A 项正确，B 项错误。医生甲显然没有取得个人行医执业许可证，因此，甲擅自为他人看病的行为成立非法行医罪。非法行医行为本身过失导致就诊人死亡的，属于非法行医罪的结果加重犯。

C、D 项错误。过失致人死亡罪的法条明文规定：“本法另有规定的，依照规定。”换言之，凡是过失致人死亡的行为能够评价为其他犯罪(或者其他犯罪的结果加重犯，或者被法律拟制为其他犯罪)，而且能够做到罪刑相适应的，就按照其他犯罪定罪处罚，不再认定为过失致人死亡罪。未取得医生执业资格的甲非法行医，造成就诊人死亡的，刑法将其规定为非法行医罪的结果加重犯，不再认定为过失致人死亡罪，也不成立医疗事故罪。

【答案】A

第六节　破坏环境资源保护罪

1. 关于盗伐林木罪，下列哪一选项是正确的？（2017-2-20，单选）

A. 甲盗伐本村村民张某院落外面的零星树木，如果盗伐数量较大，构成盗伐林木罪

B. 乙在林区盗伐珍贵林木，数量较大，如同时触犯其他法条构成其他犯罪，应数罪并罚

C. 丙将邻县国有林区的珍贵树木移植到自己承包的林地精心养护使之成活的，不属于盗伐林木

D. 丁在林区偷扒数量不多的具有药用价值的树皮，致使数量较大的林木枯死的，构成盗伐林木罪

【考点】盗伐林木罪

【解析】A 项错误。甲成立盗窃罪。B 项错误。同时触犯其他法条的，如何处罚，视具体情形而定，例如，如果是法条竞合，则适用特殊的法条；如果想象竞合，则原则上从一重论处。C 项错误，属于盗伐林木行为。

【答案】D

2. 甲公司竖立的广告牌被路边树枝遮挡，甲公司在未取得采伐许可的情况下，将遮挡广告牌的部分树枝砍掉，所砍树枝共计6立方米。关于本案，下列哪一选项是正确的？（2013-2-19，单选）

A. 盗伐林木包括砍伐树枝，甲公司的行为成立盗伐林木罪

B. 盗伐林木罪是行为犯，不以破坏林木资源为要件，甲公司的行为成立盗伐林木罪

C. 甲公司不以非法占有为目的，只成立滥伐林木罪

D. 不能以盗伐林木罪判处甲公司罚金

【考点】盗伐林木罪

【解析】盗伐林木罪的行为也是一种盗窃他人财物的行为，属于盗窃罪的特殊法条，因此，盗伐林木罪要求行为人有非法占有目的。本案中，甲公司是为了避免广告牌被树枝遮挡才将部分树枝砍掉，因此没有非法占有目的，不成立盗伐林木罪。按照司法解释的规定，滥伐林木罪的成立要求滥伐数量达到10立方米以上，故甲公司的行为也不成立滥伐林木罪。A、B、C项错误，D项正确。

【答案】D

第七节　走私、贩卖、运输、制造毒品罪

1. 关于毒品犯罪，下列哪些选项是正确的？（2017-2-61，多选）

A. 甲容留未成年人吸食、注射毒品，构成容留他人吸毒罪

B. 乙随身携带藏有毒品的行李入关，被现场查获，构成走私毒品罪既遂

C. 丙乘广州至北京的火车运输毒品，快到武汉时被查获，构成运输毒品罪既遂

D. 丁以牟利为目的容留刘某吸食毒品并向其出卖毒品，构成容留他人吸毒罪和贩卖毒品罪，应数罪并罚

【考点】容留他人吸毒罪；走私、运输毒品罪

【解析】A项正确，容留成年人或未成年人吸食、注射毒品，均成立容留他人吸毒罪。

B项正确。进入中国领域即为既遂。

C项正确。运输行为使毒品离开原处或者转移了存放地的，为运输毒品罪的既遂。

D项正确。容留他人吸毒，并向被容留者出售毒品的，是不同的行为，不同的犯罪，应予以数罪并罚。

【答案】ABCD

2. 关于毒品犯罪，下列哪些选项是正确的？（2016-2-61，多选）

A. 甲无牟利目的，为江某代购仅用于吸食的毒品，达到非法持有毒品罪的数量标准。对甲应以非法持有毒品罪定罪

B. 乙为蒋某代购仅用于吸食的毒品，在交通费等必要开销之外收取了若干“劳务费”。对乙应以贩卖毒品罪论处

C. 丙与曾某互不知情，受雇于同一雇主，各自运输海洛因500克。丙将海洛因从一地运往另一地后，按雇主吩咐交给曾某，曾某再运往第三地。丙应对运输1000克海洛因负责

D. 丁盗窃他人200克毒品后，将该毒品出卖。对丁应以盗窃罪和贩卖毒品罪实行数罪并罚

【考点】非法持有毒品罪；贩卖毒品罪；运输毒品罪；盗窃罪

【解析】A、B项正确。根据我国的司法解释，为他人代购仅用于吸食的毒品如何定性，取决于该行为是否获得"报酬"，如果未获得报酬，数量较大，成立非法持有毒品罪；反之，变相加价，则成立贩卖毒品罪。

C项错误。丙与曾某虽然客观上行为彼此"配合"，但二人并无主观上的意思联络(共谋)，因此不属于共犯，各自对各自的行为(运输毒品500克)负责。

D项正确。丁盗窃毒品的行为成立盗窃罪(毒品本身也有财产价值)，之后出卖毒品的行为成立贩卖毒品罪，最终对丁应数罪并罚。

【答案】ABD

3. 关于毒品犯罪的论述，下列哪些选项是错误的？（2012-2-62，多选）

A. 非法买卖制毒物品的，无论数量多少，都应追究刑事责任

B. 缉毒警察掩护、包庇走私毒品的犯罪分子的，构成放纵走私罪

C. 强行给他人注射毒品，使人形成毒瘾的，应以故意伤害罪论处

D. 窝藏毒品犯罪所得的财物的，属于窝藏毒赃罪与掩饰、隐瞒犯罪所得罪的法条竞合，应以窝藏毒赃罪定罪处刑

【考点】毒品犯罪；法条竞合

【解析】A项错误。根据《刑法》第347条规定，走私、贩卖、运输、制造毒品的，无论数量多少，都应追究刑事责任。而《刑法》第350条关于非法买卖制毒物品罪的规定中，并无"无论数量多少，都应追究刑事责任"的内容，有关司法解释也要求非法买卖制毒物品，必须达到一定数量标准的，才构成犯罪。

B项错误。缉毒警察掩护、包庇走私毒品的犯罪分子的，构成包庇毒品犯罪分子罪，放纵走私罪的主体只能是海关人员。

C项错误。对他人强行注射毒品的，构成强迫吸毒罪，而非故意伤害罪。

D项正确。窝藏毒品犯罪所得的财物的，成立窝藏毒赃罪，与掩饰、隐瞒犯罪所得罪之间存在法条竞合关系，前罪属于特别法条，按照法条竞合时特别法条优于普通法条的处理原则，应以窝藏毒赃罪定罪处刑。

【答案】ABC

4. 关于非法持有毒品罪，下列哪一选项是正确的？（2011-2-18，单选）

A. 非法持有毒品的，无论数量多少都应当追究刑事责任

B. 持有毒品不限于本人持有，包括通过他人持有

C. 持有毒品者而非所有者时，必须知道谁是所有者

D. 因贩卖而持有毒品的，应当实行数罪并罚

【考点】非法持有毒品罪

【解析】A 项错误。非法持有数量较大的毒品才成立犯罪。例如非法持有鸦片 200 克以上、海洛因或甲基苯丙胺 10 克以上。

B 项正确。该条所规定的“持有”是一种管领和控制，包括通过他人持有。

C 项错误。非法持有毒品罪是一种行为犯，明知是毒品而持有即成立犯罪，不要求明知其所有者是谁。

D 项错误。为吸收犯关系，实务中以贩卖毒品罪一罪处罚。

【答案】B

第八节 组织、强迫、引诱、容留、介绍卖淫罪

2011—2017 年本节无题目。

第九节 制作、贩卖、传播淫秽物品罪

2011—2017 年本节无题目。

第二十一章 危害国防利益罪

2011—2017 年本章无题目。

第二十二章 贪污贿赂罪

1. 国有甲公司领导王某与私企乙公司签订采购合同，以 10 万元的价格向乙公司采购一批设备。后王某发现，丙公司销售的相同设备仅为 6 万元。王某虽有权取消合同，但却与乙公司老总刘某商议，由王某花 6 万元从丙公司购置设备交给乙公司，再由乙公司以 10 万元的价格卖给甲公司。经王某签字批准，甲公司将 10 万元货款支付给乙公司后，刘某再将 10 万元返给王某。刘某为方便以后参与甲公司采购业务，完全照办。关于本案的分析，下列哪一选项是正确的？（2017-2-21，单选）

A. 王某利用职务上的便利套取公款，构成贪污罪，贪污数额为 10 万元

B. 王某利用与乙公司签订合同的机会谋取私利，应以职务侵占罪论处

C. 刘某为谋取不正当利益，事后将货款交给王某，刘某行为构成贪污罪

D. 刘某协助王某骗取公款，但因其并非国家工作人员，故构成诈骗罪

【考点】贪污罪；职务侵占罪；诈骗罪

【解析】本案属于王某与刘某串通共同犯罪。案件中，王某为主犯，刘某为从犯，定贪污罪而非职务侵占罪。贪污数额为 4 万元。C 项正确，A、B、D 项错误。

【答案】C

2. 关于受贿罪，下列哪些选项是正确的？（2017-2-62，多选）

A. 国家工作人员明知其近亲属利用自己的职务行为受贿的，构成受贿罪

B. 国家工作人员虚假承诺利用职务之便为他人谋利，收取他人财物的，构成受贿罪

C. 国家机关工作人员实施渎职犯罪并收受贿赂，同时构成渎职罪和受贿罪的，除《刑法》有特别规定外，以渎职罪和受贿罪数罪并罚

D. 国家工作人员明知他人有请托事项而收受其财物，视为具备“为他人谋取利益”的构成要件，是否已实际为他人谋取利益，不影响受贿的认定

【考点】受贿罪

【解析】本书作者认为，受贿罪的本质是权钱交易，B 选项只是以此为幌子，属于“骗”，因此，不成立受贿罪，而成立诈骗罪，B 项错误。

【答案】ACD（司法部给出的答案是 ABCD）

3. 国家工作人员甲听到有人敲门，开门后有人扔进一个包就跑。甲发现包内有 20 万元现金，推测是有求于自己职务行为的乙送的。甲打电话问乙时被告知“不要问是谁送的，收下就是了”（事实上是乙安排丙送的），并重复了前几天的请托事项。甲虽不能确定是乙送的，但还是允诺为乙谋取利益。关于本案，下列哪一选项是正确的？（2016-2-21，单选）

A. 甲没有主动索取、收受财物，不构成受贿罪

B. 甲没有受贿的直接故意，间接故意不可能构成受贿罪，故甲不构成受贿罪

C. 甲允诺为乙谋取利益与收受 20 万元现金之间无因果关系，故不构成受贿罪

D. 即使认为甲不构成受贿罪，乙与丙也构成行贿罪

【考点】受贿罪

【解析】首先，乙丙二人为谋取不正当利益而给予国家工作人员甲财物，成立行贿罪共犯。其次，甲虽一开始不了解现金的来源，但后来当乙重复请托事项后，即对于该现金属于贿赂款具有明知了，因此，甲的行为符合受贿罪“收受贿赂，为他人谋利益”的特征。至于主观上是直接故意还是间接故意，并不影响受贿罪的成立。综上，D 项正确。A、B、C 项错误。

【答案】D

4. 关于贿赂犯罪的认定，下列哪些选项是正确的？（2016-2-62，多选）

A. 甲是公立高校普通任课教师，在学校委派其招生时，利用职务便利收受考生家长 10 万元。甲成立受贿罪

B. 乙是国有医院副院长，收受医药代表 10 万元，承诺为病人开处方时多开相关药

品。乙成立非国家工作人员受贿罪

C. 丙是村委会主任，在村集体企业招投标过程中，利用职务收受他人财物 10 万元，为其谋利。丙成立非国家工作人员受贿罪

D. 丁为国有公司临时工，与本公司办理采购业务的副总经理相勾结，收受 10 万元回扣归二人所有。丁构成受贿罪

【考点】受贿罪

【解析】A 项正确。甲虽是公立高校任课老师，不属于国家工作人员，但在学校委托其负责招生工作时，即掌握了公权力。换言之，此时甲应作为“国家工作人员”因此，甲的行为应认定为受贿罪。

B 项正确。乙虽为国有医院副院长，但其并未将自己手中的“公权力”进行交易，而只是承诺将自己作为一名普通医生的权力(开药)予以交易。因此，乙并非国家工作人员，其行为应成立非国家工作人员受贿罪。

C 项正确。根据我国司法解释，村委会主任只有在协助政府实施土地管理工作时才具备国家工作人员的身份，而在一般的工作中不具有国家工作人员的身份，因此，丙的行为应认定为非国家工作人员受贿罪。

D 项正确。一般公民(不具有国家工作人员身份的人)伙同国家工作人员受贿的，成立受贿罪的共犯。

【答案】ABCD

5. 根据《刑法》规定，国家工作人员利用本人职权或者(1)形成的便利条件，通过其他(2)职务上的行为，为请托人谋取(3)，索取请托人财物或者收受请托人财物的，以(4)论处。这在刑法理论上称为(5)。将下列哪一选项内容填充到以上相应位置是正确的?（2015-2-21，单选）

A. (1)地位(2)国家机关工作人员(3)利益(4)利用影响力受贿罪(5)间接受贿

B. (1)职务(2)国家工作人员(3)利益(4)受贿罪(5)斡旋受贿

C. (1)职务(2)国家机关工作人员(3)不正当利益(4)利用影响力受贿罪(5)间接受贿

D. (1)地位(2)国家工作人员(3)不正当利益(4)受贿罪(5)斡旋受贿

【考点】受贿罪

【解析】D 项正确。《刑法》第 388 条规定：“国家工作人员利用本人职权或者地位形成的便利条件，通过其他国家工作人员职务上的行为，为请托人谋取不正当利益，索取请托人财物或者收受请托人财物的，以受贿论处。”

【答案】D

6. 交警甲和无业人员乙勾结，让乙告知超载司机“只交罚款一半的钱，即可优先通行”；司机交钱后，乙将交钱司机的车号报给甲，由在高速路口执勤的甲放行。二人利用此法共得 32 万元，乙留下 10 万元，余款归甲。关于本案的分析，下列哪一选项是错误的?（2014-2-21，单选）

A. 甲、乙构成受贿罪共犯　　B. 甲、乙构成贪污罪共犯

C. 甲、乙构成滥用职权罪共犯　　　　D. 乙的受贿数额是 32 万元

【考点】贪污罪；受贿罪

【解析】A 项正确。根据《刑法》第 385 条第 1 款规定，国家工作人员利用职务上的便利，索取他人财物的，或者非法收受他人财物，为他人谋取利益的，是受贿罪。本题中，甲、乙行为的实质是"送给我罚款一半的钱，就可以不用再罚款了。"交警甲利用其职务上的便利，指使乙非法向超载司机索取钱财，其本质是受贿，构成受贿罪。另外，不具有构成身份的人与具有构成身份的人共同实施真正身份犯罪时，成立共同犯罪。因此，乙与甲成立受贿罪的共犯。

B 项错误。《刑法》第 382 条第 1 款规定，国家工作人员利用职务上的便利，侵吞、窃取、骗取或者以其他手段非法占有公共财物的，是贪污罪。贪污是将已经属于国家的钱利用职务便利非法据为己有，而是要求超载司机向其行贿。而本题中交警甲和无业人员乙并未将已经收到的罚款据为己有，而是要求超载司机向其行贿，甲、乙收获的"罚款"属于司机的贿赂款项，因此不构成贪污罪。

C 项正确。《刑法》第 397 条第 1 款规定，国家机关工作人员滥用职权或者玩忽职守，致使公共财产、国家和人民利益遭受重大损失的，处三年以下有期徒刑或者拘役；情节特别严重的，处三年以上七年以下有期徒刑。本法另有规定的，依照规定。本题中，甲滥用其放行车辆的权力，与无业人员乙共谋让提前给其缴纳半数罚款的超载车辆通行，致使国家损失 64 万元，并威胁到高速公路上的行车安全，构成滥用职权罪的共犯。

D 项正确。在共同受贿犯罪中，犯罪数额不是个人分得赃款的数额，而是二人共同犯罪涉及的总金额。因此，甲、乙的受贿罪金额均为 32 万元。

【答案】B

7. 根据《刑法》与司法解释的规定，国家工作人员挪用公款进行营利活动、数额达到 1 万元或者挪用公款进行非法活动、数额达到 5000 元的，以挪用公款罪论处。国家工作人员甲利用职务便利挪用公款 1.2 万元，将 8000 元用于购买股票，4000 元用于赌博，在 1 个月内归还 1.2 万元。关于本案的分析，下列哪些选项是错误的？（2014-2-62，多选）

A. 对挪用公款的行为，应按用途区分行为的性质与罪数；甲实施了两个挪用行为，对两个行为不能综合评价，甲的行为不成立挪用公款罪

B. 甲虽只实施了一个挪用公款行为，但由于既未达到挪用公款进行营利活动的数额要求，也未达到挪用公款进行非法活动的数额要求，故不构成挪用公款罪

C. 国家工作人员购买股票属于非法活动，故应认定甲属于挪用公款 1.2 万元进行非法活动，甲的行为成立挪用公款罪

D. 可将赌博行为评价为营利活动，认定甲属于挪用公款 1.2 万元进行营利活动，故甲的行为成立挪用公款罪

【考点】挪用公款罪

【解析】挪用公款罪，是指国家工作人员利用职务上的便利，挪用公款归个人使用，

进行非法活动的，或者挪用公款数额较大，进行营利活动的，或者挪用公款数额较大，超过3个月未还的行为。

A、B项错误。甲利用职务便利挪用了公款1.2万元，8000元用于购买股票(营利活动)，4000元用于赌博(非法活动)。应对这个行为进行总体评价，认定为一个挪用行为，若按用途区分行为的性质与罪数，由于甲的行为活动既未达到挪用公款进行营利活动的数额要求，也未达到挪用公款进行非法活动的数额要求，因此如果认定甲不构成挪用公款罪，会导致行为人实际上实施了侵害职务廉洁性的行为，而得不到惩罚的不公正的结果出现，无法做到罪刑相适应，因此不能按用途区分行为的性质与罪数。

C项错误。我国并未规定国家工作人员购买股票属于非法活动。

D项正确。甲参与赌博的行为属于非法活动，其目的是希望通过赌博行为获取利益，具有一定的营利的性质，为了遵循罪责刑相适应原则，可以将赌博行为评价为营利活动，认定甲属于挪用公款1.2万元进行营利活动，对甲应认定为挪用公款罪。

【答案】ABC

8. 国有A公司总经理甲发现A公司将从B公司购进的货物转手卖给某公司时，A公司即可赚取300万元。甲便让其妻乙注册成立C公司，并利用其特殊身份，让B公司与A公司解除合同后，再将货物卖给C公司。C公司由此获得300万元利润。关于甲的行为定性，下列哪一选项是正确的?（2013-2-20，单选）

A. 贪污罪　　B. 为亲友非法牟利罪

C. 诈骗罪　　D. 非法经营同类营业罪

【考点】贪污罪

【解析】本案中，国家工作人员甲利用职务之便，将本单位的财产利益(已经签订合同)非法据为己有，成立贪污罪。当然，如果同一行为还符合为亲友非法牟利罪的构成要件，则属于想象竞合犯，择一重罪处罚，也成立贪污罪。A项正确，B、C、D项错误。

【答案】A

9. 关于受贿相关犯罪的认定，下列哪些选项是正确的?（2013-2-63，多选）

A. 甲知道城建局长张某吸毒，以提供海洛因为条件请其关照工程招标，张某同意。甲中标后，送给张某50克海洛因。张某构成受贿罪

B. 乙系人社局副局长，乙父让乙将不符合社保条件的几名亲戚纳入社保范围后，收受亲戚送来的3万元。乙父构成利用影响力受贿罪

C. 国企退休厂长王某(正处级)利用其影响，让现任厂长帮忙，在本厂推销保险产品后，王某收受保险公司3万元。王某不构成受贿罪

D. 法院院长告知某企业经理赵某“如给法院捐赠500万元办公经费，你们那个案件可以胜诉”。该企业胜诉后，给法院单位账户打入500万元。应认定法院构成单位受贿罪

【考点】受贿罪

【解析】A 项正确。受贿罪的法益是职务行为的不可收买性或者公众对职务行为不可收买性的信赖。因此，即使行贿者给予国家工作人员违禁品，只要国家工作人员收受并承诺为其谋利益，表明职务行为已被交易，就成立受贿罪。此外，国家工作人员先为他人谋取利益，然后收受职务行为的报酬，也属于职务行为的交易，同样成立受贿罪。

B 项正确。国家工作人员乙的父亲为了替请托人谋取不正当利益，利用乙的职务形成的影响和便利，收受请托人财物，成立利用影响力受贿罪。当然，如果乙与其父勾结，为其亲戚牟利，收受其财物的，则成立受贿罪的共犯。

C 项正确。离职的国家工作人员王某为了替请托人谋取不正当利益，利用自己先前国家工作人员身份、地位的影响，找现任厂长为其办事，其行为成立利用影响力受贿罪，不成立受贿罪。

D 项正确。作为单位负责人，法院院长为了法院的利益，向赵某索取贿赂的，属于单位犯罪，成立单位受贿罪。在实践中，认定单位意志的体现，只要单位负责人为了单位利益而实施相关行为即可。

【答案】ABCD

10. 甲恳求国有公司财务主管乙，从单位挪用 10 万元供他炒股，并将一块名表送给乙。乙做假账将 10 万元交与甲，甲表示尽快归还。20 日后，乙用个人财产归还单位 10 万元。关于本案，下列哪一选项是错误的？（2012-2-20，单选）

A. 甲、乙勾结私自动用公款，构成挪用公款罪的共犯

B. 乙虽 20 日后主动归还 10 万元，甲、乙仍属于挪用公款罪既遂

C. 乙非法收受名表，构成受贿罪

D. 对乙不能以挪用公款罪与受贿罪进行数罪并罚

【考点】挪用公款罪；罪数；共犯

【解析】A 项正确。甲恳求国有公司财务主管乙，从单位挪用 10 万元供他炒股，属于指使他人挪用公款归自己使用，应当以挪用公款罪共犯论处。

B 项正确。甲挪用公款炒股票，属于挪用公款进行营利活动，因为挪用数额巨大，即便乙在 20 日后，用个人财产归还单位 10 万元，也构成挪用公款罪既遂。

C 项正确。甲将一块名表送给乙，乙成立受贿罪。

D 项错误。挪用公款又构成其他罪的，应当数罪并罚。

【答案】D

11. 国家工作人员甲与民办小学教师乙是夫妻。甲、乙支出明显超过合法收入，差额达 300 万元。甲、乙拒绝说明财产来源。一审中，甲交代 300 万元系受贿所得，经查证属实。关于本案，下列哪些选项是正确的？（2012-2-63，多选）

A. 甲构成受贿罪　　B. 甲不构成巨额财产来源不明罪

C. 乙不构成巨额财产来源不明罪　　D. 乙构成掩饰、隐瞒犯罪所得罪

【考点】受贿罪；巨额财产来源不明罪

【解析】A、B 项正确。国家工作人员甲的财产 300 万元经查明系受贿所得，其构成

受贿罪，不再构成巨额财产来源不明罪。

C 项正确。乙没有国家工作人员身份，也没有说明财产来源的义务，不构成巨额财产来源不明罪。

D 项错误。乙只是单纯拒绝说明财产来源，不构成掩饰、隐瞒犯罪所得罪。

【答案】ABC

12. 大学生甲为获得公务员面试高分，送给面试官乙（某机关领导）2 瓶高档白酒，乙拒绝。次日，甲再次到乙家，偷偷将一块价值 1 万元的金币放在茶几上离开。乙不知情。保姆以为乙知道此事，将金币放入乙的柜子。对于本案，下列哪一选项是错误的？（2011-2-19，单选）

A. 甲的行为成立行贿罪

B. 乙的行为不构成受贿罪

C. 认定甲构成行贿罪与乙不构成受贿罪不矛盾

D. 保姆的行为成立利用影响力受贿罪

【考点】行贿罪；受贿罪；利用影响力受贿罪

【解析】A、B、C 项正确。甲为了谋取不正当利益，送给乙财物，成立行贿罪。乙没有收取酒，对于金币的事不知情，不成立受贿罪。二者并不矛盾。

D 项错误。保姆没有通过国家工作人员职务上的行为，为请托人谋取不正当利益，不成立利用影响力受贿罪。

【答案】D

13. 关于贪污罪的认定，下列哪些选项是正确的？（2011-2-63，多选）

A. 国有公司中从事公务的甲，利用职务便利将本单位收受的回扣据为己有，数额较大。甲行为构成贪污罪

B. 土地管理部门的工作人员乙，为农民多报青苗数，使其从房地产开发商处多领取 20 万元补偿款，自己分得 10 万元。乙行为构成贪污罪

C. 村民委员会主任丙，在协助政府管理土地征用补偿费时，利用职务便利将其中数额较大款项据为己有。丙行为构成贪污罪

D. 国有保险公司工作人员丁，利用职务便利编造未发生的保险事故进行虚假理赔，将骗取的 5 万元保险金据为己有。丁行为构成贪污罪

【考点】贪污罪

【解析】贪污罪，是指国家工作人员利用职务上的便利，侵吞、窃取、骗取或者以其他手段非法占有公共财物的行为。其犯罪主体为特殊主体，包括：

（1）国家工作人员。具体包括：国家机关中从事公务的人员；国有公司、企业、事业单位、人民团体中从事公务的人员；国家机关、国有公司、企业、事业单位委派到非国有公司、企业、事业单位、社会团体中从事公务的人员；其他依照法律从事公务的人员，包括协助人民政府从事行政管理工作的村民委员会基层组织人员。“行政管理工作”包括：救灾、抢险、防汛、优抚、扶贫、移民、救济款物的管理；社会捐助公益事业款物的管理；国有土地的经营和管理；土地征用补偿费用的管理；代征、代缴税款；

有关计划生育、户籍、征兵工作；协助人民政府从事其他行政管理工作。

(2)受国家机关、国有公司、企业、事业单位、人民团体委托管理、经营国有财产的人员，以国家工作人员论。

A 项正确。甲为国家工作人员，利用职务便利，将国有公司收受的回扣据为己有，数额较大，成立贪污罪。

B 项错误。贪污罪的犯罪对象是公共财物，包括下列财产：(一)国有财产；(二)劳动群众集体所有的财产。在国家机关、国有公司、企业、集体企业和人民团体管理、使用或者运输中的私人财产，以公共财产论。乙骗取的开发商的补偿款不属于《刑法》第 91 条规定的公共财物。乙成立诈骗罪而非贪污罪。

C 项正确。丙属于“其他依照法律从事公务的人员”，成立贪污罪。全国人大常委会《关于〈中华人民共和国刑法〉第九十三条第二款的解释》也有相关规定。

D 项正确。《刑法》第 183 条规定，国有保险公司工作人员和国有保险公司委派到非国有保险公司从事公务的人员利用职务上的便利，故意编造未曾发生的保险事故进行虚假理赔，骗取保险金归自己所有的，依照贪污罪定罪处罚。

【答案】ACD

第二十三章　渎职罪

1. 关于渎职罪，下列哪些选项是正确的？（2017-2-63，多选）

A. 省渔政总队验船师郑某，明知有 8 艘渔船存在套用船号等问题，按规定应注销，却为船主办理船检证书，船主领取国家柴油补贴 640 万元。郑某构成滥用职权罪

B. 刑警曾某办理冯某抢劫案，明知冯某被取保候审后未定期到派出所报到，曾某也未依法传唤冯某或将案件移送起诉或变更强制措施。期间，冯某再次犯罪。曾某构成徇私枉法罪

C. 律师于某担任被告人马某的辩护人，从法院复印马某贪污案的案卷材料，允许马某亲属朱某查阅。朱某随后游说证人，使数名证人向于某出具了虚假证明材料。于某构成故意泄露国家秘密罪

D. 公安局协警闫某，在协助抓捕行动中，向领导黑社会性质组织的李某通风报信，导致李某等主要犯罪分子潜逃。闫某构成帮助犯罪分子逃避处罚罪

【考点】滥用职权罪；徇私枉法罪；故意泄露国家秘密罪；帮助犯罪分子逃避处罚罪

【解析】B 项错误。徇私枉法罪是指司法工作人员徇私枉法、徇情枉法，在刑事诉讼中，对明知是无罪的人而使其受到追诉，对明知是有罪的人而故意包庇使其不受追诉，或者在刑事审判活动中故意违背事实和法律作枉法裁判的行为。曾某的行为不符合徇私枉法罪的犯罪构成。

C 项错误。复印的案卷材料不具有保密性，更非国家秘密。于某不构成犯罪。

D 项正确。帮助犯罪分子逃避处罚罪是指由查禁犯罪活动职责的国家机关工作人员，向犯罪分子通风报信、提供便利的行为。闫某成立该罪。

【答案】AD

2. 关于渎职犯罪，下列哪些选项是正确的？（2016-2-63，多选）

A. 县财政局副局长秦某工作时擅离办公室，其他办公室人员操作电炉不当，触电身亡并引发大火将办公楼烧毁。秦某触犯玩忽职守罪

B. 县卫计局执法监督大队队长武某，未能发现何某在足疗店内非法开诊所行医，该诊所开张三天即造成一患者死亡。武某触犯玩忽职守罪

C. 负责建房审批工作的干部柳某，徇情为拆迁范围内违规修建的房屋补办了建设许可证，房主凭此获得补偿款 90 万元。柳某触犯滥用职权罪

D. 县长郑某擅自允许未经环境评估的水电工程开工，导致该县水域内濒危野生鱼类全部灭绝。郑某触犯滥用职权罪

【考点】滥用职权罪；玩忽职守罪

【解析】A 项错误。秦某虽是财政局副局长，但其职责并不是具体地防止办公室等其他人员错误使用电炉，换言之，秦某虽有擅离职守行为，但该行为与最终的火灾结果并无刑法上的因果关系，因此不成立玩忽职守罪。

B 项错误。玩忽职守罪的成立需要行为人实施了不履行职责或不当履行职责的行为，但本案中何某的非法行医行为发生在足疗店内，对足疗店的卫生检查并不属于卫计局的执法范围。因此，武某的行为不成立玩忽职守罪。

C、D 项正确。C 项中的刘某与 D 项中的郑某均属于以行使权力的外观实际上却不当地行使手中的职权，导致了严重的后果，符合滥用职权罪的成立条件。

【答案】CD

3. 丙实施抢劫犯罪后，分管公安工作的副县长甲滥用职权，让侦办此案的警察乙想办法使丙无罪。乙明知丙有罪，但为徇私情，采取毁灭证据的手段使丙未受追诉。关于本案的分析，下列哪些选项是正确的？（2014-2-63，多选）

A. 因甲是国家机关工作人员，故甲是滥用职权罪的实行犯

B. 因甲居于领导地位，故甲是徇私枉法罪的间接正犯

C. 因甲实施了两个实行行为，故应实行数罪并罚

D. 乙的行为同时触犯徇私枉法罪与帮助毁灭证据罪、滥用职权罪，但因只有一个行为，应以徇私枉法罪论处

【考点】滥用职权罪；徇私枉法罪

【解析】A 项正确。滥用职权罪是指国家机关工作人员滥用职权，致使公共财产、国家、人民利益遭受重大损失的行为。甲是分管公安工作的副县长，其利用职权便利让侦办此案的乙想办法使犯罪的丙未受追诉，属于滥用职权罪的实行犯。

B 项错误。间接正犯是指将他人作为犯罪工具，他人没有规范意识。本题中，甲与乙是共犯关系，构成徇私枉法罪的共同犯罪，因而甲不属徇私枉法罪的间接正犯。

C 项错误。甲指使乙想办法使丙无罪只有一个实行行为，不存在数罪并罚问题。

D 项正确。乙利用职权毁灭证据的行为触犯了三个罪名，即帮助毁灭证据罪、徇私枉法罪、滥用职权罪。其中，滥用职权罪与徇私枉法罪之间是法条竞合的关系，徇私枉法罪是特别法条优先适用。徇私枉法罪与帮助毁灭证据罪是想象竞合犯，应择一重罪处断，应当以徇私枉法罪论处。

【答案】AD

4. 乙的孙子丙因涉嫌抢劫被刑拘。乙托甲设法使丙脱罪，并承诺事成后付其 10 万元。甲与公安局副局长丁早年认识，但多年未见面。甲托丁对丙作无罪处理，丁不同意，甲便以揭发隐私要挟，丁被迫按甲的要求处理案件。后甲收到乙 10 万元现金。关于本案，下列哪一选项是错误的？（2013-2-21，单选）

A. 对于“关系密切”应根据利用影响力受贿罪的实质进行解释，不能仅从形式上限定为亲朋好友

B. 根据 A 选项的观点，“关系密切”包括具有制约关系的情形，甲构成利用影响力受贿罪

C. 丁构成徇私枉法罪，甲构成徇私枉法罪的教唆犯

D. 甲的行为同时触犯利用影响力受贿罪与徇私枉法罪，应从一重罪论处

【考点】利用影响力受贿罪；徇私枉法罪

【解析】A、B 项正确。利用影响力受贿罪中“有密切关系的人”不能特别限定，凡是客观上能够通过国家工作人员职务上的行为，或者利用国家工作人员职权或者地位形成的便利条件，通过其他国家工作人员职务上的行为，为请托人谋取不正当利益的人，基本上都属于与国家工作人员有密切关系的人。

C 项正确。本案中，甲以揭发隐私相要挟，使得司法人员丁产生犯意进而实施了相应的徇私枉法行为，丁成立徇私枉法罪，甲虽然不具有司法人员的身份，但真正的身份犯中身份的要求仅限于针对实行犯，对教唆犯或者帮助犯没有这一要求，因而甲构成徇私枉法罪的教唆犯。

D 项错误。甲利用对国家工作人员丁的影响，为了替乙谋取不正当利益，收取乙 10 万元奖金，甲的行为成立利用影响力受贿罪。本案中，甲成立利用影响力受贿罪与徇私枉法罪（教唆犯），应当数罪并罚。对甲不能适用《刑法》第 399 条第 4 款的规定（司法人员收受贿赂，徇私枉法的，以受贿罪与徇私枉法罪择一重罪处罚），因为该规定是针对司法人员成立受贿罪和徇私枉法罪这一情形的，而甲并不成立受贿罪。

【答案】D

5. 下列哪一行为应以玩忽职守罪论处？（2012-2-21，单选）

A. 法官执行判决时严重不负责任，因未履行法定执行职责，致当事人利益遭受重大损失

B. 检察官讯问犯罪嫌疑人甲，甲要求上厕所，因检察官违规打开械具后未跟随，致甲在厕所翻窗逃跑

C. 值班警察与女友电话聊天时接到杀人报警，又闲聊 10 分钟后才赶往现场，因延

迟出警，致被害人被杀、歹徒逃走

D. 市政府基建负责人因听信朋友介绍，未经审查便与对方签订建楼合同，致被骗300万

【考点】玩忽职守罪

【解析】《刑法》第397条规定，在执行判决、裁定活动中，严重不负责任或者滥用职权，不依法采取诉讼保全措施、不履行法定执行职责，或者违法采取诉讼保全措施、强制执行措施，致使当事人或者其他人的利益遭受重大损失的，构成执行判决、裁定失职罪、执行判决、裁定滥用职权罪。A项法官执行判决时严重不负责任，因未履行法定执行职责，致当事人利益遭受重大损失的，构成执行判决、裁定失职罪，而非玩忽职守罪。B项检察官违规打开犯罪嫌疑人的械具后未跟随，致其逃跑的，构成《刑法》第400条第2款所规定的失职致使在押人员脱逃罪。C项值班警察接到杀人报警后延迟出警，致被害人被杀、歹徒逃走的，因刑法并未对类似行为规定特殊的渎职罪名，其行为应该构成玩忽职守罪。D项市政府基建负责人未经审查便与对方签订建楼合同，被骗300万元的，构成《刑法》第406条所规定的国家机关工作人员签订履行合同失职被骗罪，而非玩忽职守罪。

【答案】C

6. 刘某以赵某对其犯故意伤害罪，向法院提起刑事附带民事诉讼。因赵某妹妹曾拒绝本案主审法官王某的求爱，故王某在明知证据不足、指控犯罪不能成立的情况下，毁灭赵某无罪证据，认定赵某构成故意伤害罪，并宣告免予刑罚处罚。对王某的定罪，下列哪一选项是正确的？（2011-2-20，单选）

A. 徇私枉法罪　　B. 滥用职权罪

C. 玩忽职守罪　　D. 帮助毁灭证据罪

【考点】徇私枉法罪

【解析】徇私枉法罪是指司法工作人员徇私枉法、徇情枉法，对明知是无罪的人而使他受追诉，对明知是有罪的人而故意包庇不使他受追诉，或者在刑事审判活动中故意违背事实和法律作枉法裁判的行为。王某成立徇私枉法罪。A项正确。

【答案】A

第二十四章　军人违反职责罪

2011—2017年本节无题目。

第三编

不定项选择题

2017 年不定项选择题

（一）

某小区五楼刘某家的抽油烟机发生故障，王某与李某上门检测后，决定拆下搬回维修站修理。刘某同意。王某与李某搬运抽油烟机至四楼时，王某发现其中藏有一包金饰，遂暗自将之塞入衣兜。（事实一）

王某与李某将抽油烟机搬走后，刘某想起自己此前曾将金饰藏于其中，追赶前来，见王某神情可疑，便要其返还金饰。王某为洗清嫌疑，乘乱将金饰转交李某，李某心领神会，接过金饰藏于裤兜中。刘某确定王某身上没有金饰后，转身再找李某索要。李某突然一拳击倒刘某，致其倒地重伤。李某与王某随即逃走。（事实二）

后王某建议李某将金饰出售，得款二人平分，李某同意。李某明知金饰价值 1 万元，却向亲戚郭某谎称金饰为朋友委托其出售的限量版，售价 5 万元。郭某信以为真，花 5 万元买下金饰。拿到钱后，李某心生贪念，对王某称金饰仅卖得 1 万元，分给王某 5000 元。（事实三）

请回答第 86—88 题。

86. 关于事实一的分析，下列选项正确的是：（2017-2-86，不定项）

A. 王某从抽油烟机中窃走金饰，破除刘某对金饰的占有，构成盗窃罪

B. 王某未经李某同意，窃取李某与其共同占有的金饰，应构成盗窃罪

C. 刘某客观上已将抽油烟机及机内金饰交给王某代为保管，王某取走金饰的行为构成侵占罪

D. 刘某将金饰遗忘在抽油烟机内，王某将其据为己有，是非法侵占他人遗忘物，构成侵占罪

【考点】盗窃罪；侵占罪

【解析】金饰并非委托保管之物或遗忘物、埋藏物，仍视为刘某的占有物。王某秘密窃取，成立盗窃罪。

【答案】A

87. 关于事实二的分析，下列选项正确的是：（2017-2-87，不定项）

A. 李某接过金饰，协助王某拒不返还他人财物，构成侵占罪的帮助犯

B. 李某帮助王某转移犯罪所得的金饰，构成掩饰、隐瞒犯罪所得罪

C. 李某为窝藏赃物将刘某打伤，属事后抢劫，构成抢劫(致人重伤)罪

D. 王某利用李某打伤刘某的行为顺利逃走，也属事后抢劫，构成抢劫罪

【考点】帮助犯的认定；掩饰、隐瞒犯罪所得罪；事后抢劫的认定

【解析】A 项错误，B 项正确。李某为王某的盗窃提供事后帮助，明知是犯罪所得而予以窝藏的，构成掩饰、隐瞒犯罪所得罪。

C 项错误。如果是王某打的，转化为抢劫。但李某并不成立盗窃罪的共犯，为窝藏赃物将刘某打伤，不符合 269 条规定，不成立事后抢劫罪。

D 项错误。王某并没有在盗窃后为抗拒抓捕或窝藏赃物对刘某使用暴力，对李某使用暴力也没有形成合意，不成立抢劫罪。

【答案】B

88. 关于事实三的分析，下列选项正确的是：（2017-2-88，不定项）

A. 李某对郭某进行欺骗，导致郭某以高价购买赃物，构成诈骗罪

B. 李某明知金饰是犯罪所得而出售，构成掩饰、隐瞒犯罪所得罪

C. 李某欺骗王某放弃对剩余 2 万元销赃款的返还请求，构成诈骗罪

D. 李某虽将金饰卖得 5 万元，但王某所犯财产犯罪的数额为 1 万元

【考点】诈骗罪；掩饰、隐瞒犯罪所得罪

【解析】A 项正确。李某捏造事实、隐瞒真相，骗取郭某高价购买，成立诈骗罪。

B 项错误。李某之前帮助王某转移犯罪所得的金饰，已成立掩饰、隐瞒犯罪所得罪。后又使用暴力将刘某打倒并携带金饰逃走。该金饰也视为李某犯罪所得。李某不属于代为销售赃物，不构成掩饰、隐瞒犯罪所得罪。

C 项错误。李某对王某有欺骗，但并没有因此骗得王某的交付，不成立诈骗罪。

D 项正确。王某抢劫罪犯罪数额为 1 万元。

【答案】AD

（二）

某地政府为村民发放扶贫补贴，由各村村委会主任审核本村申请材料并分发补贴款。某村村委会主任王某、会计刘某以及村民陈某合谋伪造申请材料，企图每人套取 5 万元补贴款。王某任期届满，周某继任村委会主任后，政府才将补贴款拨到村委会。周某在分发补贴款时，发现了王某、刘某和陈某的企图，便只发给三人各 3 万元，将剩余 6 万元据为己有。三人心知肚明，但不敢声张。（事实一）

后周某又想私自非法获取土地征收款，欲找县国土局局长张某帮忙，遂送给县工商局局长李某 10 万元，托其找张某说情。李某与张某不熟，送 5 万元给县财政局局长胡某，让胡某找张某。胡某找到张某后，张某碍于情面，违心答应，但并未付诸行动。（事实二）

周某为感谢胡某，从村委会账户取款 20 万元购买玉器，并指使会计刘某将账做平。周某将玉器送给胡某时，被胡某拒绝。周某只好将玉器退还商家，将退款 20 万元返还至村委会账户，并让刘某再次平账。（事实三）

请回答第 89—91 题。

89. 关于事实一的分析，下列选项正确的是：（2017-2-89，不定项）

A. 王某拿到补贴款时已经离任，不能认定其构成贪污罪

B. 刘某参与伪造申请材料，构成贪污罪，贪污数额为 3 万元

C. 陈某虽为普通村民，但参与他人贪污行为，构成贪污罪

D. 周某擅自侵吞补贴款，构成贪污罪，贪污数额为 6 万元

【考点】贪污罪

【解析】A 项错误。王某贪污行为发生在其任内，尽管离任后再获款项，仍成立贪污罪。

B 项错误。犯罪数额为总数额 15 万。

C 项正确，D 项错误。刘某、陈某与王某相勾结，利用王某的职务便利，共同侵吞、窃取、骗取或者以其他手段非法占有公共财物的，以贪污罪共犯论处，因此周某时候侵吞部分贪污款，不成立贪污罪。

【答案】C

90. 关于事实二的分析，下列选项正确的是：(2017-2-90，不定项)

A. 周某为达非法目的，向国家工作人员行贿，构成行贿罪

B. 李某请托胡某帮忙，并送给胡某 5 万元，构成行贿罪

C. 李某未利用自身职务行为为周某谋利，但构成受贿罪既遂

D. 胡某收受李某财物进行斡旋，但未成功，构成受贿罪未遂

【考点】行贿罪；受贿罪

【解析】D 项错误。胡某的受贿行为成立受贿罪既遂。

【答案】ABC

91. 关于事实三的分析，下列选项正确的是：(2017-2-91，不定项)

A. 周某挪用村委会 20 万元购买玉器行贿，属挪用公款进行非法活动，构成挪用公款罪

B. 周某使用村委会 20 万元购买玉器，属贪污行为，但后又将 20 万元还回，构成犯罪中止

C. 刘某第一次帮周某将账面做平，属于帮周某成功实施犯罪行为，与周某构成共同犯罪

D. 刘某第二次帮周某将账面做平，属于作假证明掩护周某的犯罪行为，构成包庇罪

【考点】挪用公款罪；包庇罪；犯罪中止；帮助犯

【解析】C 项正确。周某挪用村委会 20 万元购买玉器行贿，并让刘某平账，成立贪污罪，且为犯罪既遂。周某为主犯，刘某为从犯。后面又将钱还回去再平账，只是事后的补救行为，为酌定情节。由于刘某与周某成立贪污罪共同犯罪，因此，刘某第二次帮周某将账面做平，不构成包庇罪。

【答案】C

2016年不定项选择题

（一）

甲将私家车借给无驾照的乙使用。乙夜间驾车与其叔丙出行，途中遇刘某过马路，不慎将其撞成重伤，车辆亦受损。丙下车查看情况，对乙谎称自己留下打电话叫救护车，让乙赶紧将车开走。乙离去后，丙将刘某藏匿在草丛中离开。刘某因错过抢救时机身亡。（事实一）

为逃避刑事责任，乙找到有驾照的丁，让丁去公安机关“自首”，谎称案发当晚是丁驾车。丁照办。公安机关找甲取证时，甲想到若说是乙造成事故，自己作为被保险人就无法从保险公司获得车损赔偿，便谎称当晚将车借给了丁。（事实二）

后甲找到在私营保险公司当定损员的朋友陈某，告知其真相，请求其帮忙向保险公司申请赔偿。陈某遂向保险公司报告说是丁驾车造成事故，并隐瞒其他不利于甲的事实。甲顺利获得7万元保险赔偿。（事实三）

请回答第86—88题。

86. 关于事实一的分析，下列选项正确的是：（2016-2-86，不定项）

A. 乙交通肇事后逃逸致刘某死亡，构成交通肇事逃逸致人死亡

B. 乙交通肇事且致使刘某死亡，构成交通肇事罪与过失致人死亡罪，数罪并罚

C. 丙与乙都应对刘某的死亡负责，构成交通肇事罪的共同正犯

D. 丙将刘某藏匿致使其错过抢救时机身亡，构成故意杀人罪

【考点】交通肇事罪

【解析】本案的关键问题在于，对于被害人刘某的死亡应归责于谁？乙将刘某撞成重伤仅仅是导致了刘某的生命危险，但真正对死亡结果作用力大的是丙将刘某藏匿到草丛中的行为，因此，刘某死亡的结果应归责于丙而非乙。再结合乙丙二人的主观方面，乙主观上有过失，而丙主观上是故意。因此，乙成立交通肇事罪，丙成立故意杀人罪。综上，A、B、C项均错误，D项正确。

【答案】D

87. 关于事实二的分析，下列选项错误的是：（2016-2-87，不定项）

A. 伪证罪与包庇罪是相互排斥的关系，甲不可能既构成伪证罪又构成包庇罪

B. 甲的主观目的在于骗取保险金，没有妨害司法的故意，不构成妨害司法罪

C. 乙唆使丁代替自己承担交通肇事的责任，就此构成教唆犯

D. 丁的“自首”行为干扰了司法机关的正常活动，触犯包庇罪

【考点】包庇罪

【解析】A项错误。甲作为证人作假证明，触犯伪证罪，同时向公安机关作假证明包庇犯罪人，触犯包庇罪，属于一行为触犯数罪名的想象竞合，应从一重罪处理。

B项错误。甲明知自己的行为会妨碍司法，而依然实施，具有妨碍司法的故意。至

于主观上想骗取保险金，只是行为的动机而非故意。

C 项错误，D 项正确。丁的“顶包”行为属于作假证明包庇，成立包庇罪；但指使丁的乙不成立包庇罪，因为对于本犯没有期待可能性。

【答案】ABC

88. 关于事实三的分析，下列选项正确的是：（2016-2-88，不定项）

A. 甲对发生的保险事故编造虚假原因，骗取保险金，触犯保险诈骗罪

B. 甲既触犯保险诈骗罪，又触犯诈骗罪，由于两罪性质不同，应数罪并罚

C. 陈某未将保险金据为己有，因欠缺非法占有目的不构成职务侵占罪

D. 陈某与甲密切配合，骗取保险金，两人构成保险诈骗罪的共犯

【考点】保险诈骗罪

【解析】本案涉及到的主要问题有两个：一是甲虚构保险事故的原因，骗取保险金，成立保险诈骗罪；陈某作为保险公司职员在知情的前提下，向保险公司作虚假报告并隐瞒事实，成立保险诈骗罪的共犯。且保险诈骗罪与诈骗罪是法条竞合的关系，不应数罪并罚；二是陈某主观上具有非法占有的目的，因为非法占有不仅包括非法占为己有，也包括非法占为他有。但陈某的行为不成立职务侵占罪，因为陈某并未将本单位的财物非法据为己有。综上，A、D 项正确。B、C 项错误。

【答案】AD

（二）

甲是 A 公司（国有房地产公司）领导，因私人事务欠蔡某 600 万元。蔡某让甲还钱，甲提议以 A 公司在售的商品房偿还债务，蔡某同意。甲遂将公司一套价值 600 万元的商品房过户给蔡某，并在公司财务账目上记下自己欠公司 600 万元。三个月后，甲将账作平，至案发时亦未归还欠款。（事实一）

A 公司有工程项目招标。为让和自己关系好的私营公司老板程某中标，甲刻意安排另外两家公司与程某一起参与竞标。甲让这两家公司和程某分别制作工程预算和标书，但各方约定，若这两家公司中标，就将工程转包给程某。程某最终在 A 公司预算范围内以最优报价中标。为感谢甲，程某花 5000 元购买仿制古董赠与甲。甲以为是价值 20 万元的真品，欣然接受。（事实二）

甲曾因公务为 A 公司垫付各种费用 5 万元，但由于票据超期，无法报销。为挽回损失，甲指使知情的程某虚构与 A 公司的劳务合同并虚开发票。甲在合同上加盖公司公章后，找公司财务套取“劳务费”5 万元。（事实三）

请回答第 89—91 题。

89. 关于事实一的分析，下列选项正确的是：（2016-2-89，不定项）

A. 甲将商品房过户给蔡某的行为构成贪污罪

B. 甲将商品房过户给蔡某的行为构成挪用公款罪

C. 甲虚假平账，不再归还 600 万元，构成贪污罪

D. 甲侵占公司 600 万元，应与挪用公款罪数罪并罚

【考点】贪污罪

【解析】D项错误。本题的关键在于，甲的行为个数。甲先利用职权将一套房屋过户用于还账，后又采取方式予以平账，甲的行为只有一个，不成立数罪。

如果甲只有将房屋过户的行为，则如果符合三个月未还的条件，即成立挪用公款罪。但甲之后将账作平的行为使得行为性质发生了转化，成立贪污罪，数额是600万。因此，A、B项错误。C项正确。

【答案】C

90. 关于事实二的分析，下列选项正确的是：（2016-2-90，不定项）

A. 程某虽与其他公司串通参与投标，但不构成串通投标罪

B. 甲安排程某与他人串通投标，构成串通投标罪的教唆犯

C. 程某以行贿的意思向甲赠送仿制古董，构成行贿罪既遂

D. 甲以受贿的意思收下程某的仿制古董，构成受贿罪既遂

【考点】受贿罪；行贿罪；串通投标罪

【解析】A项正确。程某虽参与了串通投标，但并未与其他公司针对标价进行任何串通，而只是约定了转包事宜，因此不成立串通投标罪。

B项错误。作为招标人的甲安排他人串通竞标，成立串通投标罪的实行犯，而非教唆犯甲为程某谋取利益后，收下程某给予的仿制古董，属于受贿行为，相应的，程某的行为属于行贿。但问题是，此时涉案的数额是多少？应为仿真古董的真实价格5000元。而根据最新的司法解释，受贿罪与行贿罪的起刑点均为3万元，因此二人不成立受贿罪与行贿罪。因此，C、D项错误。

【答案】A

91. 关于事实三的分析，下列选项错误的是：（2016-2-91，不定项）

A. 甲以非法手段骗取国有公司的财产，构成诈骗罪

B. 甲具有非法占有公共财物的目的，构成贪污罪

C. 程某协助甲对公司财务人员进行欺骗，构成诈骗罪与贪污罪的想象竞合犯

D. 程某并非国家工作人员，但帮助国家工作人员贪污，构成贪污罪的帮助犯

【考点】贪污罪；诈骗罪

【解析】甲虽实施了欺骗行为，套取了单位的“劳务费”5万元，但其主观上不具有非法占有的目的，因此其行为虽属不当，但并不成立诈骗罪，亦不成立贪污罪。因此，A、B项错误；

程某在知情的前提下为甲提供了帮助，其主观上也不具有非法占有的目的，因此其行为也不成立任何犯罪。因此，C、D项错误。

【答案】ABCD

2015年不定项选择题

（一）

甲送给国有收费站站长吴某3万元，与其约定：甲在高速公路另开出口帮货车司机逃费，吴某想办法让人对此不予查处，所得由二人分成。后甲组织数十人，锯断高速公路一侧隔离栏、填平隔离沟(恢复原状需3万元)，形成一条出口。路过的很多货车司机知道经过收费站要收300元，而给甲100元即可绕过收费站继续前行。甲以此方式共得款30万元，但骗吴某仅得20万元，并按此数额分成。

请回答第86—88题。

86. 关于甲锯断高速公路隔离栏的定性，下列分析正确的是：

A. 任意损毁公私财物，情节严重，应以寻衅滋事罪论处

B. 聚众锯断高速公路隔离栏，成立聚众扰乱交通秩序罪

C. 锯断隔离栏的行为，即使得到吴某的同意，也构成故意毁坏财物罪

D. 锯断隔离栏属破坏交通设施，在危及交通安全时，还触犯破坏交通设施罪

【考点】寻衅滋事罪；聚众扰乱交通秩序罪；故意毁坏财物罪；破坏交通设施罪

【解析】A项错误。"任意损毁公私财物"既可能单纯属于故意毁坏财物，也有可能属于寻衅滋事。这种情形是否触犯寻衅滋事罪，关键看该行为是否扰乱了公共秩序。对"公共秩序"学界虽然缺乏一个公认的定义，但公共秩序属于社会法益，因而一定是与社会公共生活相关、影响到不特定多数人的安定感、安全感的东西。甲锯断高速公路隔离栏的行为对该区域不特定多数人的安定感、安全感并无影响，故不能认定甲的行为扰乱了公共秩序，对甲的行为不能以寻衅滋事罪论处。

B项错误。对于甲聚众锯断高速公路隔离栏的行为，B选项考查甲是否构成"聚众扰乱交通秩序罪"，而没有问及甲是否构成"聚众扰乱公共场所秩序罪"。部分考生认为甲的行为聚众扰乱了公共场所秩序，所以构成聚众扰乱交通秩序罪，这是没有道理的，因为甲的行为并不符合"聚众堵塞交通或者破坏交通秩序，抗拒、阻碍国家治安管理工作人员依法执行职务"这一构成要件，故不构成聚众扰乱交通秩序罪

C、D项正确。隔离栏并非吴某的个人财产，因此，即使得到吴某的同意，其同意也不属于犯罪排除事由，甲锯断高速公路隔离栏的行为属于故意毁坏财物，成立故意毁坏财物罪。隔离栏属于交通设施的有机组成部分，锯断隔离栏具有破坏交通设施的属性，在该行为危及交通安全时，符合破坏交通设施罪的构成要件，构成破坏交通设施罪。

【答案】CD

87. 关于甲非法获利的定性，下列分析正确的是：

A. 擅自经营收费站收费业务，数额巨大，构成非法经营罪

B. 即使收钱时冒充国有收费站工作人员，也不构成招摇撞骗罪

C. 未使收费站工作人员基于认识错误免收司机过路费，不构成诈骗罪

D. 骗吴某仅得 20 万元的行为，构成隐瞒犯罪所得罪

【考点】非法经营罪；招摇撞骗罪；诈骗罪；掩饰、隐瞒犯罪所得、犯罪所得收益罪

【解析】A 项错误。甲在高速公路上私开出口，帮助别人逃费并从中获利，虽然也可以说是一种非法经营行为，但是，既难以认定甲的行为具体违反了哪一国家规定，又难以认定该行为属于“其他严重扰乱市场秩序的非法经营行为”。2011 年 4 月 8 日最高人民法院《关于准确理解和适用刑法中“国家规定”的有关问题的通知》指出：“各级人民法院审理非法经营犯罪案件，要依法严格把握刑法第二百二十五条第(四)项的适用范围。对被告人的行为是否属于刑法第二百二十五条第(四)项规定的‘其他严重扰乱市场秩序的非法经营行为’，有关司法解释未作明确规定的，应当作为法律适用问题，逐级向最高人民法院请示。”根据目前现有的司法解释，难以认定甲的行为属于“其他严重扰乱市场秩序的非法经营行为”，故不能认定甲擅自经营收费业务的行为构成非法经营罪。

D 项错误。30 万元系甲与吴某共同犯罪所得，不是“他人”犯罪的所得，故甲骗吴某仅得 20 万元，外形上似乎属于隐瞒犯罪所得，但并不构成隐瞒犯罪所得罪，因为甲隐瞒的不是“他人”的犯罪所得，隐瞒自己犯罪所得的不构成隐瞒犯罪所得罪。

【答案】**BC**

88. 围绕吴某的行为，下列论述正确的是：

A. 利用职务上的便利侵吞本应由收费站收取的费用，成立贪污罪

B. 贪污数额为 30 万元

C. 收取甲 3 万元，利用职务便利为甲谋利益，成立受贿罪

D. 贪污罪与受贿罪成立牵连犯，应从一重罪处断

【考点】贪污罪；牵连犯；受贿罪

【解析】A 项正确。一般认为，我国刑法中的“财物”包括财产性利益。如最高人民法院、最高人民检察院《关于办理商业贿赂刑事案件适用法律若干问题的意见》明确规定：“商业贿赂中的财物，既包括金钱和实物，也包括可以用金钱计算数额的财产性利益，如提供房屋装修、含有金额的会员卡、代币卡(券)、旅游费用等。具体数额以实际支付的资费为准。”2012 年 9 月 18 日最高人民法院《关于发布第三批指导性案例的通知》(指导案例 11 号杨延虎等贪污案)进一步明确指出，土地使用权具有财产性利益，属于《刑法》第 382 条第 1 款规定中的“公共财物”，可以成为贪污的对象。由此可见，国家工作人员利用职务上的便利，非法占有公共财产性利益的，构成贪污罪。

在本题中，国有收费站对行驶在该段高速公路上的汽车享有收费的财产性利益。这一具有确定性的财产性利益为国有收费站所享有，应被评价为“公共财物”。国有收费站站长吴某与甲相勾结，利用职务上的便利，侵吞本届于国有收费站的财产性利益，使国有收费站遭受几十万元损失，其行为构成贪污罪。

B 项正确。对吴某贪污数额的认定，需要解决两个问题：(1)吴某的行为使国有收费站的损失远不止 30 万元，那么，应以国有收费站的实际损失数额认定吴某的贪污数额，还是以吴某(以共同犯罪的方式)实际贪污的数额认定吴某的贪污数额？可以确定的是，根据《刑法》第 382 条，贪污罪属于“占有”型犯罪，故应以实际占有的公共财物数额认定吴某的贪污数额。(2)按 20 万元还是按 30 万元认定吴某的贪污数额？在贪污共同犯罪中，应按共同贪污的数额，而不是按照分赃数额认定共犯人的贪污数额。因为共同犯罪是数人齐心协力共同侵犯法益的犯罪，各个共犯人均对法益侵害结果的发生作出了“贡献”，故均应对共同犯罪结果负责。所以，尽管被欺骗使吴某误以为只收取了 20 万元费用，仍应按照甲实际收取的 30 万元认定吴某的贪污数额。

C 项正确。吴某系国家工作人员，在收受甲 3 万元后，利用职务上的便利，不予查处甲在高速公路上私开出口、帮助司机逃费从中获利的行为，吴某的行为符合受贿罪的构成要件，成立受贿罪。

D 项错误。吴某犯有贪污罪与受贿罪两罪，但两罪不构成牵连犯。在判断是否成立牵连犯时，最为关键的问题是确定牵连关系是否存在。所谓牵连关系，是指行为人实施的数个行为之间具有方法与目的或者原因与结果的内在联系。只有当某种手段通常用于实施某种犯罪，或者某种原因行为通常导致某种结果行为时，才宜认定为牵连犯。受贿人受贿通常不是为了贪污，贪污和受贿之间通常并不存在方法与目的或者原因与结果的内在关系，故吴某的贪污罪与受贿罪不属于牵连犯，更不存在从一重罪处断的问题。

【答案】ABC

(二)

朱某系某县民政局副局长，率县福利企业年检小组到同学黄某任厂长的电气厂年检时，明知该厂的材料有虚假、残疾员工未达法定人数，但朱某以该材料为准，使其顺利通过年检。为此，电气厂享受了不应享受的退税优惠政策，获取退税 300 万元。黄某动用关系，帮朱某升任民政局局长。检察院在调查朱某时发现，朱某有 100 万元财产明显超过合法收入，但其拒绝说明来源。在审查起诉阶段，朱某交代 100 万元系在澳门赌场所赢，经查证属实。

请回答第 89—91 题。

89. 关于朱某帮助电气厂通过年检的行为，下列说法正确的是：

A. 其行为与国家损失 300 万元税收之间，存在因果关系

B. 属滥用职权，构成滥用职权罪

C. 属徇私舞弊，使国家税收遭受损失，同时构成徇私舞弊不征、少征税款罪

D. 事后虽获得了利益(升任局长)，但不构成受贿罪

【考点】滥用职权罪；受贿罪

【解析】A 项正确。朱某在对电气厂年检时，明知该厂的材料有虚假、残疾员工未达法定人数，按照职责就不应让电气厂通过年检，但其却利用职权让电气厂通过年检，属于典型的滥用职权行为。该行为使电气厂享受了不应享受的退税优惠政策，获取退税 300 万元，使国家税收遭受重大损失。可见，朱某滥用职权的行为与国家损失 300 万元

税收之间，存在因果关系。

B项正确。朱某对其滥用职权的行为及该行为可能产生的后果存在明知，主观心态为故意，故不构成玩忽职守罪，成立受贿罪。

C项错误。朱某虽然徇私舞弊，但不是税务机关的工作人员，不符合徇私舞弊不征、少征税款罪的犯罪主体要件，故其行为不构成徇私舞弊不征、少征税款罪。

D项正确。要求行为人索取或者收受的对象是“财物”，朱某事后虽获得了利益（转正为局长），但这一利益无法评价为“财物”，故不构成受贿罪。

【答案】ABD

90. 关于朱某100万元财产的来源，下列分析正确的是：

A. 其财产、支出明显超过合法收入，这是巨额财产来源不明罪的实行行为

B. 在审查起诉阶段已说明100万元的来源，故不能以巨额财产来源不明罪提起公诉

C. 在澳门赌博，数额特别巨大，构成赌博罪

D. 作为国家工作人员，在澳门赌博，应依属人管辖原则追究其赌博的刑事责任

【考点】巨额财产来源不明罪；赌博罪

【解析】A项错误。巨额财产来源不明罪表现为财产、支出明显超过合法收入，差额巨大，在有关机关责令行为人说明其来源时，行为人不能说明来源。财产、支出明显超过合法收入并不是本罪的实行行为，只是本罪的前提条件（行为状况）。

C项错误。赌博罪是指以营利为目的聚众赌博、以赌博为业的行为。朱某虽然存在赌博行为，但是，本题中朱某的行为不满足“聚众赌博”或者“以赌博为业”的要件，故不构成赌博罪。

D项错误。既然朱某的行为不构成赌博罪，自然无需启动刑事诉讼程序来追究其刑事责任，因而也就谈不上依据属人管辖原则追究朱某刑事责任的问题。

【答案】B

91. 关于黄某使电气厂获取300万元退税的定性，下列分析错误的是：

A. 具有逃税性质，触犯逃税罪

B. 具有诈骗属性，触犯诈骗罪

C. 成立逃税罪与提供虚假证明文件罪，应数罪并罚

D. 属单位犯罪，应对电气厂判处罚金，并对黄某判处相应的刑罚

【考点】逃税罪；诈骗罪；提供虚假证明文件罪；单位犯罪

【解析】A项错误。逃税罪是指纳税人、扣缴义务人采取欺骗、隐瞒手段进行虚假纳税申报或者不申报，逃避缴纳税款数额较大并且占应纳税额10%以上的行为。黄某使电气厂获取300万元属于骗取退税300万元，不属于“逃避缴纳税款”，故不构成逃税罪。

B项正确。黄某采取弄虚作假的手段使得电气厂通过福利企业年检，骗取了退税优惠资格，获取退税300万元，符合诈骗罪的构成要件，触犯诈骗罪。

C项错误。提供虚假证明文件罪是指承担资产评估、验资、验证、会计、审计、法

律服务等职责的中介组织或者中介组织的人员，故意提供虚假证明文件，情节严重的行为。虽然朱某存在向年检小组提供虚假证明文件的行为，但其并不符合提供虚假证明文件罪的主体要件，故不构成提供虚假证明文件罪。

D 项错误。本案属于单位实施了诈骗行为，但根据刑法规定，单位不对《刑法》第 266 条规定的诈骗行为负刑事责任，故本案不能以单位犯罪论处。

【答案】ACD

2014 年不定项选择题

（一）

郑某等人多次预谋通过爆炸抢劫银行运钞车。为方便跟踪运钞车，郑某等人于 2012 年 4 月 6 日杀害一车主，将其面包车开走(事实一)。后郑某等人制作了爆炸装置，并多次开面包车跟踪某银行运钞车，了解运钞车到某储蓄所收款的情况。郑某等人摸清运钞车情况后，于同年 6 月 8 日将面包车推下山崖(事实二)。同年 6 月 11 日，郑某等人将放有爆炸装置的自行车停于储蓄所门前。当运钞车停在该所门前押款人员下车提押款时(当时附近没有行人)，郑某遥控引爆爆炸装置，致 2 人死亡 4 人重伤(均为运钞人员)，运钞车中的 230 万元人民币被劫走(事实三)。

请回答第 86—88 题。

86. 关于事实一(假定具有非法占有目的)，下列选项正确的是：

A. 抢劫致人死亡包括以非法占有为目的的故意杀害他人后立即劫取财物的情形

B. 如认为抢劫致人死亡仅限于过失致人死亡，则对事实一只能认定为故意杀人罪与盗窃罪(如否认死者占有，则成立侵占罪)，实行并罚

C. 事实一同时触犯故意杀人罪与抢劫罪

D. 事实一虽是为抢劫运钞车服务的，但依然成立独立的犯罪，应适用“抢劫致人死亡”的规定

【考点】抢劫罪

【解析】抢劫罪，是指以非法占有为目的，以暴力、胁迫或者其他方法，强行劫取公私财物的行为。本罪的客体是他人的财产权和人身权利。客观方面表现为当场使用暴力、胁迫或者其他强制方法，强行劫取公私财物。

A 项正确。《最高人民法院关于抢劫过程中故意杀人案件如何定罪问题的批复》规定，行为人为劫取财物而预谋故意杀人，或者在劫取财物过程中，为制服被害人反抗而故意杀人的，以抢劫罪定罪处罚。事实一中，为劫财而故意杀害物主的行为属于抢劫致人死亡。

B 项正确。《最高人民法院关于审理抢劫、抢夺刑事案件适用法律若干问题的意见》规定，行为人实施伤害、强奸等犯罪行为，在被害人未失去知觉，利用被害人不能反抗、不敢反抗的处境，临时起意劫取他人财物的，应以此前所实施的具体犯罪与抢劫罪

实行数罪并罚；在被害人失去知觉或者没有发觉的情形下，以及实施故意杀人犯罪行为之后，临时起意拿走他人财物的，应以此前所实施的具体犯罪与盗窃罪实行数罪并罚。事实一中，郑某等人以杀人为手段，劫取面包车，其主观心态上对于司机的死亡是故意的，如果认为抢劫致人死亡仅限于过失致人死亡，则郑某等人的行为就不能认定为抢劫罪，只能被认定为故意杀人罪与盗窃罪。

C 项正确。事实一中，行为人将车主杀死，把面包车开走的行为，成立抢劫罪，但这一抢劫行为包含了故意杀人行为，同时触犯了故意杀人罪与抢劫罪。

D 项正确。抢劫面包车的行为虽是为抢劫运钞车服务的，但由于两个行为之间不具有通畅性，侵犯了不同主体的财产性权益，抢劫面包车侵犯了面包车所有权人的财产权，抢劫运钞车侵犯的是国家的财产，所以事实一中的抢劫面包车的行为独立于后面的抢劫运钞车的行为，应当认定为独立的犯罪，并适用“抢劫致人死亡”的规定。

【答案】ABCD

87. 关于事实二的判断，下列选项正确的是：

A. 非法占有目的包括排除意思与利用意思

B. 对抢劫罪中的非法占有目的应与盗窃罪中的非法占有目的作相同理解

C. 郑某等人在利用面包车后毁坏面包车的行为，不影响非法占有目的的认定

D. 郑某等人事后毁坏面包车的行为属于不可罚的事后行为

【考点】非法占有；事后不可罚

【解析】A 项正确。非法占有的目的，是指排除权利人的占有，将他人的财物作为自己的所有物进行支配，并遵从财物的用途进行利用、处分的意思。据此可知，非法占有目的由“排除意思”和“利用意思”构成。前者重视的是法的侧面，后者重视的是经济的侧面。

B 项正确。抢劫罪与盗窃罪都是财产性犯罪。抢劫罪的行为方式是以暴力的方法进行取财；而盗窃罪的行为方式是以平和的方式进行取财。对于财产的侵夺，均是以非法占有为目的，转移占有。应当认为两罪的非法占有目的是相同的，以实现法条的协调统一。

C 项正确。非法占有目的包括排除意思和利用意思，郑某等人在劫取面包车的行为发生后，便已经实现了排除意思和利用意思，即当郑某盗窃面包车行为完成之时，其已侵害面包车所有权人对面包车的合法财产性权利；将面包车劫取后，利用面包车跟踪运钞车等，已经利用并发挥面包车运输的功能，已经成立非法占有。因此，虽然郑某等人在利用面包车后将其毁坏，但不能由此推定前面的抢劫行为没有非法占有的目的。

D 项正确。不可罚的事后行为是否另行成立其他犯罪，取决于事后行为有无侵犯新的法益、是否缺乏期待可能性。在郑某等人劫取面包车成功之后，侵害面包车所有权人权利的行为便已经完成，面包车所有权人的财产权所遭受的侵害已为既定事实。所以郑某等人是否毁损面包车的行为，并不会对面包车所有权人法益再造成新的侵害，因为该法益在之前已被侵害，此时已无二次侵害的可能性。所以郑某等人的行为没有侵害新的法益，属于不可罚的事后行为。

【答案】ABCD

88. 关于事实三的判断，下列选项正确的是：
A. 虽然当时附近没有行人，郑某等人的行为仍触犯爆炸罪
B. 触犯爆炸罪与故意杀人罪的行为只有一个，属于想象竞合
C. 爆炸行为亦可成为抢劫罪的手段行为
D. 对事实三应适用“抢劫致人重伤、死亡”的规定
【考点】爆炸罪；抢劫罪；罪数形态
【解析】A 项正确。郑某等人在储蓄所门前引爆爆炸装置，虽然当时附近没有人，但储蓄所门前属于公共场所，人群流动量大，在此引爆装置具有危害公共安全的危险，其对该危险持放任的态度，因此郑某等人的行为构成爆炸罪。

B 项正确。郑某等人是为了杀害运钞人员而引爆爆炸装置，这里只有一个爆炸行为，触犯故意杀人罪，同时也触犯爆炸罪，属于想象竞合犯，择一重罪处罚。

C 项正确。抢劫罪所要求的取财行为所利用的手段包括暴力方式、胁迫方式及其他，均要求只要达到足以压制对方反抗的程度即可。爆炸行为，是一种暴力的行为，且足以压制一般人的反抗，完全可以成为抢劫罪的手段行为。

D 项正确。“抢劫致人重伤、死亡”，要求行为人对与重伤或死亡的实害结果在主观上至少存在过失，但在事实三中，郑某等人利用爆炸的方式，压制运钞车运钞人员，从而劫取财物，其明知利用爆炸手段极易致人重伤或死亡，仍积极为之，故其对押运人员的重伤或死亡的结果持故意的心态。所以适用“抢劫致人重伤、死亡”的规定。

【答案】ABCD

（二）

甲在强制戒毒所戒毒时，无法抗拒毒瘾，设法逃出戒毒所。甲径直到毒贩陈某家，以赊账方式买了少量毒品过瘾。后甲逃往乡下，告知朋友乙详情，请乙收留。乙让甲住下（事实一）。甲对陈某的毒品动起了歪脑筋，探知陈某将毒品藏在厨房灶膛内。某夜，甲先用毒包子毒死陈某的 2 条看门狗（价值 6000 元），然后翻进陈某院墙，从厨房灶膛拿走陈某 50 克纯冰毒（事实二）。甲拿出 40 克冰毒，让乙将 40 克冰毒和 80 克其他物质混合，冒充 120 克纯冰毒卖出（事实三）。

请回答第 89—91 题。

89. 关于事实一，下列选项正确的是：
A. 甲是依法被关押的人员，其逃出戒毒所的行为构成脱逃罪
B. 甲购买少量毒品是为了自吸，购买毒品的行为不构成犯罪
C. 陈某出卖毒品给甲，虽未收款，仍属于贩卖毒品既遂
D. 乙收留甲的行为构成窝藏罪
【考点】脱逃罪；窝藏罪
【解析】A 项错误。脱逃罪的主体必须是依法被关押的犯罪嫌疑人、被告人、罪犯。甲是在强制戒毒所中进行强制戒毒的人员，不属于罪犯、被告人或犯罪嫌疑人的范畴，

因此其脱逃行为不构成犯罪。

B 项正确。贩卖毒品罪中的贩卖行为包括为卖而买的行为。甲购买少量毒品是为了自吸，这种购买毒品的行为不构成犯罪。

C 项正确。贩卖毒品罪是一个妨害社会管理秩序的犯罪，不是一个财产犯罪，侵犯的是国家对毒品的管制制度，而不是财产权，因此只要出卖人将毒品转移给购买人，即使未收款，也构成既遂。陈某出卖毒品给甲，虽是赊账的方式，其实质还是买卖行为，卖出毒品的行为即构成贩卖毒品罪的既遂。

D 项错误。根据《刑法》规定，窝藏罪要求窝藏的对象必须是“犯罪的人”。甲既然不是罪犯，那乙收留甲的行为不可能构成窝藏罪。

【答案】BC

90. 关于事实二的判断，下列选项正确的是：

A. 甲翻墙入院从厨房取走毒品的行为，属于入户盗窃

B. 甲进入陈某厨房的行为触犯非法侵入住宅罪

C. 甲毒死陈某看门狗的行为是盗窃预备与故意毁坏财物罪的想象竞合

D. 对甲盗窃 50 克冰毒的行为，应以盗窃罪论处，根据盗窃情节轻重量刑

【考点】盗窃罪；非法侵入住宅罪；故意毁坏财物罪

【解析】A 项正确。最高人民法院、最高人民检察院《关于办理盗窃刑事案件适用法律若干问题的司法解释》第三条第二款规定，非法进入供他人家庭生活、与外界相对隔离的住所盗窃的，应当认定为“入户盗窃”。甲翻墙进院盗窃，属于入户盗窃。

B 项正确。住宅是人们日常生活使用的场所，不仅包括卧室，而且包括厨房等其他生活场所，因而甲非法进入陈某家的行为触犯非法侵入住宅罪。

C 项正确。《刑法》第二百七十五条规定，“故意毁坏公私财物，数额较大或者有其他严重情节的”，成立故意毁坏财物罪。甲毒死陈某的两条看门狗的行为构成故意毁坏财物罪。而毒死狗为实施盗窃创造了条件，属于盗窃罪的预备行为。二者构成想象竞合犯。

D 项正确。《全国法院审理毒品犯罪案件工作座谈会纪要》规定，盗窃、抢劫毒品的，应当分别以盗窃罪或者抢劫罪定罪。认定盗窃犯罪数额，可以参考当地毒品非法交易的价格。刑法保护非法占有，盗窃违禁物品的行为构成盗窃。但是不能按照违禁物品的黑市价格来认定盗窃数额，应根据盗窃情节轻重量刑。

【答案】ABCD

91. 关于事实三的判断，下列选项正确的是：

A. 甲让乙卖出冰毒应定性为甲事后处理所盗赃物，对此不应追究甲的刑事责任

B. 乙将 40 克冰毒掺杂、冒充 120 克纯冰毒卖出的行为，符合诈骗罪的构成要件

C. 甲、乙既成立诈骗罪的共犯，又成立贩卖毒品罪的共犯

D. 乙在冰毒中掺杂使假，不构成制造毒品罪

【考点】毒品犯罪

【解析】A 项错误。事后行为是否另行成立其他犯罪，取决于事后行为有无侵犯新

的法益、是否缺乏期待可能性。贩卖毒品罪属于侵害社会管理秩序罪的范围，与之前甲盗窃陈某毒品侵犯的财产权益不同，属于不同类型的法益，因此甲盗窃毒品后又卖出的行为，侵犯了新的法益，应按照盗窃罪和贩卖毒品罪数罪并罚。

B 项正确。诈骗罪要求行为人以非法占有为目的实施欺诈行为，使对方产生或继续维持错误认识，对方基于该错误认识而处分了财产，从而行为人取得了财物、被害人遭受财产损失。乙将 40 克冰毒掺杂、冒充 120 克冰毒卖出，构成诈骗罪。

C 项正确。甲、乙的行为已经构成了诈骗罪的共犯。同时，由于甲、乙出卖的不纯毒品中，仍有 40 克冰毒的存在，且其在主观上也是持出卖毒品的故意。因此，甲、乙也成立贩卖毒品罪的共犯。

D 项正确。乙在冰毒中掺杂，并未增加毒品的含量，故不构成制造毒品罪。

【答案】BCD

2013 年不定项选择题

甲于某晚 9 时驾驶货车在县城主干道超车时，逆行进入对向车道，撞上乙驾驶的小轿车，乙被卡在车内无法动弹，乙车内黄某当场死亡、胡某受重伤。后查明，乙无驾驶资格，事发时略有超速，且未采取有效制动措施。(事实一)

甲驾车逃逸。急救人员 5 分钟后赶到现场，胡某因伤势过重被送医院后死亡。(事实二)

交警对乙车进行切割，试图将乙救出。此时，醉酒后的丙(血液中的酒精含量为 152mg/100mL)与丁各自驾驶摩托车“飙车”经过此路段。(事实三)

丙发现乙车时紧急刹车，摩托车侧翻，猛烈撞向乙车左前门一侧，丙受重伤。20 分钟后，交警将乙抬出车时，发现其已死亡。现无法查明乙被丙撞击前是否已死亡，也无法查明乙被丙撞击前所受创伤是否为致命伤。(事实四)

丁离开现场后，找到无业人员王某，要其假冒飙车者去公安机关投案。(事实五)

王某虽无替丁顶罪的意思，但仍要丁给其 5 万元酬劳，否则不答应丁的要求，丁只好付钱。王某第二天用该款购买 100 克海洛因藏在家中，用于自己吸食。5 天后，丁被司法机关抓获。(事实六)

请回答第 86—91 题。

86. 关于事实一的分析，下列选项错误的是：

A. 甲违章驾驶，致黄某死亡、胡某重伤，构成交通肇事罪

B. 甲构成以危险方法危害公共安全罪和交通肇事罪的想象竞合犯

C. 甲对乙车内人员的死伤，具有概括故意

D. 乙违反交通运输管理法规，致同车人黄某当场死亡、胡某重伤，构成交通肇事罪

【考点】交通肇事罪

【解析】A 项正确。本案中，甲在县城主干道超车时逆向行驶，导致严重的交通事故，成立交通肇事罪。

B 项错误。由于甲逆向行驶的地点并非高速公路，不能适用相关司法解释认定为以危险方法危害公共安全罪。

C 项错误。交通肇事罪属于过失犯罪，甲对交通事故的严重结果持反对态度，不可能存在故意。

D 项错误。虽然被害人乙也有违章行为，但交通事故系甲的违章行为导致，与乙的行为之间不存在因果关系，乙的行为不成立交通肇事罪。

【答案】BCD

87. 关于事实二的分析，下列选项正确的是：

A. 胡某的死亡应归责于甲的肇事行为

B. 胡某的死亡应归责于甲的逃逸行为

C. 对甲应适用交通肇事“因逃逸致人死亡”的法定刑

D. 甲交通肇事后逃逸，如数日后向警方投案如实交待罪行的，成立自首

【考点】交通肇事罪；自首

【解析】A 项正确。B、C 项错误。本案中，尽管甲肇事之后逃逸，但逃逸行为与胡某的死亡之间不存在因果关系，因为即使甲及时救助，也不可能防止胡某死亡结果的发生。故甲的行为不属于“逃逸致人死亡”的情形，不能适用这种情形的法定刑。事实上，胡某的死亡属于甲交通肇事的行为导致，应归责于甲的肇事行为。

D 项正确。甲交通肇事后逃逸，数日后向警方自动投案并如实交代自己的犯罪行为的，成立自首，但要适用“交通肇事后逃逸”情形的法定刑。

【答案】AD

88. 关于事实三的定性，下列选项正确的是：

A. 丙、丁均触犯危险驾驶罪，属于共同犯罪

B. 丙构成以危险方法危害公共安全罪，丁构成危险驾驶罪

C. 丙、丁虽构成共同犯罪，但对丙结合事实四应按交通肇事罪定罪处罚，对丁应按危险驾驶罪定罪处罚

D. 丙、丁未能完成预定的飙车行为，但仍成立犯罪既遂

【考点】危险驾驶罪

【解析】A 项正确。本案中，丙、丁相互追逐竞驶进行飙车，成立危险驾驶罪的共犯。

B 项错误。丙虽然醉酒后追逐竞驶，但不成立以危险方法危害公共安全罪，因为无论醉酒后在道路上驾驶机动车，还是飙车行为，都是危险驾驶罪的表现方式，丙同时具有两种行为表现，也只成立危险驾驶罪一罪。

C 项错误。结合案件事实四，丙的行为与乙的死亡之间不存在刑法上的因果关系，因此丙不成立交通肇事罪。

D 项正确。丙、丁二人事实上已经实施了追逐竞驶、相互飙车的行为，已经危及公

共安全，成立危险驾驶罪既遂，因为本罪既遂并不要求行为人按照预期的路线等飙车结束。

【答案】AD

89. 关于事实四乙死亡的因果关系的判断，下列选项错误的是：

A. 甲的行为与乙死亡之间，存在因果关系

B. 丙的行为与乙死亡之间，存在因果关系

C. 处置现场的警察的行为与乙死亡之间，存在因果关系

D. 乙自身的过失行为与本人死亡之间，存在因果关系

【考点】因果关系

【解析】本案中，根据案件证据，乙的死亡系一个致命伤导致，但查不清是谁的行为引起。按照存疑时有利于行为人的原则，甲、丙、警察、乙的行为与乙的死亡之间不存在因果关系。而且，处置现场的警察不存在危害行为，其救援行为更不可能存在因果关系；本案同样无法证明乙死于自己不当的异常行为。ABCD 错误。

【答案】ABCD

90. 关于事实五的定性，下列选项错误的是：

A. 丁指使王某作伪证，构成妨害作证罪的教唆犯

B. 丁构成包庇罪的教唆犯

C. 丁的教唆行为属于教唆未遂，应以未遂犯追究刑事责任

D. 对丁的妨害作证行为与包庇行为应从一重罪处罚

【考点】妨害作证罪

【解析】A 项错误。本案中，丁指使王某做伪证的行为成立妨害作证罪的实行犯，而非妨害作证罪的教唆犯，因为刑法将该行为独立规定为犯罪。

B 项、D 项错误。丁不成立包庇罪，因为本犯不可能成立针对自己的窝藏、包庇罪，当然也就不可能成立针对自己的包庇罪的教唆犯。

C 项错误。丁的行为属于妨害作证罪的实行犯，因此无所谓教唆未遂的问题。

【答案】ABCD

91. 关于事实六的定性，下列选项错误的是：

A. 王某乘人之危索要财物，构成敲诈勒索罪

B. 丁基于不法原因给付 5 万元，故王某不构成诈骗罪

C. 王某购买毒品的数量大，为对方贩卖毒品起到了帮助作用，构成贩卖毒品罪的共犯

D. 王某将毒品藏在家中的行为，不构成窝藏毒品罪

【考点】敲诈勒索罪；诈骗罪；非法持有毒品罪

【解析】A 项错误。本案中，王某并未恐吓丁，并没有使丁陷入恐怖心理，因此王某的行为不成立敲诈勒索罪。

B 项错误。事实上，王某没有为丁做伪证的想法，欺骗丁，使得丁产生错误认识给

了王某5万元，王某的行为成立诈骗罪。至于丁是否基于合法原因交付财物，不影响诈骗罪的成立。

C项错误。此外，王某为自己吸毒而购买毒品的行为，不成立贩卖毒品罪的共犯，因为刑法规定贩卖毒品成立犯罪，但没有规定购买毒品成立犯罪(数量较大的，只能按照非法持有毒品罪处理)，只有行为人的行为没有超出购买的范围或者购买的定型，就不能当作贩卖毒品罪(的共犯)处理。

D项正确。王某将自己购买的毒品藏于家中的行为不成立窝藏毒品罪，因为该罪的对象仅限于走私、贩卖、运输、制造毒品罪中的毒品。

【答案】ABC

2012年不定项选择题

甲在国外旅游，见有人兜售高仿真人民币，用1万元换取10万元假币，将假币夹在书中寄回国内。(事实一)

赵氏调味品公司欲设加盟店，销售具有注册商标的赵氏调味品，派员工赵某物色合作者。甲知道自己不符加盟条件，仍找到赵某送其2万元真币和10万元假币，请其帮忙加盟事宜。赵某与甲签订开设加盟店的合作协议。(事实二)

甲加盟后，明知伪劣的“一滴香”调味品含有害非法添加剂，但因该产品畅销，便在“一滴香”上贴上赵氏调味品的注册商标私自出卖，前后共卖出5万多元“一滴香”。(事实三)

张某到加盟店欲批发1万元调味品，见甲态度不好表示不买了。甲对张某拳打脚踢，并说“涨价2000元，不付款休想走”。张某无奈付款1.2万元买下调味品。(事实四)

甲以银行定期存款4倍的高息放贷，很快赚了钱。随后，四处散发宣传单，声称为加盟店筹资，承诺3个月后还款并支付银行定期存款2倍的利息。甲从社会上筹得资金1000万，高利贷出，赚取息差。(事实五)

甲资金链断裂无法归还借款，但仍继续扩大宣传，又吸纳社会资金2000万，以后期借款归还前期借款。后因亏空巨大，甲将余款500万元交给其子，跳楼自杀。(事实六)

请回答第86—91题。

86. 关于事实一的分析，下列选项正确的是：(2012-2-86，不定选)

A. 用1万元真币换取10万元假币，构成购买假币罪

B. 扣除甲的成本1万元，甲购买假币的数额为9万元

C. 在境外购买人民币假币，危害我国货币管理制度，应适用保护管辖原则审理本案

D. 将假币寄回国内，属于走私假币，构成走私假币罪

【考点】购买假币罪；罪数形态

【解析】A项正确。甲名为用1万元真币“换取”假币，其实质上购买假币。

B 项错误。甲行为侵害的法益是金融管理秩序，其所购买假币的数额就是犯罪数额，不存在扣除成本的问题。

C 项错误。《刑法》第 8 条所规定的保护管辖，仅适用于外国人在中华人民共和国领域外对中华人民共和国国家或者公民犯罪的情形。甲是中国公民，对其应适用《刑法》第 7 条关于属人管辖的规定。

D 项正确。甲将假币寄回国内的行为，构成走私假币罪，与购买假币之间没有牵连关系。因为甲的两个行为分别侵害了金融管理秩序、海关监管制度，应当成立数罪，而不能成立牵连犯。

【答案】AD

87. 关于事实二的定性，下列选项正确的是：（2012-2-87，不定选）

A. 甲将 2 万元真币送给赵某，构成行贿罪

B. 甲将 10 万假币冒充真币送给赵某，不构成诈骗罪

C. 赵某收受甲的财物，构成非国家工作人员受贿罪

D. 赵某被甲欺骗而订立合同，构成签订合同失职被骗

【考点】非国家工作人员受贿罪

【解析】A 项错误。赵某不是国家工作人员，甲将 2 万元真币送给赵某，构成对非国家工作人员行贿罪，而非(对国家工作人员所实施的)行贿罪。

B 项正确。甲将 10 万元假币冒充真币送给赵某，其行为、故意都符合对非国家工作人员行贿罪的特征，不能评价为诈骗罪。

C 项正确。赵某不具有国家工作人员的主体资格，其收受他人财物，妨害公司管理制度的，应构成非国家工作人员受贿罪。

D 项错误。由于《刑法》第 167 条签订、履行合同失职被骗罪的主体是国有公司、企业、事业单位直接负责的主管人员，而赵某不具有这一主体资格，因而不构成该罪。

【答案】BC

88. 关于事实三的定性，下列选项正确的是：（2012-2-88，不定选）

A. 在“一滴香”上擅自贴上赵氏调味品注册商标，构成假冒注册商标罪

B. 因“一滴香”含有害人体的添加剂，甲构成销售有毒、有害食品罪

C. 卖出 5 万多元“一滴香”，甲触犯销售伪劣产品罪

D. 对假冒注册商标行为与出售“一滴香”行为，应数罪并罚

【考点】罪数形态

【解析】A 项正确。在“一滴香”上擅自贴上赵氏调味品注册商标，构成假冒注册商标罪。根据最高人民检察院、公安部《关于公安机关管辖的刑事案件立案追诉标准的规定(二)》第 69 条的规定，未经注册商标所有人许可，在同一种商品上使用与其注册商标相同的商标，涉嫌下列情形之一的，应予立案追诉：(1)非法经营数额在 5 万元以上或者违法所得数额在 3 万元以上的；(2)假冒两种以上注册商标，非法经营数额在 3 万元以上或者违法所得数额在 2 万元以上的；(3)其他情节严重的情形。

B 项正确。甲明知销售的食品中含有对人体有害的添加剂，其应当构成销售有毒、

有害食品罪。

C项正确。甲销售伪劣产品，犯罪金额是5万元，符合《刑法》第140条的规定，构成销售伪劣产品罪。

D项错误。对假冒注册商标行为与出售"一滴香"行为，不应数罪并罚。根据2011年1月10日最高人民法院、最高人民检察院、公安部《关于办理侵犯知识产权刑事案件适用法律若干问题的意见》第16条的规定，行为人实施侵犯知识产权犯罪，同时构成生产、销售伪劣商品犯罪的，依照侵犯知识产权犯罪与生产、销售伪劣商品犯罪中处罚较重的规定定罪处罚。

【答案】ABC

89. 关于事实四甲的定性，下列选项正确的是：（2012-2-89，不定选）

A. 应以抢劫罪论处　　B. 应以寻衅滋事罪论处

C. 应以敲诈勒索罪论处　　D. 应以强迫交易罪论处

【考点】抢劫罪；寻衅滋事罪；敲诈勒索罪；强迫交易罪

【解析】强迫交易罪在客观方面表现为以暴力、威胁手段强行和他人从事交易活动的行为，其手段是暴力、威胁。暴力，是指殴打、捆绑、强拉硬拽等损害他人人身健康安全的行为，暴力不限于直接针对人身实施；暴力致人伤残的，只能限于轻伤范围，不包括杀害、重伤行为在内，以杀害重伤等方式强买强卖商品的，构成故意杀人、故意伤害或抢劫罪，不构成本罪。同时，暴力应当是最广义的暴力，其程度较为轻微，不需要达到抢劫罪中足以压制被害人反抗的程度。由于本罪是扰乱市场秩序罪，暴力行为使被害人反抗存在一定困难时，即为足以。在本题中，甲对被害人使用的暴力在程度上较低，没有达到足以压制被害人反抗的程度，交易客观存在，且交易的财物、对价关系基本合理，故对甲应定强迫交易罪，ABC项错误。

【答案】D

90. 关于事实五的定性，下列选项正确的是：（2012-2-90，不定选）

A. 以同期银行定期存款4倍的高息放贷，构成非法经营罪

B. 甲虽然虚构事实吸纳巨额资金，但不构成诈骗罪

C. 甲非法吸纳资金，构成非法吸收公众存款罪

D. 对甲应以非法经营罪和非法吸收公众存款罪进行数罪并罚

【考点】非法吸收公众存款罪；非法经营罪；诈骗罪

【解析】非法吸收公众存款具有以下特点：(1)未经有关部门依法批准或者借用合法经营的形式吸收资金；(2)通过媒体、推介会、传单、手机短信等途径向社会公开宣传；(3)承诺在一定期限内以货币、实物、股权等方式还本付息或者给付回报；(4)向社会公众即社会不特定对象吸收资金。甲声称为加盟店筹资，承诺3个月后还款并支付银行定期存款2倍的利息，实际上是以类似于投资入股的方式非法吸收资金，构成非法吸收公众存款罪，不构成诈骗罪，也不构成非法经营罪，当然就谈不上数罪并罚问题。故B、C项正确。

【答案】BC

91. 关于事实六的定性，下列选项正确的是：（2012-2-91，不定选）

A. 甲以非法占有为目的，非法吸纳资金，构成集资诈骗罪

B. 甲集资诈骗的数额为2000万元

C. 根据《刑法》规定，集资诈骗数额特别巨大的，可判处死刑

D. 甲已死亡，导致刑罚消灭，法院对余款500万元不能进行追缴

【考点】集资诈骗罪

【解析】集资诈骗罪在客观方面表现为使用诈骗方法非法集资。使用诈骗方法，是指以非法占有为目的，采用编造谎言，捏造或者隐瞒事实真相等欺骗方法，骗取他人资金的行为，如采取虚构资金用途、以共同投资等名义非法集资；以参加投资的人可以获取数倍于同期银行存款利率的收益等诈骗手段为诱饵吸收公众投资，将筹集的资金据为已有。非法集资，是指公司、企业或其他组织、个人未经批准，违反法律、法规，通过不正当的渠道向社会公众或者集体募集资金的行为。

B项正确，甲在明知资金链断裂无法归还借款的情况下，仍继续扩大宣传，吸纳社会资金2000万元，构成集资诈骗罪，犯罪数额是2000万元。

C项正确，根据《刑法》第199条的规定，集资诈骗数额特别巨大并且给国家和人民利益造成特别重大损失的，可以判处死刑。

D项错误，根据《刑法》第64条的规定，犯罪分子违法所得的一切财物，应当予以追缴或者责令退赔。因此，即便甲已死亡，导致刑罚消灭，但司法机关对余款500万元也可以进行追缴。

【答案】ABC

2011年不定项选择题

（一）

甲将一只壶的壶底落款“民国叁年”磨去，放在自己的古玩店里出卖。某日，钱某看到这只壶，误以为是明代文物。甲见钱某询问，谎称此壶确为明代古董，钱某信以为真，按明代文物交款买走。又一日，顾客李某看上一幅标价很高的赝品，以为名家亲笔，但又心存怀疑。甲遂拿出虚假证据，证明该画为名家亲笔。李某以高价买走赝品。

请回答第86—87题。

86. 关于甲对钱某是否成立诈骗罪，下列选项错误的是（2011-2-86，不定项）

A. 甲的行为完全符合诈骗罪的犯罪构成，成立诈骗罪

B. 钱某自己有过错，甲不成立诈骗罪

C. 钱某已误以为是明代古董，甲没有诈骗钱某

D. 古玩投资有风险，古玩买卖无诈骗，甲不成立诈骗罪

【考点】诈骗罪

【解析】诈骗罪是指以非法占有为目的，捏造事实或者隐瞒真相，骗取数额较大公私财物的行为。诈骗罪客观方面因果链条是：行为人捏造事实或隐瞒真相进行诈骗——对方因行为人的诈骗而陷入认识错误——对方基于认识错误而处分财物——一方得到一方失去财物。甲故意隐瞒文物的年代，成立诈骗罪。

【答案】BCD

87. 关于甲对李某是否成立诈骗罪，下列选项正确的是(2011-2-87，不定项)

A. 甲的行为完全符合诈骗罪的犯罪构成，成立诈骗罪

B. 标价高不是诈骗行为，虚假证据证明该画为名家亲笔则是诈骗行为

C. 李某已有认识错误，甲强化其认识错误的行为不是诈骗行为

D. 甲拿出虚假证据的行为与结果之间没有因果关系，甲仅成立诈骗未遂

【考点】诈骗罪

【解析】A、B 项正确，C、D 项错误。甲隐瞒真相，并拿出虚假证据，使李某陷入认识错误，并基于认识错误而交付财物，甲成立诈骗罪。其诈骗行为之一即为使用虚假证据。该行为与骗取李某钱款之间存在因果关系。

【答案】AB

(二)

甲花 4 万元收买被拐卖妇女周某做智障儿子的妻子，周某不从，伺机逃走。甲为避免人财两空，以 3 万元将周某出卖。(事实一)

乙收买周某，欲与周某成为夫妻，周某不从，乙多次暴力强行与周某发生性关系。(事实二)

不久，周某谎称怀孕要去医院检查，乙信以为真，周某乘机逃走向公安机关报案。警察丙带人先后抓获了甲、乙。讯问中，乙仅承认收买周某，拒不承认强行与周某发生性关系。丙恼羞成怒，当场将乙的一只胳膊打成重伤。乙大声呻吟，丙以为其佯装受伤不予理睬。(事实三)

深夜，丙上厕所，让门卫丁(临时工)帮忙看管乙。乙发现丁是老乡，请求丁放人。丁说："行，但你以后如被抓住，一定要说是自己逃走的。"乙答应后逃走，丁未阻拦。(事实四)

请回答第 88—91 题。

88. 关于事实一的定性，下列选项正确的是(　　)。

A. 甲行为应以收买被拐卖的妇女罪与拐卖妇女罪实行并罚

B. 甲虽然实施了收买与拐卖二个行为，但由于二个行为具有牵连关系，对甲仅以拐卖妇女罪论处

C. 甲虽然实施了收买与拐卖二个行为，但根据《刑法》的特别规定，对甲仅以拐卖妇女罪论处

D. 由于收买与拐卖行为侵犯的客体相同，而且拐卖妇女罪的法定刑较重，对甲行为仅以拐卖妇女罪论处，也能做到罪刑相适应

【考点】拐卖妇女、儿童罪；加重犯

【解析】A项错误、C项正确。《刑法》第241条第五款规定，收买被拐卖的妇女、儿童又出卖的，依照本法第240条(拐卖妇女罪)的规定定罪处罚。甲收买的目的并非为了出卖，不存在所谓的牵连关系。

B项错误。买和卖都侵犯了妇女的人身权，客体相同。依法只以拐卖妇女罪论处，把收买的行为作为酌定量刑情节予以考量，也能做到罪刑相适应。

D项正确。

【答案】C

89. 关于事实二的定性，下列选项错误的是(2011-2-89，不定项)

A. 乙行为成立收买被拐卖的妇女罪与强奸罪，应当实行并罚

B. 乙行为仅成立收买被拐卖的妇女罪，因乙将周某当作妻子，故周某不能成为乙的强奸对象

C. 乙行为仅成立收买被拐卖的妇女罪，因乙将周某当作妻子，故缺乏强奸罪的故意

D. 乙行为仅成立强奸罪，因乙收买周某就是为了使周某成为妻子，故收买行为是强奸罪的预备行为

【考点】收买被拐卖的妇女罪；强奸罪；罪数

【解析】根据《刑法》第241条第二款规定，收买被拐卖的妇女，并强行与其发生性关系的，以收买被拐卖的妇女罪与强奸罪数罪并罚。A项正确，B、C、D项错误。

【答案】BCD

90. 关于事实三的定性，下列选项正确的是(2011-2-90，不定项)

A. 丙行为是刑讯逼供的结果加重犯

B. 对丙行为应以故意伤害罪从重处罚

C. 对丙行为应以刑讯逼供罪与过失致人重伤罪实行并罚

D. 对丙行为应以刑讯逼供罪和故意伤害罪实行并罚

【考点】刑讯逼供罪；故意伤害罪；罪数

【解析】B项正确，A、C、D错误。《刑法》第247条规定，司法工作人员对犯罪嫌疑人、被告人实行刑讯逼供或者使用暴力逼取证人证言的，处三年以下有期徒刑或者拘役。致人伤残、死亡的，依照本法第234条(故意伤害罪)或第232条(故意杀人罪)的规定定罪从重处罚。丙在刑讯逼供时使用暴力致乙重伤，转化为故意伤害罪，以故意伤害罪(重伤)一罪处罚，而非刑讯逼供罪的结果加重犯，也不是数罪并罚。

【答案】B

91. 关于事实四，下列选项错误的是(2011-2-91，不定项)

A. 乙构成脱逃罪，丁不构成犯罪

B. 乙构成脱逃罪，丁构成私放在押人员罪

C. 乙离开讯问室征得了丁的同意，不构成脱逃罪，丁构成私放在押人员罪

D. 乙与丁均不构成犯罪

【考点】脱逃罪；私放在押人员罪

【解析】犯罪嫌疑人乙从羁押场所逃走，构成脱逃罪。私放在押人员罪的犯罪主体必须是司法工作人员，门卫应乙的请求，私放在押人员乙，不成立私放在押人员罪，而是成立脱逃罪的共犯，为脱逃罪的帮助犯。因此，ABCD 四项均错误。

【答案】ABCD